Shere Hite
Wie Frauen Frauen sehen

Aus dem Amerikanischen von Xenia Osthelder

Shere Hite

WIE FRAUEN
FRAUEN SEHEN

Neue Wege zwischen Zuneigung
und Rivalität –
Analyse einer Gesellschaft
im Umbruch

Europaverlag München · Wien

Die Deutsche Bibliothek – CIP-Einheitsaufnahme

Hite, Shere:
Wie Frauen Frauen sehen / Shere Hite.
Aus dem Amerikan. von Xenia Osthelder. –
München ; Wien : Europaverl., 1997
ISBN 3-203-78006-2

Lektorat: Afra Margaretha

Umschlaggestaltung: Wustmann und Ziegenfeuter, Dortmund

© Alle deutschsprachigen Rechte
beim Europa Verlag GmbH, München, Wien 1997
Herstellung: Friedrich Pustet, Regensburg
Printed in Germany
ISBN 3-203-78006-2

INHALT

VORWORT

EINE NEUE VORSTELLUNG VON DEN BEZIEHUNGEN ZWISCHEN FRAUEN

Das Bild der Frauen von sich selbst und ihrem Verhältnis zu den Männern hat sich in den vergangenen fünfundzwanzig Jahren stark verändert. Ist es nicht logisch anzunehmen, daß sich auch ihre Beziehungen untereinander verändert haben?

Frauen am Arbeitsplatz, Frauen als Freundinnen, Frauen in Familien, Frauen als Liebende – Frauen gehen heute anders miteinander um, lösen sich von überkommenen Sichtweisen und gestalten ihr Leben neu.

Ich denke seit vielen Jahren über mein Verhältnis zu Frauen nach. Bereits in den siebziger Jahren begann ich mit Untersuchungen, in deren Mittelpunkt die Beziehungen von Frauen untereinander stehen. Nun lege ich das Ergebnis meiner Überlegungen vor: eine Bestandsaufnahme der Probleme der heutigen Frauen. Ich stützte mich dabei auf persönliche Gespräche, Mitteilungen und Briefe mit und von vielen Frauen. Diese Quellen müssen naturgemäß anonym bleiben.

Ich bin der Auffassung, daß zwischen Frauen bis auf den heutigen Tag eine geistige Blockade wirksam ist. Wenn es gelänge, diese zu beseitigen, könnten neue Formen des Zusammenlebens möglich werden.

Trotz der beachtlichen Veränderungen klagen die Frauen noch immer darüber, daß die Gesellschaftsordnung sie an ihrer Entfaltung hindere, ihre persönlichen Beziehungen zu Männern frustrierend seien und sie bei ihren Beförderungen im Beruf gegen unfaire Benachteiligungen anzukämpfen hätten. Können Frauen sich wirklich nicht gegen diese Widrigkeiten wehren?

Viele Frauen – und ich meine ausdrücklich heterosexuelle Frauen – versuchen heute, ihre Energien in ihre weiblichen Freundschaften zu investieren, sich verstärkt auf Freundinnen zu stützen, ihnen mehr Bedeutung in ihrem Leben einzuräumen. Doch sie müssen feststellen, daß sie sich auf schwankendem Grund bewegen. Es ertönt die Klage, sie würden von ihren Geschlechtsgenossinnen nicht ernst genommen und schlecht behandelt werden.

Woher rührt die mangelnde weibliche Solidarität? Warum können Männer funktionierende Seilschaften schaffen, seien es politische Parteien, Sportvereine oder Firmenimperien, und Frauen nicht?

Vielleicht ist der Grund nicht, wie so oft vereinfachend behauptet wird, daß Frauen eine Gehirnwäsche hinter sich haben und Männer deshalb in ihrem Wertesystem höher rangieren als Frauen, daß Frauen darauf abgerichtet werden, einander als Konkurrentinnen zu sehen. Meine jahrelangen Untersuchungen haben etwas anderes ergeben.

Meine Thesen mögen auf den ersten Blick verblüffen. Nehmen Sie sich die Zeit, sie zu prüfen. Fragen Sie sich nach der Lektüre des Buches, was sich Ihrer Meinung nach heutzutage zwischen den Frauen abspielt. Ihre Meinung interessiert mich, Sie können mir an die Verlagsadresse schreiben.

Shere Hite, Paris 1997

I

MUTTER UND TOCHTER: DIE ERSTE WICHTIGE BEZIEHUNG

Die Frage, inwieweit das mütterliche Vorbild die Beziehungen von Frauen untereinander beeinflußt, ist natürlich ein weites Feld und wurde bereits ausführlich bearbeitet. Ich möchte jedoch eine völlig neue Theorie über die Beziehung zwischen Mutter und Tochter vorstellen.

Meine Untersuchungen der vergangenen Jahre haben mich zu überraschenden Ergebnissen geführt. Sie brachten Informationen zu Tage, mit denen ich nicht gerechnet hatte. Die zentrale Rolle spielt meinen Erkenntnissen zufolge das Tabu über die Weitergabe sexueller Informationen. Es ist wichtiger, als man bisher vermutete. Freud befaßt sich nicht mit diesem Thema. Er erkannte seine Bedeutung nicht.

EINE UNEINGESTANDENE DISTANZ

Warum reagiert die Mehrzahl der Frauen auf die Frage, ob sie wie ihre Mütter seien, mit einem entschiedenen: »Hoffentlich nicht!«?

Man geht gemeinhin davon aus, daß sich die Mädchen erst in der Pubertät mit ihren Müttern auseinandersetzen, weil sie sich von ihnen lösen, sich als eigenständige Individuen abgrenzen müssen, und daß dieser Vorgang »natürlich« sei. Ich bin jedoch der Meinung, daß sich der Bruch zwischen Mutter und Tochter viel früher vollzieht und seine Ursache zu einem großen Teil in einem Tabu hat: dem Redeverbot über Sexualität.

Die vor etlichen Jahren vorgestellte Entfremdungstheorie, der zufolge es »natürlich« sei, daß Mädchen mit ihren Müttern kämpfen, weil sie sich von ihnen lösen und ihre eigene Individualität finden müßten, ist durchaus zutreffend, liefert jedoch nur eine Teilerklärung. Wenn man in der Notwendigkeit der Lösung die Erklärung für die Lösung sieht, beschreibt man lediglich einen Prozeß, ohne dessen Ursache aufzuzeigen, und geht zudem davon aus, daß zuvor eine »zu große Identifikation« bestanden habe. Diese Theorie liefert auch einen bequemen Grund, die eigene Mutter mehr oder weniger verachten zu dürfen, ohne Schuldgefühle entwickeln zu müssen.

In den Augen der Tochter ist die Sexualität Privileg und Geheimnis der Mutter. Die Mutter trägt interessante Unterwäsche, macht geheimnisvolle Dinge im Badezimmer, geht abends spät ins Bett, schläft mit dem Vater oder dem Freund. Es gibt im Leben der Mutter einen ausgedehnten Bereich, den sie vor der Tochter verbirgt. Diese möchte am »Geheimnis der Erwachsenen« teilhaben, möchte über das Wissen der Mutter verfügen, ihr Makeup, ihren Lippenstift und ihre Schuhe tragen. Sie will dabei sein, wenn sich die Mutter anzieht, und sie will in ihrem Bett schlafen.

Die Mutter kennt die geheimnisvolle Welt der Sinnlichkeit, sie weiß, wie es ist, wenn man einen anderen Menschen berührt, wenn man berührt wird. Mit ihrer Tochter spricht sie darüber jedoch nicht, läßt sie nicht an ihrem Wissen teilhaben. Natürlich geht die Mutter davon aus, sich richtig zu verhalten. Und selbstverständlich braucht sie ihre Intimsphäre und ihren Freiraum! Dennoch fühlt sich die junge Tochter, welche die Erfahrung macht, daß alles, was mit »jenen Körperteilen« zu tun hat, nicht erörtert werden darf, ausgeschlossen und zurückgewiesen. Zuerst fragt sie sich, warum man eigentlich nicht darüber reden kann. Dann verinnerlicht sie das Tabu, die Scheu vor »jenen Körperteilen«, bis sie zu guter Letzt sogar vergißt, sich über die Sprachlosigkeit zu wundern.

Die meisten Töchter stehen in einem Zwiespalt. Zu dem Zeitpunkt, da sie lernen, über sexuelle oder selbst rein anatomische Fakten zu schweigen, weiß die Mehrzahl bereits sehr wohl, daß ihr eigener Körper Sexualorgane hat, die interessant sind und ein Wohlgefühl verursachen. Meine Untersuchungen (1976 und 1994/5) ergaben, daß die meisten Mädchen sehr früh anfangen zu masturbieren, früher, als man gemeinhin annahm. 45 Prozent beginnen im Alter von sieben Jahren bis zum Orgasmus zu masturbieren, von den Zwölfjährigen erreichen 60 Prozent einen Orgasmus. Die meisten übrigen Mädchen beginnen in den frühen Teenagerjahren. In der Regel entdecken sie die Masturbation ohne fremde Hilfe und praktizieren sie heimlich. Die meisten empfinden Schuld und Scham dabei. Sie haben nicht das Gefühl, daß es erlaubt sei, sich am eigenen Körper zu erfreuen und mit den eigenen Empfindungen zu experimentieren.

Viele Mütter versagen ihren Töchtern unbewußt das Recht, den eigenen Körper zu erforschen und Lustempfindungen zu haben, indem sie die Tatsache totschweigen, daß Mädchen (oder Menschen ganz allgemein) masturbieren, ihren eigenen Körper befühlen, körperliche Lust empfinden können und dürfen. Dadurch verhindern sie, daß die Tochter Stolz auf ihren Körper entwickelt. Das von der Mutter geschaffene Klima vermittelt der Tochter das

Gefühl, intime Fragen wie: Masturbiert die Mutter? Wie oft hat sie Geschlechtsverkehr? Was fühlt sie dabei? – seien unerwünscht.

Die meisten Mädchen lernen rasch, sich nicht einmal die Frage zu stellen, ob ihre eigene Mutter masturbiert. Würde sie es nicht ihrer Tochter sagen, wenn sie es täte? Würde sie sie nicht wissen lassen, daß gegen Selbstbefriedigung nichts einzuwenden ist? Und wenn doch, warum?

Viele Mädchen fühlen sich irgendwann wie gelähmt. Das Schweigen schafft eine merkwürdige Barriere, überschattet die gesamte Mutter-Tochter-Beziehung. Die Tochter denkt, die Mutter könnte ihr etwas sagen, könnte ihr helfen, könnte ihr Informationen geben, tue es jedoch nicht, weil sie nicht genug Vertrauen zu ihrer Tochter hat, sie nicht als einen vollwertigen Menschen sieht. Die Tochter hält ihre Mutter für unaufrichtig, vielleicht sogar dumm. Hat die Mutter denn keine sexuellen Empfindungen? Weiß sie nicht, was ein Orgasmus ist? Lebt sie auf einem anderen Stern?

Welche Auswirkungen hat das mütterliche Verhalten auf das sexuelle Selbstverständnis der jungen Frau und auf ihre Beziehungen zu anderen Frauen?

Während die Mutter der Meinung ist, das Richtige zu tun, fühlt sich die Tochter ausgeschlossen und zurückgewiesen. Sie fragt sich, warum sie nicht über ihren Körper reden darf und ob ihr Bedürfnis, das zu tun, wirklich so ungewöhnlich ist. Was diesen Punkt anbelangt, ist Madonna für viele Mädchen mehr »Mutter« als die leibliche Mutter. Madonna lebt ihnen vor, daß Sexualität zur Frau dazugehört – selbst wenn man einräumen muß, daß Madonna eine übertriebene Sexualität repräsentiert und der Eindruck entsteht, eine wahrhaft sexuelle Frau verhalte sich »aufreizend« und »provokant«.

Das Einsetzen der Menstruation wäre eine weitere Gelegenheit für Mutter und Tochter, sich besser kennenzulernen; auch sie wird jedoch meist versäumt. Die Menstruation wird nur unter dem biologischen Aspekt und so nebenbei besprochen, mit Sicherheit wird sie nicht als ein aufregender neuer Lebensabschnitt gefeiert. Die Gespräche vergrößern die Distanz sogar noch, weil sie seltsam kurz und brüsk ausfallen.

Oft nimmt die Mutter Zuflucht zu einer versteckten, nonverbalen Form der Verständigung, wie beispielsweise der Aushändigung eines Buches. In vielen Fällen verläßt die Mutter das Zimmer und sagt:»Laß mich wissen, wenn du irgendwelche Fragen hast.«

Die Zahl der Väter, die mit ihrer Tochter über die Menstruation sprechen, ist sehr gering, wie auch die Zahl der Väter, die den Anlaß festlich mit ihrer Tochter begehen. Das Mädchen weiß jedoch vom Hörensagen, daß Männer gern geschlechtlich mit Frauen verkehren und Freude an den weiblichen Sexualorganen haben. Dieses Wissen bestärkt das Mädchen mehr in seiner Weiblichkeit als das mütterliche Schweigen.

Traditionell herrschte eine gewisse distanzierte Gespanntheit zwischen Mutter und Tochter, was sexuelle Themen anbelangte. Die Mädchen lernten auf diese Weise, daß sie nur über den Mann in ihrer Sexualität bestätigt werden können, vor allem von einem Mann, mit dem sie Sexualverkehr haben, jedoch nicht durch eine andere Frau. Die weiblichen Sexualorgane sind ironischerweise etwas, dessen man sich gegenüber anderen Frauen mehr schämen muß als gegenüber Männern.

Ein Mädchen beschreibt es folgendermaßen:

»Ich hatte immer das Gefühl, ich dürfe meine Mutter nicht über diese persönlichen Dinge befragen. Ich hatte mitgekriegt, daß irgend etwas los war, meine Schwester hatte plötzlich eine große Packung Binden, aber die Themen Sex oder Menstruation schienen tabu zu sein. Ich wußte einfach, daß ich keine Fragen stellen durfte.«

Ein anderes Mädchen war äußerst verwirrt. Sie hatte fast das Gefühl, wieder Windeln tragen zu müssen:

»Ich war nicht darauf vorbereitet. Als ich den riesigen Blutfleck auf meinem Laken entdeckte, gab mir meine Mutter eines dieser Plastikhöschen, die man mit großen Binden trägt. Ich hatte keine Ahnung, wie man sie benutzt oder wie oft man sie wechselt. Sie hat mir nie etwas von Tampons gesagt. Ich war zwölf und ziemlich durcheinander. Ich finde, man darf ein Kind nicht einfach mit so vielen Fragen im Stich lassen.«

Diese Art der Kommunikation – oder Nicht-Kommunikation – ist dazu angetan, Distanz zu schaffen, sie verhindert Wärme und Nähe. Selbst heutzutage wird das Einsetzen der Menstruation nur in etwa zehn Prozent der Fälle festlich begangen. Das ist fast so, als seien die Körper der Mädchen nicht vorhanden, als sei das, was mit ihnen geschieht, weder interessant noch von Bedeutung, und schon gar nicht etwas Gutes. Die wichtigste Veränderung im Verhalten der Eltern besteht darin, daß sie die Tochter nun durch die Blume vor einem »Fehltritt« warnen oder sie mißtrauisch beäugen, ob sie sich nicht zu aufreizend kleidet. Außerdem passen sie nun auf, daß sie abends nicht zu spät nach Hause kommt.

Ein aufrichtiges Eingehen darauf, daß die Menstruation eingesetzt hat und ein wichtiger Augenblick im Leben des Mädchens ist, hilft der Tochter sehr, ihre weibliche Sexualität und ihren Körper zu akzeptieren:

»Wir haben die Verwandtschaft eingeladen und gingen gemeinsam essen. Es war ein schöner Abend. Für Ellen gab es eine Art Geburtstagskuchen. Jeder brachte ihr ein kleines Geschenk.«

Eine andere Form der Hilfe für die Tochter ist, wenn die Mutter ihr beispielsweise erzählt, wie es war, als sie ihre erste Menstruation hatte; wenn sie ihr berichtet, wie sie lernte, Binden oder Tampons zu benutzen. Unsere Großmütter nahmen noch Lappen, die sie auswaschen mußten, und in Kriegsgebieten wie Bosnien werden wahrscheinlich wieder Lappen verwendet. Es ist für die Tochter interessant zu erfahren, wie alt die Mutter war, als sie zum erstenmal Tampons benutzte. Hat sie sie von Anfang an verwendet oder hat sie mit Binden begonnen? Wenn Binden, warum?

Über die praktischen Dinge erfahren die meisten Mädchen nichts von den Müttern, außer vielleicht etwas über Empfängnisverhütung oder daß man wegen der Aidsgefahr Kondome verwenden sollte. Das meiste lernen sie auf Umwegen.

Sie lernen somit zugleich, daß Geschlechtlichkeit verborgen werden muß, daß die weibliche Sexualität irgendwie beschämend ist und daß Mädchen, die sich offen zu ihr bekennen, dreist, herausfordernd und aggressiv sind und sich auf eine Weise verhalten, wie es nur »gewisse« Mädchen tun. Sie lernen, daß die weibliche Sexualität in der Regel nur von dem Mann, mit dem eine Frau Geschlechtsverkehr hat, positiv bewertet wird. Ironischerweise meinen Frauen, sich ihrer Sexualorgane anderen Frauen gegenüber mehr schämen zu müssen als gegenüber Männern, denn Männer halten Frauen wenigstens für begehrenswert!

Die meisten Töchter schließen aus dem Schweigen der

Mutter, daß sie illoyal, ungehorsam und aufsässig sind, wenn sie sexuell handeln oder fühlen. Weder Vater noch Mutter haben ihnen dieses schließlich ausdrücklich erlaubt. Es stand gar nicht zur Diskussion, daß sie das Recht dazu haben könnten. Die positive Bewertung der Sexualität durch Männer wird stillschweigend vorausgesetzt, denn sie wird immer wieder durch unsere Kultur bestätigt.

Die weibliche Sexualität könnte für Mädchen schon früh zu einer Bereicherung ihrer Persönlichkeit werden, wenn die Gespräche zwischen Müttern und Töchtern freier wären. Offene Gespräche würden sowohl Verklemmtheit als auch plakatives, aggressives Verhalten bei Mädchen einschränken.

Allerdings ist in diesem Bereich tatsächlich einiges in Bewegung gekommen. Neue Formen der Mutter-Tochter-Beziehung sind entstanden. Ein Mädchen beschreibt:

»Meine Mutter zeigte meiner Schwester und mir eines Tages, was Binden und Tampons sind. Meine Schwester und ich sahen fasziniert zu, wie meine Mutter ein Tampon einführte. Meine älteste Schwester weigerte sich zuzusehen. Sie fand es abstoßend.«

Warum gehörte dergleichen nicht von jeher zur Tochter-Mutter-Beziehung? Warum empfinden wir das Verhalten der Mutter als schockierend? Darf eine Mutter ihrer Tochter nicht ihre Vulva zeigen? Muß sie sie verstecken? Jungen sehen den Penis ihres Vaters und auch den anderer Jungen. Das gibt ihnen das Gefühl, normal zu sein und akzeptiert zu werden. Warum geht das nicht bei Mädchen? Wäre es unrecht?

Warum sind viele Mütter so verschämt, wenn es um die Sexualität geht? Unter dem Deckmäntelchen der Konvention, unter dem Vorwand, den Freiraum der Tochter zu achten, damit sie ihre eigene Identität entwickeln könne, nehmen solche Mütter ihrer Tochter die Möglichkeit, über ihre Sexualität zu sprechen. Zu guter Letzt haben Mutter und Tochter Angst davor, den Körper der anderen zu sehen, zu intim miteinander umzugehen.

Wenn Mütter sich nicht dazu bekennen dürfen, daß die Sexualität ein Teil ihrer Persönlichkeit ist, wenn sie gegenüber der Tochter vorgeben müssen, kein Geschlechtsleben zu haben, fragt sich die Tochter, ob die weibliche Sexualität etwas Schlechtes ist, warum die Mutter so tun muß, als existiere ihre Sexualität nicht, oder warum sie sich gegen die Sexualität entschieden hat. Und sie fragt sich, ob auch sie, die Tochter, besser kein Sexualleben haben sollte.

Abgesehen von den Gesprächen über Sex ist auch jeder Körperkontakt zwischen Tochter und Mutter, der über eine flüchtige Berührung hinausgeht, untersagt. Die Mutter ist sehr zärtlich zu ihrer Tochter, solange sie ein Kleinkind ist. Kaum wird sie jedoch fünf oder sechs Jahre alt, ist es damit vorbei. Danach darf die Mutter ihrer Tochter nur noch nahe sein, wenn sie deren Haar kämmt oder bürstet. Jede andere Berührung, abgesehen von einem Küßchen zur Begrüßung oder beim Abschied oder allenfalls eine Züchtigung, ist untersagt. Sogar das Betrachten des Körpers der anderen ist mit einem Tabu belegt und wird zum »Unrecht«.

Die Gesellschaft akzeptiert, daß ein Junge seine Mutter als sexuell ansprechend empfinden kann. Ödipus ist »normal«, denn »normale Männer begehren Frauen«. Es ist ebenfalls gesellschaftlich akzeptabel, daß Jungen merken, wie Männer im Alter der Mutter diese als erotisch empfinden. Das Verständnis dafür, daß auch Mutter und Tochter ihre Erotik erkennen und zu würdigen wissen, ist gering. Sie dürfen die sexuelle Komponente der anderen nicht wahrnehmen. Dieser Teil der Persönlichkeit muß verborgen bleiben, darf nur für Männer sichtbar sein. Die Folge davon ist, daß beide Frauen vorgeben müssen, die sexuelle Seite der anderen nicht zu sehen. Bei diesem Versteckspiel fühlen sie sich alles andere als wohl, sie fühlen sich vielmehr isoliert, unaufrichtig und mißtrauisch.

Heißt das, Mutter und Tochter müßten zu Geliebten werden, um einander näher zu sein? Nein, es heißt nur, daß wir Frauen einander als vollständige Persönlichkeiten sehen sollten und daß wir ein Recht darauf haben, als aufrichtige Freundinnen und Vertraute miteinander umzugehen. Wir können die sexuelle Attraktivität einer Frau wahrnehmen, ohne deshalb gleich aktiv zu werden. Es ist unser gutes Recht, auch die sexuelle Seite einer anderen Frau wahrzunehmen.

KÖRPERKONTAKT ZWISCHEN MUTTER UND TOCHTER

Solange ein Mädchen sehr jung ist, schmust die Mutter häufig mit ihm, hält es im Arm und trägt es herum. Eine Frau erinnert sich mit großer Freude an jene Zeit:

»Sie umarmte mich oft, sagte mir, wie goldig ich sei, und half mir, mich für die Schule anzuziehen. Später, vor allem nach meinem vierzehnten Geburtstag, stritten wir ständig über meine Zeugnisse, mein Betragen, meine Freunde. Sie wurde wütend, wenn ich, wie sie es nannte, widerspenstig war.«

In den meisten Familien ist es wie gesagt unüblich, daß die Mutter ihre Kinder, wenn sie fünf oder sechs sind, noch so häufig und so innig umarmt wie im Kleinkindalter. Es ist interessant, daß zahlreiche Mädchen in diesem Alter mit der Masturbation beginnen.

Mutter und Tochter vermissen die Zärtlichkeit und Intimität der Kleinkindzeit. Es gehört sich jedoch nicht, dergleichen zu äußern, »man muß schließlich erwachsen werden« und »man darf das Kind nicht zu sehr bemuttern oder verwöhnen«!

Das Haar steht interessanterweise im Zentrum der Beziehung zwischen Mutter und Tochter. In der ersten Zeit pflegt die Mutter noch das Haar der Tochter. Viele Mütter »bürsten zu fest« oder »ziehen am Haar«, was einer Mischung von Ärger und Liebe entspringen mag, vielleicht hervorgerufen durch den kurz zuvor erfolgten Verzicht auf Vertrautheit. Während der Pubertät und in den frühen Teenagerjahren gestattet die Gesellschaft lediglich den Kommentar über das Haar der Tochter, was zu dem berühmten Kampf um die Frisur führt.

Das Haar der meisten Mädchen ist natürlich tatsächlich länger als das der Jungen und muß deshalb vielleicht intensiver gepflegt werden. Doch wie erklärt sich die Verbreitung des speziellen Brauches, daß die Mutter das Haar ihrer Tochter pflegt? Ist das eine gesellschaftlich genehmigte Ersatzhandlung für den Körperkontakt, den Mutter und Tochter aufgeben mußten? Für viele Mütter ist dies tatsächlich der Fall.

In jener Zeit tritt an Stelle von Zärtlichkeit und Zuneigung häufig die Wut. Die Aggression des heranwachsenden Mädchens seiner Mutter gegenüber muß als eine Art unterdrücktes Verlangen nach körperlicher Zuwendung und Nähe verstanden werden.

Es kommt wegen einer Vielzahl von Dingen zum Streit: »Während meiner Pubertät lehnte meine Mutter mein schulisches Verhalten und meine Discobesuche ab. In anderen Worten, mein wildes, unabhängiges Leben. Sie sagte, ich würde Schwierigkeiten bekommen. Zu meinem Bruder sagte sie das nie. Er durfte einfach alles.«

»Sie kritisierte, was sie meine Aufsässigkeit und Bequemlichkeit nannte. Es kam immer zu Streit, wenn ich ungehorsam war.«

»Sie behauptet, ich mache zuviel Lärm, würde zuviel telefonieren, zu laut reden, zuviel Geld ausgeben und zu wenig lernen.«

»Wir streiten uns darüber, daß sie lesbisch ist und ich zu spät nach Hause komme.«

»Wir hatten Auseinandersetzungen über Sex, als ich anfing, die Pille zu nehmen.«

»Wir stritten, wenn ich sie kritisierte und zu ihr sagte, sie sei zu unselbständig.«

Manchmal machen die Mädchen den Generationsunterschied für die Auseinandersetzungen verantwortlich – der Mutter gegenüber eine beleidigende Simplifizierung.

»Wir streiten wegen Geld, Jungen, die Art wie ich lebe, Alkohol und Sex. Ich liebe sie von Herzen, aber sie gehört zu einer anderen Generation – vielleicht ist das der Grund für unsere Probleme. Mein Vater ist zwar nicht damit einverstanden, daß ich ihr widerspreche, aber er ist sehr modern, er weiß, was heutzutage Sache ist.«

Das Haar, dessen Länge und Pflege, spielt immer wieder eine große Rolle in den Berichten über den Streit zwischen Mutter und Tochter:

»Als ich zwölf wurde, wollte ich alles selbst machen. Im Mittelpunkt des Streits stand mein Haar. Ich wollte entscheiden können, wie ich mein Haar trug. Sie sagte ständig, mein Haar sehe schrecklich aus. Und von da an ging es mit unserer Beziehung bergab. Sie machte mir eine Dauerwelle. Ich sah aus wie eine gerupfte Gans und hatte sehr darunter zu leiden.«

Man könnte einfach davon ausgehen, daß der Streit aus dem Bedürfnis der Mutter entspringt, Macht über ihre Tochter auszuüben. Das trifft in gewisser Weise tatsächlich zu, aber es entspricht auch dem Klischee, das Paula Caplan und Phyllis Chesler als »daran ist meine Mutter schuld« beschreiben – dem Klischee der angeblich herrischen und anspruchsvollen Mutter, das im zwanzigsten Jahrhundert weit verbreitet war. In den fünfziger Jahren, dem Höhepunkt der Kernfamilie, wurden in Wylies *Nation of Vipers* die üblen Mütter beschrieben, die ihre Kinder mit Liebe erstickten. Das Klischee wurde damals äußerst bereitwillig aufgegriffen. Heute ist ein anderes Klischee der Liebling der Medien: Das der selbstsüchtigen Mütter, die arbeiten gehen und ihre Kinder nicht genügend lieben!

Könnte der Streit zwischen Mutter und Tochter seinen Grund tatsächlich im Altersunterschied haben? In unserer Gesellschaft gelten »ältere Frauen« als häßlich und herrschsüchtig. Die Mutter gehört in diese Kategorie, die Tochter zu den Lolitas oder Sexbomben. Der antike Held Ödipus ist jedoch in der für unsere Ohren merkwürdigen Situation, seine eigene Mutter zur Frau zu nehmen. Das Alter spielt keine Rolle. Sein Problem ist einzig und allein, daß er unwissentlich gegen das Inzestverbot der Götter verstoßen hat. Mit keinem Wort wird in der ganzen Geschichte darauf eingegangen, daß es »unnatürlich« sein könnte, eine ältere Frau sexuell attraktiv zu finden.

In unserer Gesellschaft wird die auf dem Alter gründende Rivalität zwischen Müttern und Töchtern geschürt. Bedeutet die Tatsache, daß jüngere Frauen als schöner gelten, automatisch, daß die Mutter den zweiten Platz einnehmen muß? Läuft die Sache wirklich so ab? Kämpfen Mütter und Töchter wegen dieser Machtverschiebung? Sind die Mütter in Wirklichkeit auf ihre Töchter eifersüchtig und haben gleichzeitig Schuldgefühle deswegen? Fühlen Töchter eine Mischung aus Scham und Stolz, weil sie »hübscher« sind als ihre Mütter?

Selbst wenn man auf diese Fragen mit einem Ja antwortet, hat man noch immer nicht den wahren Grund für die Streitereien und die wachsende Entfremdung zwischen Mutter und Tochter. Warum sollte es denn natürlich sein, daß Frauen sich als Konkurrentinnen verstehen statt sich aneinander zu erfreuen? Glücklicherweise ändert sich das Klima in diesem Punkt allmählich: Frauen dürfen ihre Bewunderung für die gegenseitige Schönheit freier ausdrücken.

Selbst wenn Mütter und Töchter natürlich auch deshalb streiten, weil Menschen nun einmal nicht ständig harmonieren, sind ihre Auseinandersetzungen nicht nur eine Frage menschlicher Unvollkommenheit. Oberflächlich betrachtet geht es um Haar, Macht und Kontrolle – doch Kontrolle wovon? Kontrolle der Sexualität und Persönlichkeit?

Die Probleme zwischen Mutter und Tochter werden von einer starken sexuellen Spannung begleitet, und die empfindlichste Störung ihrer Beziehung erfolgt während der Pubertät. Sie werden gezwungen, ihre sexuelle Seite voreinander zu verbergen, und das gibt beiden das Gefühl, unaufrichtig zu sein.

Der Kern des Problems zwischen Mutter und Tochter ist also das Tabu der Weitergabe der sexuellen Information.

DER MUTTERARCHETYP MARIA

Um die Mutter-Tochter-Beziehung in der westlichen Kultur zu verstehen, müssen wir den Einfluß der in unserer Kultur maßgeblichen Archetypen Jesus, Maria und Josef auf unser Frauenbild berücksichtigen. Ein Archetyp für die Tochter fehlt. Im Hintergrund spukt noch ein anderer Archetyp herum, die Eva aus dem Garten Eden.

Die Mutter der archetypischen Familie ist besonders merkwürdig. Maria gebar ihren Sohn ohne Sünde, ohne Geschlechtsverkehr und war deshalb »vollkommener«, als jede irdische Mutter je sein kann. Ist das der Grund dafür, daß alle irdischen Mütter ihre sexuellen Gefühle und Verhaltensweisen vor ihren Kindern verstecken müssen?

Was für eine unvorstellbare Absurdität – das bedeutendste weibliche Vorbild unserer Gesellschaft ist eine Frau, die ein Kind ohne Geschlechtsverkehr geboren hat! Keine Frau kann einem derartigen Vorbild entsprechen. Eva, das etwas weniger wichtige Vorbild, wurde aus dem Paradies vertrieben, weil sie sich sexuell betätigte, aktiv wurde, vom Apfel der Erkenntnis aß. Ihretwegen sind alle Frauen verdächtig und mit Vorsicht zu genießen! Diese Archetypen erwecken den Eindruck, als sei die weibliche Sexualität irgendwie schmutzig und verachtenswert. Wir glauben zwar längst nicht mehr an sie, doch sie haben noch immer Einfluß auf uns.

Folglich können Mütter, so unglaublich es klingen mag, letztendlich nicht über Sexualität reden, und vor allem nicht über ihre eigene. Sie schämen sich darüber zu sprechen, daß sie Geschlechtsverkehr gehabt haben, um ihre Kinder zu empfangen.

Kann es eine andere Erklärung geben? Woher sonst sollte diese Scheu herrühren?

Können sich Mutter und Tochter einander als sexuelle Wesen vorstellen? Tiefe Verwirrung und Verleugnung prägen die Beziehung zwischen Mutter und Tochter. Sie wirken sich auch noch in späteren Jahren auf die Freundschaften aus, die Frauen mit anderen Frauen eingehen. Die Verleugnung der Körperlichkeit führt zu einer merkwürdigen mentalen Blockade.

Für die Kinder ist die Mutter eine sexuelle Figur, denn durch ihren Körper sind sie entstanden. In der Familie wird die Sexualität durch die Mutter verkörpert. Ihr Schlafzimmer ist der versteckte Mittelpunkt des Haushalts. Zuneigung, Wärme und der Spaß, den es macht, im Bett zu liegen und zu schlafen, bewirken, daß der Körper der Mutter im Bewußtsein der Familienmitglieder stets präsent ist.

Die Gesellschaft redet nie über die mütterliche Erotik, es ist sogar bereits tabu, überhaupt zu erkennen, daß sie vorhanden ist. Da wir in einer Kultur leben, in der Maria, das wichtigste Vorbild für die Frau, Jesus ohne Geschlechtsverkehr empfing, sehen wir auch unsere Mutter nicht unter dem sexuellen Aspekt. Und dennoch ist ihre Geschlechtlichkeit ein Teil von ihr. Das gilt nicht nur für Mütter, die sich weiblich verhalten oder hübsche Unterwäsche tragen. Es gilt für jede Mutter, jede Art Mutter, Mütter mit allen nur erdenklichen Körpern, selbst für alte Mütter.

Wie wirkt sich die Leugnung der mütterlichen Sexualität auf Mutter und Tochter aus? Unsere Kultur räumt ein, daß die Jungen ihre Mutter eines Tages als sexuelles Wesen wahrnehmen, denn Männer begehren Frauen, oder daß sie feststellen, daß ihre Mutter auf Männer ihres Alters erotisch wirkt. Es existiert jedoch wenig Verständnis dafür, daß es auch zwischen Mutter und Tochter eine sinnliche Anziehung gibt.

Ein Mädchen beschreibt plastisch, wie sie die Sinnlichkeit des Körpers ihrer Mutter entdeckt. Sie war fasziniert, konnte aber keine Fragen stellen oder ihre Gefühle ausdrücken:

»Ich erinnere mich, wie ich sie eines Tages, als wir einkaufen gingen, angesehen habe. Sie trug eine durchsichtige Bluse, einen Büstenhalter und ein Unterhemd. Von ihrem Körper konnte man also nichts erkennen. Man konnte jedoch die Form der Brüste sehen. Ich erinnere mich, wie ich den Busen meiner Mutter ansah und dachte, daß er erstaunlich sei, prächtig. Nicht nur ich habe das so empfunden, sie galt als schöne Frau mit klassischen Proportionen, schönen Schultern, wohlgeformter Brust, kräftigem Nacken. Ich muß damals etwa neun gewesen sein.

Ich fragte mich, ob ich wohl jemals so sexy sein würde wie sie oder einen solchen Eindruck von Stärke machen würde. Ich dachte, wieviel kleiner ich doch war. Das war natürlich normal, ich hatte auch noch keine Brüste. Niemand hatte mir gesagt, daß sie eines Tages wachsen würden. Habe ich mich deshalb immer als die kleine Dünne gefühlt – wurden damals die Weichen für meine Persönlichkeit gestellt?«

Ein anderes Mädchen reagierte auf das Schweigen ihrer Mutter dadurch, daß sie ihren sich entwickelnden Körper nicht akzeptierte und versuchte, das Weibliche an ihm wieder loszuwerden:

»Ich hatte Angst, daß meine Mutter entdecken würde, daß ich Brüste hatte. Und ich war entsetzt, als ich Hüften bekam. Ich beschloß abzunehmen, damit ich meine wahre Form, meine jungenhafte Form, wiedererlangte.

In meiner Mädchenschule galten große Brüste als

nuttig; kleine waren besser. Es war auch besser, wenn man seine Periode später bekam. Wir machten einen Kult aus der Magersucht. Wir waren alle so dünn, daß unsere Regel erst sehr spät einsetzte. Ich wollte unter keinen Umständen wie meine Mutter werden. Ich wollte immer ein Mädchen bleiben – nicht eine dieser widerlichen Frauen werden.«

DIE VERLEUGNUNG DER WEIBLICHKEIT

Viele Mädchen ziehen die Form ihres eigenen Körpers den rundlicheren Formen der Mutter vor. Sie sehen in den runden Formen nicht Sinnlichkeit, sondern assoziieren sie mit »Alter«, und das gilt als etwas Negatives. Viele Mädchen wollen wie das bleistiftdünne Model Kate Moss aussehen, wollen jungenhaft wirken und keine Hüften haben. Dazu müssen die meisten ihrem Körper und ihrer Seele Gewalt antun. Sie hungern oder versuchen, sich nach dem Essen zu übergeben.

Da die Sexualität in der Familie ein Schattendasein führt, die Masturbation und, bis zu einem gewissen Grad, auch die Menstruation verdrängt werden, fühlt sich die Tochter mit ihren Problemen allein gelassen und ist wütend auf die Mutter und den Vater. Zwar gibt es etwas in der Tochter, das sich nach einem Gespräch insbesondere mit der Mutter sehnt, das der Mutter die Gefühle der Tochter mitteilen und nach den Gefühlen der Mutter fragen will, doch etwas anderes in ihr ist so verärgert darüber, daß sich die Mutter ihr gegenüber weder geöffnet, noch ihre eigene sexuelle Persönlichkeit offenbart hat, daß die Tochter nun auf jede Frage der Mutter (Nimmst du ein Verhütungsmittel? Schützt du dich vor Aids?) allergisch reagiert und sie als Einmischung in ihr Leben empfindet.

Statt mit der Mutter spricht die Tochter mit ihren Freundinnen, denen gegenüber sie völlig offen und ehrlich sein kann.

Viele Mädchen haben das Gefühl, die Mutter habe es darauf abgesehen, sie nicht merken zu lassen, daß Sexualität Macht bedeutet, deshalb die unausgesprochene Botschaft: Die Menstruation, die Masturbation und der Stolz auf deinen weiblichen Körper sind kein Ausdruck von Macht. Mädchen sollen darüber nichts wissen, sie sollen diese Macht nicht haben.

Die Tochter hat jedoch das Gefühl, daß diese Dinge ein Teil der wie immer gearteten mütterlichen Macht sind. Die Tochter ahnt, daß die Sexualität, auch ihre eigene, von höchster Wichtigkeit ist.

Das Tabu, daß Frauen sich nicht berühren oder nahe sein dürfen, selbst wenn sie Freundinnen sind, hat uns Frauen in die folgende Situation gebracht, hier von einer jungen Frau beschrieben: »Ich war keiner Frau je näher als meiner Mutter, als diese mich stillte. Seit einiger Zeit umarme ich meine Freundinnen, aber nur flüchtig. Und ich habe meine Partnerin bei der Selbstverteidigung berührt, wenn wir geübt haben, wie man sich aus dem Griff der anderen befreit.«

Diese von der Mutter erlernte Distanz erklärt die Blockade, die Frauen manchmal gegenüber anderen Frauen empfinden, und das Mißtrauen, ob die andere ehrlich und vertrauenswürdig ist, das Gefühl, es lauere da ein schmutziges, beschämendes Geheimnis, etwas Unaussprechliches, das ans Tageslicht kommen könnte.

SIND MÜTTER UND TÖCHTER NATÜRLICHE FEINDINNEN?

Der Bruch zwischen Mutter und Tochter ist nicht natur-gegeben. Mutter und Tochter sind natürliche Konkurren-tinnen um den Mann, weil es das Klischee will. Der Bruch erfolgt, weil Mutter und Tochter, also Frauen, gezwungen werden, auf den Informationsaustausch zu verzichten – unaufrichtig und geheimniskrämerisch zu sein. Warum ist das so?

In unserer patriarchalischen Gesellschaftsordnung ist die Mutter-Tochter-Beziehung von zentraler Bedeutung. Ohne den Bruch zwischen Mutter und Tochter und das daraus resultierende Mißtrauen könnten die Männer ihre Herrschaft nicht aufrechterhalten. Es würde sich eine Gleichheit der Geschlechter herausbilden. Die traditio-nelle Familie ist das Instrument, mit welchem die patriar-chalische Gesellschaft eine Generation der Frauen von der anderen trennt. Die Töchter fühlen sich von der Mutter entfremdet und sind böse auf die Mutter, viele Mütter sehen ihre Tochter als Konkurrentin und halten sie für weniger wichtig als den Sohn. Das wirkt sich auf die Beziehung jüngerer Frauen zu älteren Frauen am Arbeits-platz aus, auf die Freundschaften von Frauen untereinan-der und auf ihr Wahlverhalten.

Die wichtigste Beziehung in unserer Gesellschaftsord-nung ist also die Beziehung zwischen Mutter und Tochter. Frauen sind nicht natürliche Feindinnen, sondern, was viel wahrscheinlicher ist, natürliche Freundinnen – sie haben immerhin eine ganze Menge Gemeinsamkeiten.

Wenn Frauen von Anfang an besser zusammenhielten und sich weniger mißtrauten, könnten sie über eine größere gesellschaftliche Macht verfügen.

II

DIE EINZIGARTIGE WELT DER SCHWESTERN

»Ich liebe meine Schwester. Wir haben natürlich auch gelegentlich Streit. Doch ich liebe sie trotzdem, daran besteht kein Zweifel. Und letztlich habe ich auch keine Wahl, sie ist schließlich meine Schwester.«

»Ich habe drei Jahre lang nicht mit meiner Schwester gesprochen. Sie hat mir meinen Freund ausgespannt. Sie hat mit ihm geschlafen und ist dann bei ihm geblieben. Das hat mich sehr verletzt. Nicht einmal meine Eltern hatten Mitgefühl mit mir, sie haben nur gelacht.«

»Als Kinder waren wir wie Katz und Hund. Meine Schwester heiratete dann, und ich studierte, und wir wurden wirklich gute Freundinnen. Seither sind wir uns sehr nahe. Erklären kann ich es nicht.«

IST DIE SCHWESTERLICHE LIEBE EIN MÄRCHEN?

Die Beziehung zwischen Schwestern ist ganz einzigartig. Sie ist nicht typisch für weibliche Beziehungen oder weibliche Freundschaften. Sie kann kein Prototyp für diese sein. Ist sie die beste, engste Beziehung, die es zwischen Frauen geben kann?

Eine Schwester bekommt man durch Zufall. Sie ist einem sozusagen angeboren. Man unterhält die Beziehung nicht freiwillig, und wie sie sich gestaltet, hängt in hohem Maß von der Familie ab. Die Haltung der Familie kann von spöttischen Klischees geprägt sein und in Sprüchen wie »Mädchen müssen sich immer zanken« und »Schwestern sind immer eifersüchtig aufeinander« zum Ausdruck kommen. Den Mädchen wird auf diese Weise sehr deutlich immer wieder zu verstehen gegeben, daß sie es »verdienen«, wenn man sie lächerlich macht, daß ihre Emotionen unangebracht sind und ihre Eifersucht eine Selbstverständlichkeit.

Für Schwestern wird es in einer solchen Atmosphäre äußerst schwierig, ihre Gefühle zu ergründen. Wenn Frauen sich als Konkurrentinnen empfinden, liegt das meist an ihrer spezifischen gesellschaftlichen Situation, nicht an irgendwelchen Hormonen oder der weiblichen Natur.

Die Geburt eines Jungen wird freudig begrüßt: »Ein Stammhalter!« Mädchen sind in dieser Welt nicht so willkommen. Sie werden in eine Gesellschaft hineingeboren, in deren kollektivem Unbewußten es, wie bereits erwähnt, keinen Archetypus für die Tochter gibt. Unsere Gesellschaft tut sich schwer, was die Stellung der Tochter anbelangt. Mädchen müssen quasi von ihrer Geburt an mit dieser Tatsache fertig werden.

Der Jubelruf bei der Geburt eines Jungen und das Schweigen bei der Geburt eines Mädchens vermitteln den letzteren eine Botschaft, die dazu führt, daß sie ihr Existenzrecht in Frage stellen, das Gefühl, vermittelt bekommen, kämpfen zu müssen, um ihren Wert zu beweisen.

FRAUEN UND RAUM: »EIN EIGENES ZIMMER«

»Mit meiner Schwester verliere ich schneller die Geduld als mit meinen Freundinnen. Ich frage mich, warum. Vielleicht, weil die Beziehung zu ihr keine frei gewählte ist. Durch diesen Zwang sind Liebe und Haß ausgeprägter. Die Wahl ist bleiben oder gehen. Ich habe auch die Beziehung zu meinem Bruder nicht gewählt, doch bei ihm hatte ich immer das Gefühl, mehr Luft zu haben.«

Hat diese Frau das Gefühl, daß ihre Schwester ihr weniger »Luft« läßt, weil es für Mädchen insgesamt zu wenig Platz auf dieser Erde gibt?

Die Rivalität zwischen Schwestern ist weitgehend eine aufgezwungene – durch eine Familien- und Gesellschaftsstruktur, die Frauen marginalisiert. Manchmal spielt eine unsichere Mutter ihre beiden Töchter gegeneinander aus oder zieht unbewußt den Sohn vor. In anderen Fällen wollte der Vater keine Tochter, sondern einen Sohn, oder er ist der Meinung, die Geburt eines Mädchens werfe ein negatives Licht auf seine Männlichkeit. In solchen Fällen müssen Mädchen noch härter kämpfen, um ihr Existenzrecht, ihren Wert und ihre Qualitäten unter Beweis zu stellen. Folglich lassen sie ihre Frustration an einem anderen Mädchen der Familie aus.

Dann wiederum gibt es Schwestern, die in liebevoller Eintracht leben, ohne große Kämpfe oder Eifersüchteleien. Solche Schwestern bleiben manchmal ein Leben lang unverheiratet zusammen und leben in tiefstem Einvernehmen und Frieden miteinander. Im 19. Jahrhundert war diese Form des Zusammenlebens häufiger als heute. Sie galt damals als durchaus normal. Ironischerweise ist unsere gegenwärtig gültige Auffassung von »normal« viel beschränkter als im 19. Jahrhundert.

Es würde ein ganzes Buch füllen, würde man auf alles eingehen wollen, was es über Schwestern zu sagen gibt. Es wurde in der Tat viel über das Thema geschrieben – aber fast ausschließlich Romane. Faszinierend sind der Roman *Kleine Frauen* von Louisa May Alcott (der dreimal verfilmt wurde), das Schauspiel *Drei Schwestern* von Anton Tschechow und der berühmte Film *Baby Jane* mit Bette Davis und Joan Crawford, Hollywoods Version von neurotischem Schwesternhaß.

Keines der drei Werke geht darauf ein, daß die zugrunde liegende gesellschaftliche Struktur das eigentliche Problem ist. Statt dessen werden die Schwestern aus einer Perspektive dargestellt, die auf der vergleichsweise oberflächlichen Ebene der Erforschung der Psychologie zweier Frauen bleibt, die sich von Gesellschaft und Familie gelöst haben und eine Doppelpersönlichkeit entwickeln müssen – eine, die das wahre Ich darstellt, und eine zweite für die Familie.

Eifersucht und Rivalität zwischen Geschwistern waren jahrhundertelang eine normale Sache, bis das Erstgeburtsrecht abgeschafft wurde. Damals bekämpften sich Brüder manchmal bis auf den Tod. Als das gesellschaftlich bedingte Problem beseitigt wurde, veränderte sich das Verhalten von Brüdern zueinander, Loyalität rückte in den Vordergrund. Zur Zeit des Matriarchats muß der Status von Töchtern und das Verhältnis zwischen Schwestern ähnlich gewesen sein.

Sobald die Gesellschaft wieder frauenfreundlicher ist, die Frauen willkommener sind und nicht länger in eine problematische Konstellation hineingeboren werden, werden die Rivalitäten nachlassen, und auch Schwestern werden sich leichter lieben können.

Bereits heute erkennen immer mehr Schwestern, daß sie sich nicht aus persönlichen Gründen bekämpfen, son-

dern aufgrund einer Gesellschaftsordnung, die für sie –
und ihre Väter oder Männer – noch eine Menge Nachteile
bringt.

HERANWACHSENDE SCHWESTERN

Die Beziehung zwischen Schwestern gliedert sich häufig in
zwei Phasen: die Zeit, in der Schwestern zu Hause leben
und die recht turbulent sein kann, und die Zeit nach dem
Verlassen des Elternhauses. Die emotionale Bindung wird
oft enger, wenn die physische Nähe wegfällt. Eine Schwester faßt es in dem Satz zusammen: »Nachdem ich nicht
mehr zu Hause wohnte, kamen wir uns näher. Zu Hause
konnten wir uns beide einfach nicht ausstehen.«
Schwestern schlafen zusammen oder haben mehrere
Jahre lang ein gemeinsames Zimmer. Sie wissen fast alles
voneinander. Sie wissen beispielsweise oft, ob die andere
masturbiert, ob sie weint oder nicht schlafen kann. In
wichtigen Phasen ihres Lebens kennen sie ihre beiderseiti-
gen intimsten Reaktionen und Stimmungen, erleben aus
erster Hand Erfolge und Mißerfolge mit, wissen, wen die
andere liebt und wen sie haßt. Jedes Mädchen kennt die
Einstellung der Familie zu ihrer Schwester und auch deren
Status in der Familie. In gewisser Weise sieht die eine
Schwester die andere immer ein wenig mit den Augen der
Eltern. Die Nähe bewirkt auch, daß eine Schwester entweder ein »Spitzel der Familie« oder eine Verbündete ist.

KÖRPERLICHE NÄHE

Ein Mädchen erinnert sich daran, wie ihre Mutter sie beim
gemeinsamen Fernsehen ermahnte: »Laura, leg dich nicht

so eng an deine Schwester aufs Bett. Rück ein bißchen zur Seite!« Mädchen lernen sehr früh, etwa ab dem fünften Lebensjahr, daß sie einander nicht zu nahe kommen sollen.

Schwestern haben viele Erinnerungen an ihre physische Nähe.

»Ich habe mein Zimmer gern mit meiner Schwester geteilt. Es war ein richtiges Mädchenzimmer. Meine Mutter hatte es für uns eingerichtet. Die Tagesdecken waren grün und aufeinander abgestimmt, am Bett stand ein kleiner Tisch mit Leselampe, und der Vorhang am Fenster war blaßbeige. Den Schreibtisch mußten wir uns teilen, aber wir hatten sowieso nicht viel auf. Die Hausaufgaben erledigten wir in der Schulbibliothek und lernten zu Hause nur für Prüfungen. Wir hatten ein gemeinsames Badezimmer, das neben unserem Zimmer lag. Wir stritten uns morgens, wer als erste hineindurfte und wielange die drinbleiben durfte und ob eine hinein durfte, während die andere drin war. Ich mochte es nicht, wenn meine Schwester mein Deo zuerst benutzte, weil es sich dann klebrig und feucht anfühlte.

Sie hinterließ einen ganz bestimmten feuchten Geruch in der Dusche. Ich weiß nicht mehr, ob ich ihn mochte oder nicht. Wahrscheinlich hinterließ ich den gleichen Geruch! Nachts lagen wir in unseren Betten – ich war nur ein Jahr jünger als sie – und unterhielten uns flüsternd darüber, was unsere Eltern so taten, welche Lehrer wir nicht leiden konnten, lauschten den Hunden, die im Freien bellten, und erzählten uns unsere Träume. Ich fand meine Schwester sehr hübsch, und ich sah gern zu, wenn meine Mutter ihr das Haar bürstete (sie behauptete immer, Jill mache es nicht ordentlich). Ich trug mein Haar kurz, aber Jills war lang, deshalb war es schwieriger zu pflegen.

Als Teenager waren wir uns nicht mehr so nah; sie hatte ihre Freundinnen und ich hatte meine, aber wir stritten nie miteinander, wie es viele Schwestern tun. Vielleicht lag das daran, daß unsere Mutter immer so viel Freude mit uns zu haben schien, sie schien immer glücklich zu sein, wenn sie mit uns beiden zusammen war.«

Mädchen, die ein Zimmer teilen, masturbieren gewöhnlich nur im Badezimmer, oder beide wissen, was vorgeht.

»Einmal kam sie ins Zimmer, als ich dachte, sie sei mit ihrer Freundin unterwegs. Ich war gerade dabei, es zu tun. Ich lag auf der Seite, hatte meine Hand im Schritt, und mein Gesicht war ganz rot. Mein Gesicht lag in Richtung Tür, ich konnte sehen, daß sie mich gesehen hatte. Sie sagte aber nichts, sondern schloß nur die Tür und kam nicht mehr zurück. Wir haben nie darüber geredet.«

»Ich lag mit meiner Schwester im Bett und dachte, sie schläft. Also wackelte ich ein bißchen rum und versuchte zu kommen. Plötzlich sagte meine große Schwester streng: ›Was soll das Gezappel?‹ Ich bin sicher, sie wußte, was los war. Ich murmelte irgend etwas und hörte auf.«

Manchmal kommt es unter Geschwistern zu sexuellen Spielen, Partner ist aber eher der Bruder, nicht die eigene Schwester.

»Meine Schwester und ich hatten ein gemeinsames Zimmer, bis ich fünfzehn wurde. Mit ihr spielte ich nie Spiele, bei denen wir uns berührten. Als ich das Küssen ausprobieren wollte, fragte ich meinen Bruder. Wir spielten etwa ein halbes Jahr lang das Kuß-Spiel. Wir legten uns dazu ins Bett und umarmten uns. Vorher schlossen wir die Tür.

Dann lagen wir da, ich sagte ihm, wie er mich berühren müsse und halten müsse, wo er seine Hand hinlegen müsse und so weiter. Wir küßten uns auf den Mund, keinen Zungenkuß, aber eindeutig auf den Mund.«

EIFERSUCHT UND RIVALITÄT

Manchmal werden Schwestern gegeneinander ausgespielt. Die eine gilt als hübscher oder klüger oder dümmer. Auch das führt zu schmerzlichen Auseinandersetzungen.

»Wir haben uns entsetzlich gefetzt. Manchmal hatten wir Büschel von Haaren in den Händen – Haare der anderen. Ich kriegte es immer hin, daß meine Mutter mich für das Opfer hielt, wohingegen meine um ein Jahr ältere Schwester stets ausgeschimpft wurde. Nur ich und meine Tante wußten, daß ich in der Regel meine Schwester provoziert hatte. Meine Mutter hätte das auch sehen können, aber sie wollte nicht, sie mochte mich einfach lieber.

Ich lernte leicht, und so war meine Mutter stolz auf mich. Meine Schwester spielte viel besser Klavier, doch ich war der Liebling unseres Lehrers. Meine Schwester stand oft als die Blöde da und fühlte sich minderwertig. Ich nutzte das aus, und wenn ich mich sehr über sie ärgerte, nannte ich sie vor allen eine blöde Kuh. Ich weiß, daß ich ihr wirklich weh getan habe. Sie wußte, daß es unfair war. Sie war älter, strengte sich viel mehr an und übernahm viel mehr Verantwortung, aber alle liebten einfach nur mich, das hübsche Baby. Ich wußte das ganz genau und nutzte die Situation nach Kräften aus, flirtete mit den Erwachsenen, ob männlich oder weiblich, spielte immer die süße Kleine. Meine Schwester war für so etwas viel zu ehrlich! Die größten Kämpfe drehten sich darum, daß ich immer ihre Kleider anzog. Mitten auf der Straße blieb sie stehen und schrie mich an: ›Zieh mein Kleid aus!‹ Natürlich ging das nicht. Das brachte mich in größte Verlegenheit. Ich rächte mich an ihr, indem ich sie dann eine blöde Kuh nannte.

Sie hatte das Gefühl, daß meine Mutter sie weniger mochte als mich. Doch als ich meinen ersten großen Liebeskummer durchmachte und völlig fertig war, war sie für mich da. Sie nahm mich mit nach Brasilien und machte wunderbare Ferien mit mir.

Sie wurde von uns beiden als erste von einem Jungen eingeladen. Sie war damals vierzehn, und die Jungen umschwärmten sie. Ich sah immer zu, wenn sie sich zum Ausgehen zurechtmachte. Wir schliefen in einem Zimmer, bis ich sechzehn war. Von mir nahm kein Junge Notiz. Ich war achtzehn, als ich zum erstenmal ausging und einen Jungen küßte. Ich hatte erst später einen richtigen Freund. Meine Schwester war zwar das Aschenbrödel der Familie gewesen, doch außerhalb der Familie war sie beliebter als ich und galt als toll.«

Es muß eine bessere Form des Zusammenlebens geben als eine, die derart ausgeprägte Neidgefühle fördert, die kaum Raum für Liebe und gegenseitige Achtung läßt. Es mag für uns zwar lustig klingen, wenn Schwestern sich die Haare ausreißen, die Mädchen müssen sich aber schlimm gefühlt haben.

Bei Schwestern geht es nicht immer nur um Eifersucht. Die treibenden Kräfte hinter den Auseinandersetzungen sind Selbsthaß und das Bedürfnis, die eigene Existenz zu rechtfertigen, den Nachweis zu erbringen, daß man ein wertvoller und anständiger Mensch ist. Der gesellschaftliche Druck kann zu einer permanenten Defensivhaltung bei Frauen führen. Diese wirkt sich ähnlich wie Gewalt oder

Drogen auf die Mädchen aus, trotz ihrer Unsichtbarkeit prägt sie die Mädchen, wenn Eltern, wie im obigen Fall, die Teile-und-Herrsche-Taktik anwenden.

Eine andere Frau analysiert ihre Abneigung gegen ihre Schwester so:

»Eine Schwester ist jemand, den man wirklich haßt. Man wünscht sich, es gäbe sie nicht. Mit meinem Bruder gab es nicht soviel Streit und Rivalität, er und ich kamen gut miteinander aus. Doch mit meiner Schwester habe ich mich pausenlos gezankt. Ich glaube, meine Mutter hat den Streit provoziert, sie verunsicherte uns. Manchmal sagte sie zu der einen, sie habe sie am liebsten, und dann sagte sie das gleiche zu der anderen. Wenn wir uns stritten, stellte sie sich mal auf die eine, mal auf die andere Seite, je nach Lust und Laune. Gerechtigkeit war da nicht im Spiel.«

Eine andere Frau leidet noch als Erwachsene an einer Mischung aus Angst und Eifersucht, ob ihre Mutter sie ebensosehr liebt wie ihre Schwester. Sie fühlt sich noch immer nicht anerkannt, obwohl sie schon selbständig ist und ihre eigene Wohnung hat.

»Meine jüngere Schwester weiß aber auch gar nichts zu würdigen! Nun hat sie ein Kind, und sie ist fünf Jahre jünger als ich! Meine Mutter liebt sie heiß und innig und hat ihr eine Wohnung geschenkt. Ich mußte mir meine selbst kaufen. Immer hieß es: ›Evelyn kommt klar, sie ist ja so begabt, sie kann für sich selbst sorgen, sie hat ihren Beruf.‹ Meine Mutter ist richtig eifersüchtig auf meinen Beruf. Man sollte annehmen, daß sie mir hilft, daß sie sieht, wie schwer ich es habe, statt eifersüchtig zu sein. Meine Mutter ist froh, daß meine Schwester ihr gleicht – nicht zu intelligent, nicht berufstätig. Ich habe mich bemüht, meine

Schwester beruflich zu unterstützen, und es lief auch alles ganz gut. Und dann schmiß sie alles hin, weil sie es langweilig fand, behauptete sie. Meine Mutter belohnt also meine Schwester, weil sie sich dann selbst besser fühlt. Meine Mutter hat auch meinem Bruder eine Wohnung gemietet, auch ihm versucht sie zu helfen. Ich soll immer für alles Verständnis aufbringen. Nach dem Motto, wir wissen, daß du es auch so schaffst. Und doch verbringe ich jedes Weihnachtsfest mit meiner Familie. Ich habe sie eigentlich lieb. Auch wenn ich vor Wut platze, verbringe ich Weihnachten lieber mit ihnen als mit meinen besten Freundinnen oder meinem Freund. Und ich bin schon 32.«

Das Problem dieser Frau ist, daß ihrer Schwester von der Mutter Zuwendung zuteil wurde, weil sie ein Kind geboren hat. Die andere Tochter, die alleine lebt, erfährt diese Zuwendung nicht. Was sie leistet, zählt nicht. Sie wird daran gemessen, wie gut oder wie schlecht sie dem weiblichen Archetyp der Gesellschaft entspricht. Und als alleinstehende Frau entspricht sie dem überhaupt nicht.

Eine andere Frau litt sehr, als ihre Schwester sich mit ihrem früheren Freund einließ:

»Meine Schwester ist vier Jahre jünger als ich. Ich hatte gerade die Schule beendet, als ich mit meinem Freund zusammenzog. Unsere Beziehung dauerte drei Jahre. Er sagte, ich sei die Liebe seines Lebens. Als ich mich dann intensiv meinem Kunststudium widmete, wurde er unzufrieden, und schließlich trennten wir uns. Da begann er, mit meiner Schwester auszugehen. Er zog zu ihr und lebte mit ihr zusammen, so wie er es zuvor mit mir getan hatte. Ich habe sie dafür gehaßt und habe jahrelang nicht mit ihr gesprochen. Ich fühlte mich so verletzt, entsetzlich verraten. Meine Eltern lachten nur über meinen Schmerz und sagten: ›Tja, deine Schwester kann man nicht bremsen, wenn sie sich etwas in den Kopf gesetzt hat.‹ Wahrscheinlich hat sie mich immer beneidet. Wir waren so vertraut als Mädchen, sie lieh sich meine Kleider aus, wir mochten einander, wir spielten zusammen, wir kletterten zusammen auf die Bäume ...

Warum hat sie mir das angetan? Ich habe mich ganz von meiner Familie zurückgezogen. Ich statte ihnen manchmal einen Besuch ab, und einmal ging es mir nicht gut, und meine Mutter kam sofort und half mir, aber ich sehe sie nicht als eine wichtige Stütze in meinem Leben, und ich bin ihnen nicht mehr so nahe wie einst. Ich fühle mich noch immer sehr einsam und verlassen, selbst nach all diesen Jahren. Ich muß ihnen aus dem Weg gehen und mein eigenes Leben aufbauen, es gibt keine andere Möglichkeit. Meine Schwester trennte sich schließlich von ihm oder er von ihr, und dann rief er mich an und sagte, ich sei eigentlich seine große Liebe. Ich habe einfach den Hörer aufgehängt. Was sollte das denn heißen, nachdem er jahrelang mit ihr gelebt hatte? Wie hätte ich mich sonst verhalten sollen? Ich bin in eine andere Stadt gezogen und habe sie alle gelassen, wo sie waren.«

Offensichtlich leidet diese Frau darunter, daß der Mann sich ausgerechnet mit ihrer Schwester einließ, sozusagen in der Familie blieb. Wäre er zu irgendeiner anderen Frau gezogen, hätte sie vielleicht versöhnlicher reagiert.

KAMPF UM RAUM

Warum streiten Schwestern miteinander soviel mehr als mit ihrem Bruder? Schwestern kämpfen um knappe Rohstoffe, das heißt, um die geringeren Mengen an Liebe, die für Mädchen bereitstehen – wie auch gewöhnlich ein geringerer Betrag an Geld für ihre Erziehung, Kleidung und sportliche Betätigung ausgegeben wird.

Eine Frau in meiner Studie erinnert sich mit Entsetzen daran, wie die Mädchen in der Familie, für die sie arbeitete, ausgegrenzt wurden und ihnen gesagt wurde, sie seien weniger erwünscht als ihr Bruder.

»Ich erinnere mich daran, wie wir alle sechs am Tisch saßen, zwei Mädchen und ein Junge. Der Vater bevorzugte eindeutig den Jungen. Einmal beschuldigte er die Mädchen, sie würden sich vollstopfen, sie äßen zuviel! Die jüngere bekam es ab, zu ihr sagte er: ›Mach nur so weiter, Eve, stopf dir das Essen in den Mund wie ein Ferkel, stopf es in dich rein wie ein Tier ...‹ Sie war fast noch ein Baby. Sie saß noch auf dem Hochstühlchen. Ich erinnere mich, wie sie gerade etwas in den Mund tun wollte. Sie erstarrte und sah beschämt drein, sie fühlte sich gedemütigt. Ich glaube nicht, daß sie sich je davon erholte, und das ist nur ein Beispiel von vielen. Selbst ihre Mutter, die sie zu lieben behauptete, nannte sie nach einiger Zeit nur noch ›arme Eve‹.«

Mädchen müssen auf eine Weise um Raum und Liebe kämpfen, wie es bei Jungen nie oder nur selten der Fall ist. Man hört häufig den Satz: »Zuviele Mädchen!« oder »Der Vater wollte natürlich einen Jungen – aber ein Mädchen ist auch nett.« Die Liebe der Familie für Mädchen ist begrenzt, deshalb müssen Schwestern um Liebe kämpfen. Ein kleines Mädchen ist süß, eine hübsche Verzierung der Familie, doch zwei, naja ...

Ein weiterer Punkt ist, daß Mädchen kurz vor und erst recht während der Pubertät mehr als ihre Brüder ans Haus gebunden werden. Dies wird mit ihrer größeren Gefährdung begründet.

Mädchen müssen meistens abends früher als Jungen nach Hause kommen. Sobald die Menstruation einsetzt, wird ihnen deutlich zu verstehen gegeben, daß sie pünktlich zu Hause sein müssen. Die lächerliche Vorstellung, daß Mädchen launenhaft werden, sobald die Menstruation eingesetzt hat, kommt wahrscheinlich daher, daß die Mädchen ärgerlich werden. Vielleicht haben sie ja die Nase voll, zu Hause eingesperrt zu sein! Sie haben eine Menge Energie und wollen ausgehen, etwas erleben, die Welt erforschen, in Teams mitspielen!

Auf Mädchen wird mehr Druck ausgeübt, und sie werden strenger überwacht. Man erwartet von den Mädchen weniger Temperament, mehr Anpassung. Jungen dürfen über die Stränge schlagen – besonders als Jugendliche. Man erwartet geradezu, daß sie zeigen, aus welchem Holz sie geschnitzt sind. Unterbleibt das, machen sich die Eltern Gedanken! Wenn jedoch ein Mädchen aus der Reihe tanzt, ertönen finstere Warnungen wie »du willst doch nicht eines dieser leichtsinnigen Mädchen werden« und »du wirst einen schlechten Ruf bekommen«.

Die Mädchen reagieren auf diese Ausgrenzung entweder mit extremer Anpassung oder mit dem Versuch, ihre Überlegenheit gegenüber der Schwester herauszukehren, indem sie sich von ihr nichts »gefallen lassen«.

Noch immer begegnet man der Einstellung, daß Mädchen eine Last für die Familie sind, weil sie ein Leben lang versorgt werden müssen. Jungen hingegen bringen der Familie angeblich etwas ein, sie kümmern sich um sie, verbessern das gesellschaftliche Ansehen.

»Mein Bruder hat drei Mädchen und einen Jungen. Die Eltern sind der Meinung, der Junge wird eines Tages jemand sein, er wird sich einen Platz in der Welt erobern, Geld, Macht und Ruhm nach Hause bringen. Diese Einstellung ist lächerlich. Die drei Mädchen spüren, daß sie weniger gelten, also hacken sie ununterbrochen aufeinander rum.«

»Schwestern sind eine Last. Man muß sich um sie kümmern, kümmern, kümmern. Geben tun sie nichts – sie halten immer nur die Hand auf. Ein Bruder wird groß und dann beschützt er dich, gibt dir Status, stellt die Verbindung zur Welt da draußen her. Schwestern lenken nur von dir ab.«

Gleichgültig, wie nett und hilfsbereit Mädchen sind, der Zweifel an ihrem Wert schwebt immer wie ein Schatten über ihnen. Sie können den mangelnden Status ihrer Geburt schwer wettmachen. Natürlich gibt es auch Eltern, die ihre Mädchen lieben und verwöhnen. Doch das ist eher in Familien der Fall, in denen es nur ein einziges Mädchen gibt. Wenn es mehrere sind, werden sie weniger oder nur für eine begrenzte Zeit geliebt.

Das Wort »verwöhnt« findet übrigens für Jungen, die älter als drei Jahre sind, kaum Anwendung. Um eine Frau zu beschreiben, kann es ein ganzes Leben lang verwandt werden. In dem Wort schwingt mit, daß jemand mehr bekommt, als ihm zusteht, daß jemand mehr für sich fordern darf, als er sollte.

Diese Zustände ändern sich – zum Glück. Doch bevor wir nicht eine deutsche Bundeskanzlerin und eine Präsidentin der Vereinigten Staaten von Amerika haben und solange nicht die Hälfte aller Vorstände Frauen sind, zweifle ich an dem Fortschritt. Ich bin der Meinung, daß diese großen Institutionen noch immer vorhandene Vorurteile spiegeln.

In ihnen zeigt sich die alte Geringschätzung von Mädchen. Solange alle großen Unternehmen weiterhin von Männern geleitet werden, bleibt der Eindruck bestehen, daß dies ein Naturgesetz sei und daß wir die Dinge ohnehin wieder wie früher handhaben sollten.

Schwestern sind sich dieser verborgenen Signale der Gesellschaft sehr früh bewußt und wenden die versteckte Botschaft auf den nächstliegenden Fall an, die eigene Schwester! Eine Schwester entdeckt die Schwächen der anderen und macht sie sich zunutze, um an Macht zu gewinnen. Unter den gegenwärtigen Umständen ist das bedauerlich, aber durchaus begreiflich.

Die meisten Schwestern bleiben in lockerem Kontakt, nachdem sie erwachsen sind und das Zuhause verlassen haben.

»Wie entkommt man einer unglücklichen Beziehung mit seiner Schwester? Von einer Schwester kann man sich nicht einfach scheiden lassen!«

»Ich mag meine Schwester nicht. Ich rufe sie nicht gern an. Ich mag sie als Mensch nicht. Sie ist zwar soweit in Ordnung, aber sie ist so ein schrecklicher Snob. Ich rede nicht gern mit ihr, für sie bin ich ein Wesen von einem anderen Stern. Mir hilft das nicht gerade. Sie tut, als sei es eine Naturkatastrophe, daß ich so bin, wie ich bin. Ich bin eine unabhängige Frau. Ist ihr nicht klar, daß das harte Arbeit ist? Daß ich genau so verweichlicht aufgewachsen bin wie sie, daß ich aber daran gearbeitet habe, das zu überwinden? Ist sie der Meinung, daß das nicht in Ordnung ist? Sie muß das wohl denken, denn sonst würde auch sie auf die Barrikaden gehen. Ich hoffe, daß sie glücklich ist, aber ich habe meine Zweifel. Sie klagt immer über irgendwelche Krankheiten, meist ziemlich vage Sachen. Mich wundert das nicht. Sie hatte eine schreckliche Kindheit, aber das hatte ich auch (oder war die nicht so schlimm wie ihre?) – egal, ich muß sie von Zeit zu Zeit anrufen.«

Andere Schwestern halten bewußt regelmäßigen Kontakt. Sie sind jedoch nicht so sehr gute Kumpel als eine Art Rettungsanker füreinander. Aus Pflichtgefühl sind sie immer für einander da, egal, was passiert.

Frauen haben oft Schuldgefühle und sind verwirrt darüber, daß sie eine Freundin mehr lieben als die eigene Schwester.

»Meine Schwester und ich haben so viel gemeinsam erlebt. Ich verstehe ihre Entwicklung und wer sie geworden ist auf eine Weise, wie wahrscheinlich niemand sonst. Gleichzeitig fühle ich mich ihr nicht so nahe wie meiner besten Freundin. Ist das nicht erstaunlich? Ich kann es einfach nicht verstehen. Ich kenne meine Freundin beileibe noch nicht so lange wie meine Schwester, und ich sollte meine Schwester mehr lieben, aber ich liebe meine beste Freundin am meisten.«

»Die Liebe zu meiner Schwester ist anders. Meine Schwester steht stellvertretend für die Gesellschaft, wohingegen meine Freundin den Teil von mir repräsentiert, der ausgelassen und vergnügt sein will – Selbstverwirklichung. Manchmal frage ich mich, warum ich den unbändigen, freien Teil meines Selbst mein ›wahres Ich‹ nenne, wenn das doch einfach ich bin?«

»Ich mag meine Freundinnen. Ich kann sie mir aussuchen, und ich kenne einige wunderschöne, intelligente und aufgeweckte Frauen. Meine Schwester hingegen ist einfach nicht auf meiner Wellenlänge. Sie kommt mir so selbstgerecht vor. Sie meint, sie wüßte besser als ich, wer ich bin, aber sie liegt so daneben, sie hat Vorurteile hinsichtlich der Dinge, die ich tue. Die rühren alle von den Predigten meiner Mutter her. Sie hatte sehr enge Ansichten. Natürlich wird sie zur Heiligen, weil sie so denkt wie meine Mutter und gleichzeitig ach so tolerant mir gegenüber ist, während ich ›verdorben‹ bin! Ich glaube, in Wirklichkeit beneidet sie mich, würde das aber nie zugeben.

Natürlich ist eine Schwester praktisch. Ich kann sie immer anrufen, besuchen oder bei ihr wohnen. Sie braucht mich auch manchmal, besonders, wenn sie ein Problem hat. Wenn wir zusammen sind, entsteht so eine Art Kameradschaft, und ich fühle mich eigentlich wohl. Bin ich dann wieder bei mir zu Hause, kann ich es kaum erwarten, meine Freundinnen anzurufen. Wenn ich meine beste Freundin gesehen habe, bin ich völlig zufrieden und will auch niemanden sonst mehr sprechen. Ich will im Geist nur unseren gemeinsam verbrachten Tag oder Abend Revue passieren lassen. Sobald ich von meiner Schwester zurückkomme, will ich schnell alle Freunde anrufen, weil ich mich entfremdet fühle, ich will wieder Kontakt zu ihnen aufnehmen, will wieder ich selbst sein, wie ich es nur mit ihnen sein kann. Herr im Himmel, ich sollte meine Schwester mehr mögen, es geht aber nicht.«

Die beste Freundin und Schwestern haben im Leben einer Frau fast immer verschiedene Funktionen. Der Unterschied besteht darin, daß man, wie eine Frau es ausdrückt, »mit einer Freundin freie Hand hat, ein neues Ich annehmen kann. Mit einer Schwester ist alles ernster. Sie erinnert an die Eltern und an das Wertesystem. Für mich verkörpert meine Schwester den gesellschaftlichen Druck.«

ZWEI FRAUEN: DER UNTERSCHIED ZWISCHEN FREUNDINNEN UND SCHWESTERN

Unsere Vorstellung von einer Frau und ihrer besten Freundin ist eine Zweierkonstellation, ein Duo. Diese Verbindung ist in den meisten Ländern der Welt sehr beliebt. Frauen und Mädchen schätzen es, eine beste Freundin zu haben, eine vertraute Beziehung zu einem anderen Mädchen oder einer anderen Frau.

Für heranwachsende Mädchen ist die Freundschaft eine wichtige Einrichtung, denn sie ermöglicht nicht nur gemeinsamen Spaß. Die Mädchen können sich darüber hinaus einen Raum für sich schaffen, eine Welt, die ihnen gehört, eine wirkliche Welt, nicht die Welt der Alice im Wunderland, deren Regeln und Vorschriften keinen Sinn ergeben, die auf dem Kopf steht, in der es ein albernes Vorurteil gegen Mädchen gibt und in welcher sich Erwachsene streng und unverständlich benehmen, so daß sie kleine Mädchen unglücklich machen. Kinder – das gilt für Mädchen und Jungen – lachen gern über Erwachsene.

Es wird erwartet, daß die Beziehung zur besten Freundin abgebrochen wird, wenn das heiratsfähige Alter erreicht ist. Je nachdem, in welcher Kultur wir uns befinden, kann das jederzeit nach dem Einsetzen der Pubertät, beim Einsetzen der Menstruation, also der Fortpflanzungsfähigkeit, bis zum Ende des zweiten Lebensjahrzehnts heißen.

Danach werden diese engen Freundschaften zu einem Loyalitätsproblem. Bis zur Eheschließung oder bis zum Zusammenleben mit einem Mann sind sie gestattet, danach muß in der Regel eine Entscheidung fallen. (Siehe auch die Kapitel über Frauenfreundschaften). Wie bereits erwähnt, kann die Beziehung zu einer anderen Frau jederzeit abgebrochen werden, wenn ein Mann in das Leben einer der beiden Frauen tritt. Die Gesellschaft kann erklären, daß die Freundschaft vorbei ist, tot, beendet. Es wird zwar immer wieder geschworen, das würde nie passieren, und manchmal wird das Versprechen auch eingehalten, doch das erfordert Mut und Entschlossenheit, denn man muß bewußt gegen die Forderungen der herrschenden Gesellschaftsordnung angehen, gegen die Regeln der Häuslichkeit verstoßen, um eine Freundschaft mit einer anderen Frau aufrecht erhalten zu können.

Eine enge, freundschaftliche Beziehung zwischen Schwestern ist nur bedingt von dieser Forderung betroffen, denn eine Schwester ist ja Familie.

Frauen sind oft eifersüchtig auf die Schwestern ihrer Freundinnen. Sie fürchten, nicht an der Intimität zwischen den Schwestern teilzuhaben. In anderen Worten, Eifersucht ist Verlustangst. Schwestern streiten sich zwar, gegen Außenstehende könnten sie sich jedoch verbünden. Es ist so gut wie unmöglich, in eine Familie einzubrechen, sie ist wie ein magischer Kreis. Niemand darf etwas gegen die Familie sagen. Eine Frau meint:

»… in jener Familie bestätigen sie einander immer wieder, daß sie recht und alle anderen unrecht haben, Bekannte werden wie Eindringlinge behandelt, deren Meinung vollkommen uninteressant ist.«

Wenn also eine Frau ihrer Schwester nahesteht und ihr alles sagt, kann das für die Freundin zur Belastung werden:

»Ich habe nie das Gefühl, eine wirklich persönliche, wahrlich vertraute Beziehung zu ihr zu haben, weil im Hintergrund immer ihre Schwester herumspukt. Ich hasse es, wenn sie ihrer Schwester Dinge weitererzählt, die ich ihr im Vertrauen mitgeteilt habe. Ich merke das, weil sie mir später Bruchstücke von der Reaktion ihrer Schwester erzählt! Einmal bin ich explodiert. Ich habe ihr gesagt, sie müsse damit aufhören oder ich könnte nicht mehr mit ihr befreundet sein. Und was geschah? Hat sie verstanden, wie sehr sie mich verletzt hatte und hat sie sich gebessert? Nein. Sie hat sich von ihrer Schwester trösten lassen. Ihre Schwester ist immer für sie da und tröstet sie. Sie ist da, wenn sie niemanden sonst hat. Mich kann sie einfach fallenlassen, sie kommt auch ohne mich ganz gut klar.«

Die meisten Menschen sehnen sich nach einer tiefen geistigen und körperlichen Beziehung mit einem anderen Menschen. Ohne die gesellschaftlichen Tabus könnte man diese Nähe bei der eigenen Schwester finden. Wie die Dinge stehen, scheint man erst mit der Schwester brechen zu müssen, um einer Freundin gegenüber loyal sein zu können. Ist es für eine Frau mit Schwester schwieriger oder (aufgrund der Erfahrung) leichter, eine enge Beziehung zu einer anderen Frau zu haben? Auch Schwestern heiraten natürlich, aber das ist etwas anderes. Ein Mann hat nach den Regeln des Patriarchats den Vorrang in der Familienhierarchie, die Schwester ist Teil der Familie, also besteht theoretisch auch kein Konflikt.

Wenn man einen Menschen sehr liebt, sei es platonisch oder körperlich, kann diese Liebe andere tiefgreifende Bindungen verhindern, weil man sich seelisch so eng mit einem anderen Menschen verbunden hat, daß die eigene Seele immer bei dem anderen ist. Es ist weder Raum noch Zeit für eine andere Beziehung vorhanden, man will nur für diesen einzigen Menschen da sein.

Es ist wichtig für Mädchen und Frauen, eine Gesprächspartnerin zu haben, weil es in der westlichen Kultur keinen Tochterarchetyp gibt. Erst wenn eine Frau verheiratet ist und ein Kind hat, erhält sie ihre volle Stellung in der

Gesellschaft. Deshalb müssen Mädchen ihre Identität »außerhalb der Gesellschaft« finden, wie es Simone de Beauvoir formuliert. Freundinnen geben einander die Bestätigung, die ihnen die Gesellschaft versagt. Einer Freundin gegenüber kann eine Frau unter vier Augen sagen, wie sie die Wirklichkeit um sich herum wahrnimmt, kann zuhören, was ihre Freundin zu sagen hat, die beiden können ihre Gedanken austauschen und gemeinsam übereinkommen, was Wirklichkeit ist.

Die Wahrscheinlichkeit, daß sich Schwestern über dergleichen aussprechen, ist jedoch gering. Das liegt daran, daß Schwestern für die Gesellschaft und die Familie stehen. Beim Gespräch mit der besten Freundin hat man die Freiheit eines wahren Gedankenaustausches. Eine Schwester könnte der Familie Bericht erstatten über das, was man sagt. Es ist also besser, Persönliches mit einem Menschen zu besprechen, der nicht zur Familie gehört.

Frauen haben das Bedürfnis, sich mit einer anderen Frau zutiefst zu verbinden. Frauen wollen Persönliches miteinander austauschen, das heißt, sie wollen darüber sprechen können, wie sie wirklich fühlen, wie sie die Dinge wirklich erleben, und das ist oft sehr anders, als es die Menschen um sie herum wahrnehmen.

Frauen bestätigen einander in einer Weise, wie es die Gesellschaft nie leisten kann, zumindest als Individuen. Die Gesellschaft bestätigt eine Mutter unter den von der Gesellschaft vorgegebenen Bedingungen, sie bestätigt sie aber nicht für das, was sie als Individuum denkt. Das kann nur das Gespräch mit einer anderen Frau leisten.

Durch eine Freundschaft, in der offen gesprochen wird und in der die Verständigung klappt, kompensieren die Frauen die Wirklichkeit.

Beziehungen zwischen Schwestern sind gut, können sich aber nicht automatisch mit der Seelenfreundschaft zwischen zwei »besten« Freundinnen messen, besonders wenn diese erwachsen sind.

Die Feministinnen der siebziger Jahre prägten den Begriff »Schwesternschaft« und meinten damit eine feste, dauerhafte Bindung, die auch Krisen übersteht. Untersuchungen haben ergeben, daß »beste Freundinnen« zwar vertrauter sind als Schwestern, ihre Beziehung jedoch scheitern kann. Schwestern hingegen brechen den Kontakt selten vollständig ab. Die Beziehung zwischen Schwestern ist systemkonform, wird also toleriert. Freundinnen hingegen erhoffen sich eine neue Welt, eine freiere Welt, in der jede Frau ihre verschiedenen Anliegen aussprechen darf, eine neue Identität entdecken kann, unbelastet von ihrer Vergangenheit.

»Schwestern – ich hatte fünf, ich weiß, wovon ich rede – machen dich zur perfekten Diplomatin. Du willst ja nicht dauernd in irgendwelche Streitereien und hysterische Anfälle verwickelt werden, also lernst du, deine Gefühle zu beherrschen.«

Schwestern sollten versuchen, gemeinsam ihre Kindheitserinnerungen zu überprüfen, über sie zu sprechen, eine gemeinsame Antwort zu den Fragen in diesem Buch zu finden.

Wenn unsere Gesellschaft auch den Frauen gehört, können Frauen, die als Schwestern geboren werden, auch beste Freundinnen sein, wenn sie es so wollen. Sie werden nicht länger den gesellschaftlichen Druck fürchten müssen, denn die neue Gesellschaftsordnung wird ihrem Wesen gerecht werden.

III

FRAUENFREUNDSCHAFTEN HEUTE

Man hat errechnet, daß im Fernsehen nur während rund 6 Prozent der Sendezeit zwei Frauen zusammen auf dem Bildschirm zu sehen sind. Die übrige Zeit ist Männern gewidmet. Stehen dann aber beispielsweise in einer Serie die Beziehungen zwischen Frauen doch im Vordergrund, ist sie äußerst erfolgreich. Die US-amerikanische Fernsehserie *I love Lucy* lief 35 Jahre lang in 86 Ländern und die *Golden Girls* aus den neunziger Jahren waren ebenfalls in der ganzen Welt beliebt.

Warum spielen Frauenfreundschaften in den Medien so gut wie keine Rolle? Warum tauchen sie nicht in den geflügelten Worten auf? Alles, was man hört, sind abfällige Bemerkungen wie »Frauen sind so zickig zueinander!« Und wenn man nach Freundschaften fragt, hört man: »Oh! Sie meinen lesbische Beziehungen?«

Freundschaften zwischen Frauen haben Hochkonjunktur – und das ist keine neue Entwicklung. Das frauenfreundlichere Klima der vergangenen zwanzig Jahre sowie die wachsende wirtschaftliche Unabhängigkeit von Frauen haben dazu geführt, daß Frauen heute ihre Freundschaften freier bestimmen können.

Die Veränderungen in den Frauenfreundschaften werden von der Öffentlichkeit kaum wahrgenommen, da sie in den Medien eine geringe Rolle spielen. Den guten Beziehungen der Frauen untereinander mißt die Gesellschaft nicht gerade eine welterschütternde Bedeutung bei. Für die Gesellschaft zählt allein die Beziehung der Frauen zu den Männern. Im Mittelpunkt des Interesses stehen Fragen wie: Werden sich die Frauen auch in der Zukunft für Mann und Familie entscheiden? Beziehungen zwischen Frauen haben keinen Stellenwert – nach dem Motto: Die Beziehungen der Frauen untereinander verändern weder die Welt, noch haben sie eine Auswirkung auf das Geschäftsleben – was übrigens ein Irrtum ist.

Die modernen Medien und auch die Literatur arbeiten gern mit dem Klischee der zickigen Frau. Mit der Wirklichkeit hat diese häßliche Karikatur wenig zu tun. Warum sollte eine Frau kein Recht darauf haben zu zeigen, daß sie eine Persönlichkeit ist, eine eigene Meinung hat und mit den Männern streiten kann? Man sehe sich die Politiker an – geht es denn noch »zickiger«? Frauen können sehr liebevoll und rücksichtsvoll zueinander sein, aber natürlich können sie auch leidenschaftliche Eifersucht oder Begehren empfinden.

Frauenfreundschaften sind heute wichtiger denn je und entsprechen nicht mehr den alten Klischees. Deshalb verdienen sie es, ohne Vorurteile neu untersucht zu werden.

DIE NEUE SPRACHE DER GEFÜHLE

Es gibt viele Formen der Freundschaft zwischen Frauen, auch wenn wir nur eine einzige Bezeichnung für diese Beziehungen kennen. Da ist beispielsweise die klassische Freundschaft, wie die zwischen Lucy und Ethel in *I love Lucy*; dann die moderne Freundschaft von Thelma und Louise, zwei Singlefrauen; es gibt die tiefe Seelenfreundschaft, aber auch einfachere und dennoch wunderbare

Beziehungen, in denen Frauen einander verstehen und unterstützen. Es gibt die sexuelle und die emotionale Verliebtheit, aus der eine feste Liebe werden kann, und viele andere schillernde Varianten.

Frauen suchen aus vielerlei Gründen das Gespräch mit anderen Frauen:

»Meine Gespräche mit Anne-Marie handelten von jedem nur erdenklichen Gegenstand und waren enorm intensiv. Sie sagte zum Beispiel: ›Ich habe wirklich gemischte Gefühle wegen des Essens, zu dem wir gehen. Wie siehst du das?‹ Und dann sprachen wir darüber. Oder bei einem Streit sagte ich vielleicht: ›Du nutzt mich echt aus.‹ Das griff sie auf und fragte: ›Wie meinst du das?‹ Und dann hörte sie mir fünf oder zehn Minuten zu. Es konnte passieren, daß sie sich danach gegen das, was ich gesagt hatte, wehrte, aber sie hörte erst einmal zu. So lief das bei uns.«

»Frauen setzen in einer Beziehung nichts als selbstverständlich voraus. Männer haben manchmal die Einstellung: ›Wir machen das mal so, das wird schon in Ordnung sein.‹ Unter Frauen wird stets diskutiert. Die Richtung, in die sich eine Beziehung entwickelt, wird ständig neu bestimmt. So war es zumindest bei uns. Ich habe das in meine neue Beziehung eingebracht, aber meine neue Partnerin kommt mit so häufigen Gefühlsanalysen nicht klar. In ihren Augen konzentrieren wir uns zu sehr auf unsere Beziehung ... Ich bin jedoch der Auffassung, daß sich in diesen Diskussionen die eigene Persönlichkeit entwickelt. Wenn allerdings beide Frauen eine ausgeprägte Neigung zur Selbstanalyse haben und immer wieder hinterfragen, was sich da nun eigentlich abspielt, kann es zuviel werden – aber toll ist es doch.«

WICHTIGE FREUNDSCHAFTEN

Ihre engste seelische Beziehung haben die meisten Frauen
– ob verheiratet oder alleinstehend – zu einer Freundin.
Auch die Männer behaupten, daß ihre engsten Vertrauten
Frauen seien. Die Mehrheit der verheirateten Männer in
einer meiner Untersuchungen (7000 Männer in den achtziger Jahren in den USA) sagte, ihre engste Vertrauens-
person sei ihre Frau. Die Mehrzahl der verheirateten
Frauen sagt hingegen nicht, daß ihr Mann ihr bester
Freund sei. Männer und Frauen scheinen Frauen als
Freunde vorzuziehen. Frauen beschreiben diese Freundschaften als stark, warm, anregend und gefühlsintensiv:

»Wenn wir zusammen sind, habe ich das Gefühl, uns
gehört die Welt, und alles ist machbar, solange ich die
Unterstützung meiner Freundin habe. Außerdem ist sie so
wunderbar komisch. Ich bin sehr glücklich, wenn ich mit
ihr zusammen bin. Das Entscheidende aber ist, daß sie
mein Selbstbewußtsein stärkt. Ich fühle mich geborgen.
   Wir sind seit dreißig Jahren befreundet. Sie ist sehr
gescheit; sie macht mich auf Dinge über mich selbst
aufmerksam, die mir nicht auffallen. Sie bringt mich
zum Nachdenken. Wir reden stundenlang miteinander.
Zwischen uns besteht eine starke Bindung.«

»Ich weiß, daß meine beste Freundin immer in meinem
Interesse handelt und auch in meiner Abwesenheit meinen
Standpunkt vertritt. Wir freuen uns an den Kleinigkeiten
des alltäglichen Lebens, verbringen die meiste Zeit mit
Reden und Diskussionen darüber, was unser Dasein auf
der Welt eigentlich bedeutet. Wir haben die Absprache,
uns immer Zeit füreinander zu nehmen, auch wenn wir
eine Beziehung mit einem Mann haben.«

»Meine beste Freundin hört mir zu, urteilt aber nicht über mich, sie nimmt mich einfach, wie ich bin. Wir unterhalten uns stundenlang, entweder bei ihr zu Hause oder bei mir. Ich weiß, daß sie mich ganz und gar versteht, und sie fehlt mir, wenn wir keine Zeit füreinander haben. Ihre Fehler? Sie jammert darüber, zu dick zu sein, dabei ist sie genau richtig.«

»Ich kenne meine beste Freundin seit fünfzehn Jahren. Ich mag sie, weil ich ihr gegenüber völlig offen und ehrlich sein kann. Sie ist mir nicht böse, wenn ich mal nicht gut drauf bin. Wir haben einen so großen Teil unseres Lebens gemeinsam verbracht, daß sie mich wahrscheinlich besser kennt als jeder andere Mensch. Wir machen alles Mögliche zusammen – vom Einkaufen bis zu gemeinsamen Ferienreisen gelegentlich mit unseren Freunden. Sie stand mir zur Seite, als ich meine Kinder zur Welt brachte, geschieden wurde und eine depressive Phase durchmachte. Immer wenn ich eine helfende Hand brauchte, war sie da. Wir verbringen – wir versuchen es jedenfalls – wenigstens einen Tag in der Woche gemeinsam und tauschen unsere Erlebnisse aus. Vier- oder fünfmal die Woche telefonieren wir, gelegentlich häufiger. Wenn es sich einrichten läßt, sehen wir uns manchmal auch jeden Tag.«

Frauen unternehmen alles mögliche gemeinsam und haben Spaß zusammen.

»Wir treffen uns meist in ihrem Haus, damit wir unsere Kinder gemeinsam genießen können. Wir achten jedoch darauf, auch Zeit nur für uns zu haben, ohne die Kinder. Wir nehmen uns einfach einen Tag frei und ziehen los. Dann gehen wir Mittagessen, kaufen ein, bummeln durch die Stadt, sehen uns Galerien an und reden – damit verbringen wir die meiste Zeit. Unsere Gespräche sind das beste an unserer Freundschaft. Wir können über alles reden. Wenn ich einen Rat oder Hilfe brauche, wende ich mich als erstes an sie.«

Viele Frauen schätzen vor allem, daß ihre Freundin sich für ihre Gedanken und Erlebnisse interessiert.

»Am meisten schätze ich ihre Bereitschaft zuzuhören, wenn andere reden. Sie hat zwar ihre eigene Meinung, aber sie hört den anderen erst an, bevor sie sich äußert. Wir sind seit zwanzig Jahren befreundet. Sie hat mir durch schwierige Zeiten geholfen. Nicht so sehr mit dem, was sie gesagt hat, sondern indem sie einfach da war, wenn ich sie brauchte. Wir telefonieren fast jeden Tag und treffen uns gewöhnlich ein oder zweimal die Woche.«

»Wenn wir uns treffen, reden wir pausenlos, und die Zeit fliegt vorbei, eine Stunde ist wie eine Minute. Meine Freundin ist meine beste Verbündete in guten wie in schlechten Zeiten. Wenn ich bei ihr bin, fühle ich mich glücklich, angeregt und vertrauensvoll. Mir gefällt ihre positive Weltsicht. Meine Freundin ist ein herzensguter Mensch und sehr intelligent. Wir reden über unsere Gefühle und wie wir das Leben sehen. Wir analysieren, wie wir aufeinander reagieren und wie wir uns gegenüber anderen verhalten.«

Frauen unterstreichen, wie gut es ihnen tut, offen mit ihren Freundinnen reden zu können, ohne unter Druck gesetzt zu werden.

»Wir haben einander immer alles erzählt. Wir reden stundenlang über Gott und die Welt. Ich habe immer das

Gefühl, vor ihr kann ich alles sagen. Sie mag mich so, wie ich bin. Wir gehen an den Strand oder einfach nur spazieren. Wir lieben die Natur, haben gern unseren Spaß und genießen gutes Essen. Wir haben uns gegenseitig beigebracht, richtig miteinander zu reden. Wir kommen immer zum Kern des jeweiligen Problems. Wir schätzen es, einander unsere tiefsten Gefühle zeigen zu können.«

»Ich habe eine Freundin, mit der ich über mein Sexualleben sprechen kann. Es gibt nichts, das uns schockiert, und wir sprechen offen über alles. Wir sind seit vierzehn Jahren eng befreundet. Sie versteht mich besser als jeder andere Mensch, sogar als mein Mann.«

Frauen schätzen an ihren Freundinnen, daß diese sie zum Reden bringen:

»Was mir an ihr gefällt? Sie meckert nie an mir herum – sie hört zu und interessiert sich wirklich für das, was ich sage.«

»Die Frau, der ich mich am nächsten fühle, ist witzig und bringt mich fast immer zum Lachen. Sie macht sich nie über mich lustig oder meckert an mir herum, weil ich bestimmte Dinge fühle oder sage. Ich bin ihr wichtig, und sie würde alles tun, worum ich sie bitte. Sie weiß auch, daß ich sie zu sehr schätze, um unvernünftige Forderungen zu stellen. Sie bevormundet mich nicht, sondern stärkt mein Selbstvertrauen. Vor kurzem mußte ich etliche Probleme lösen und habe sie öfter als sonst gesehen. Ich habe den Eindruck, was immer ich an Reaktion, Rat und Kommentar von ihrer Seite höre, ist nicht das, was ich hören will, sondern das, was sie aufrichtig meint – eine wunderbare Hilfe!«

Enge Freundschaften zwischen Frauen können viele Jahrzehnte andauern und große Entfernungen überbrücken. Viele Frauen bleiben sogar ein ganzes Leben lang befreundet:

»Wir lernten uns am ersten Tag im College kennen. Das war vor achtundzwanzig Jahren. Das Band zwischen uns ist unzerstörbar, auch wenn unser Leben völlig verschieden ist. Es sind nun schon fünfzehn Jahre her, daß wir nicht mehr in derselben Stadt wohnen. Wir sind beide nicht verheiratet und haben auch beide keine Kinder. Wenn wir zusammen sind, fühle ich mich als ganzer Mensch. Wir sehen einander derzeit nur einmal im Jahr, wir leben jetzt 4500 Kilometer von einander entfernt, aber wir schreiben uns regelmäßig und rufen uns an, wenn wir aufregende Neuigkeiten haben oder es ein Problem gibt. Sie ist ein sehr ruhiger Mensch, ich werde manchmal ziemlich laut. Wir gehen zum Essen aus, ins Kino und reden im Anschluß stundenlang über den Film. Wir verreisen zusammen. Das klingt nach nichts Besonderem, aber unsere Freundschaft ist uns unbeschreiblich wichtig.«

Für viele Frauen sind die Freundschaften ihrer Kinder- und Jugendzeit die engsten ihres ganzen Lebens:

»Meine beste Freundin in der Grundschule war ein intelligentes Mädchen, aber eine Außenseiterin. Die anderen lehnten sie ab – wie mich übrigens auch –, doch ihr machte es im Gegensatz zu mir nichts aus. Da niemand von den anderen mit uns zu tun haben wollte, spielten wir in der Pause häufig zusammen, wir besuchten uns auch zu Hause. Wir erfanden immer neue Spiele. Wir hatten uns in unserer Phantasie einen ganzen Stall voll Pferde zugelegt und auch zwei Dinosaurier, die Namen hatten und ausgeprägte

Persönlichkeiten waren. Wir ritten auf ihnen und versorgten sie. In der ersten Klasse bildeten wir beide dann eine fortgeschrittene Lesegruppe, nur wir zwei. Meine Mutter sah unsere Freundschaft nicht gern, denn die Mutter meiner Freundin war keine gute Hausfrau und hielt eine Menge Haustiere. Manchmal umarmten wir einander, und einmal nannte uns ein Mädchen ›pervers‹, aber wir wußten nicht, was das ist. Vielleicht machte meine Mutter sich deshalb Sorgen! Unsere Beziehung war jedoch nicht sexuell. Ich habe ihr nur einmal angeboten, Doktor zu spielen, aber sie lehnte freundlich ab.«

»Seit unserem dreizehnten Lebensjahr sind wir unzertrennlich. Als ich zu meiner ersten Party ging, auf der auch Jungen waren, ging Jen mit. Wir brauchten Wochen, um zu entscheiden, was wir anziehen würden, und sie verbrachte einen ganzen Nachmittag damit, von einer Bluse, die ich tragen wollte, die Straßperlen abzutrennen, weil ich die nicht mochte. Ich erinnere mich bis auf den heutigen Tag, was diese kleine Geste für mich bedeutete.

Als wir älter wurden, bildeten wir eine Clique, die aus ihr, ihrem Freund, mir und meinem Freund bestand. Die beiden Jungen waren auch gute Freunde, also waren wir die ganze Zeit zusammen. Das war großartig. Wir waren uns beide der Ungerechtigkeit gegenüber Frauen bewußt. Zum einen ist die Frau das sexuelle Spielzeug des Mannes, zum anderen wird sie aus eben diesem Grund verachtet. Wir haben immer dagegen gekämpft. Aber wir hatten auch viel Spaß zusammen, feierten zusammen, teilten unser Leid über die Männer und weihten einander in unsere tiefsten Geheimnisse ein.«

Viele Frauen sind einander eine emotionale Stütze in schwierigen Zeiten – wenn es zu Beziehungsproblemen mit Männern kommt, Ehekrisen, Trennungen und Scheidungen.

»Unser Geschäft ging in Konkurs, die Gläubiger bedrängten uns, und ich hatte zwei Jobs ohne Zukunft, wo ich ein Minimalgehalt verdiente und etwa sechzig Stunden in der Woche arbeitete. Ich hatte keine Zeit für meine zweijährige Tochter, meine Ehe ging unter dem Druck und den Vorwürfen kaputt, und ich weinte den ganzen Weg zur Arbeit und nach Hause. Das ging ungefähr zwei Monate so. Das Auto war der einzige Ort, wo ich allein war – bis ich eines Tages nicht mehr konnte. Ich dachte daran, einfach das Auto und etwas Geld zu nehmen und zu verschwinden. Ich brachte es nicht über mich, fühlte mich aber total in der Falle. Ich rief eine Freundin an, ich müsse sie unbedingt sehen. Sie hörte meine Verzweiflung heraus und nahm sich Zeit für mich, obwohl sie mitten im Packen war, weil sie am nächsten Tag in Urlaub fahren wollte. Ich saß in ihrem Auto und weinte, den Kopf in ihrem Schoß. Nach dieser unglaublich aufbauenden Erfahrung – es war das erstemal in meinem Leben, daß ich einen solchen Anspruch an jemanden gestellt hatte, und meine Freundin war auf mich eingegangen – wurden die Dinge nach und nach besser.«

Frauen beschreiben ihre Freundschaften mit anderen Frauen als einen sehr befriedigenden Teil ihres Lebens. Die emotionale Ebene, auf der sie sich abspielen, schafft ein Gefühl der Vertrautheit.

»Meine Beziehungen zu Frauen sind im allgemeinen mehr von Vertrauen geprägt als die zu Männern, da die Anteilnahme von Frauen immer echt ist. Auf Frauen kann man sich verlassen. Man kann mit ihnen reden – sie versuchen zu helfen, eine Lösung zu finden. Wenn es um das Lösen von Problemen geht, sind sie sehr einfallsreich. Sie versuchen, etwas in Bewegung zu bringen.«

DAS VERTRAUTE GESPRÄCH ZWISCHEN FRAUEN: EINE WELT FÜR SICH

Die Beziehungen zwischen Frauen stellen eine Welt für sich dar, eine Art unsichtbare Subkultur mit eigenen Regeln und eigener Bedeutung. Frauenfreundschaften sind deshalb so wichtig, weil die Frauen mit ihrer Hilfe besser herausfinden können, wer sie sind und wer sie sein wollen. Einige Freundschaften sind großartige Liebesgeschichten – wenngleich sie mit körperlicher Liebe nichts zu tun haben. Freundschaft kann intensiv und tief sein. Ist körperliche Liebe wirklich großartiger, tiefer, aufregender?

Die weibliche Subkultur ist höchst wertvoll für die Gesellschaft, und doch ist sie gefährdet – wie eine Tier- oder Pflanzengattung vom Verschwinden bedroht. Es ist nur zu verständlich, daß Frauen nicht in einem Frauenghetto leben wollen und sich deshalb mit den Männern Fußballspiele anschauen und den direkten Kommunikationsstil übernehmen. Gehen sie stillschweigend davon aus, daß die Welt der weiblichen Freundschaft immer verfügbar bleiben wird? Daß sie irgendwo im Hintergrund weiterexistieren wird, so daß sie jederzeit darauf zurückgreifen können? Verlassen sie sich etwa auf starke Freundschaften mit Frauen (oder auf die Beziehung zu ihrer Mutter, die immer für sie da ist), während sie gleichzeitig eine immer größere Zahl an männlichen Verhaltensweisen übernehmen? Je mehr Menschen sich über die »Weiblichkeit« und die »Sanftheit« der Frau lustig machen, desto mehr Frauen kommen sich dumm vor, wenn sie »weich«,

»verständnisvoll« und »lieb« sind. Deshalb sind diese Eigenschaften vom Verschwinden bedroht. Der Feminismus ist in den siebziger Jahren gegen die weibliche Unterwürfigkeit zu Felde gezogen, was damals sehr wichtig war. Doch die damals neue Haltung des Sich-Wehrens hatte zur Folge, daß das Kind mit dem Bade ausgeschüttet wurde. Heute stellt sich die Frage, ob die Frau sich in ihrem Privatleben wirklich männlich verhalten oder ob sie nicht vielmehr dagegen ankämpfen sollte, daß sie wegen ihrer Weiblichkeit verlacht wird. Es kann nicht darum gehen, männliche Verhaltensweisen zu übernehmen, es muß vielmehr der Verspottung weiblicher Eigenschaften ein Ende gesetzt werden. Die Frauen täten besser daran, gegenüber anderen Frauen liebenswürdig und freundlich zu sein, weil diese ihre Freundlichkeit erwidern, wie es die Zitate zu Freundschaften belegen. Anders ausgedrückt, die weiblichen Eigenschaften sind keineswegs grundsätzlich schlecht, sie wurden nur nicht richtig eingesetzt, mit dem Ergebnis, daß sie zum Symbol für die unterdrückte Frau wurden, die aus Zwang bescheiden und freundlich war.

Die Frauen haben eine Form des Umgangs entwickelt, die äußerst intensive Beziehungen ohne Körperlichkeit zuläßt – eine komplizierte Mischung von emotionalem und intellektuellem Austausch. Diese Art des Umgangs miteinander könnte Modellcharakter für die Gesellschaft und Politik der Zukunft haben.

Wenn die traditionellen weiblichen Eigenschaften der Hilfsbereitschaft, Fürsorglichkeit und Opferbereitschaft zwischen Frauen zum Tragen kommen, führen sie zu gegenseitig befruchtenden Gesprächen und emotional befriedigenden Bindungen. Die meisten Frauen stellen fest, daß andere Frauen für Freundlichkeit empfänglich sind, und äußern ihre Dankbarkeit darüber, Anerkennung und Bestätigung zu erfahren. In diesem Wertesystem der

Frauen bedeutet ein Gespräch, den anderen Menschen zu verstehen und zum Sprechen zu bringen. Es geht nicht darum, ihn zu verurteilen, ihm die eigene Meinung aufzudrängen oder Punkte zu sammeln.

WARUM SIND BEZIEHUNGEN ZWISCHEN FRAUEN WICHTIG?

Frauen reden anders miteinander als Männer. Frauen haben eine besondere Art der Kommunikation. Gefühle werden ausführlich beschrieben, und es wird viel Zeit darauf verwendet, zu erklären, was gemeint ist. Frauen versuchen, die unausgesprochenen Gedanken der Gesprächspartnerin zu erfassen – sie arbeiten zusammen, um die Gefühle, die sie auszudrücken versucht, besser zu verstehen.

Frauen sprechen freier miteinander, sie sind eher auf einer Wellenlänge, und das führt zu neuen Ideen und besserem gegenseitigem Verständnis.

Weibliche Gespräche werden zu Unrecht abgewertet, als Geratsche oder Klatsch abgetan. Es stimmt zwar, daß die Unterhaltungen streckenweise Ausdruck der reinen Freude am Schnattern über nichts sind, sie haben aber auch eine sehr kreative Komponente. In ihnen werden individuelle Wahrnehmungen der Realität auf den Prüfstand gestellt, die Zukunft entworfen.

Die freie Art der Frauen zu reden, führt zu einer Fülle neuer Ideen und erleichtert einen echten Meinungsaustausch. Das Gespräch ist das häufigste intellektuelle und kulturelle Forum der Frau. Nichts wird schriftlich fixiert, aber das Gespräch ist meist ebenso kompliziert oder noch komplizierter als die Debatten in der Männerdomäne Zeitung. Die Gespräche der Frauen werden als Geschwätz abgetan, obwohl sie in Wirklichkeit meist das genaue Gegenteil sind, nämlich klug und differenziert – auch wenn sie in einer Küche stattfinden.

DIE SCHWIERIGKEIT, MIT MÄNNERN ZU REDEN

Viele Frauen finden es schwieriger, mit Männern zu reden als mit Frauen. Sie haben den Eindruck, daß Männer Vorbehalte haben oder sich über die Aussage der Frauen hinwegsetzen, weil sie an ihrer eigenen Version der Wahrheit festhalten wollen. Männer haben eine gewisse Tendenz, Frauen abzuqualifizieren, zu dominieren, statt offen zuzuhören. Die kritische Haltung der Männer hemmt viele Frauen, hält sie manchmal sogar ganz davon ab, das Wort zu ergreifen.

Mädchen lernen von klein auf, sich eine doppelte Persönlichkeit anzueignen. In der Gegenwart von Männern setzen sie sich weniger durch und reden auch weniger. Sie halten mit ihrer Meinung zurück und räumen den Männern mehr Redezeit ein als sich selbst. Eine Frau beschreibt diese Haltung folgendermaßen:

»Ich hatte immer das Gefühl, die Männer seien wichtiger als ich. Ich fühlte mich in jeder Hinsicht fehl am Platz: ich war zu groß, zu dick, ich redete zuviel, hatte zuviele Gefühle und beanspruchte mehr Raum als mir zustand.«

In der Gegenwart von Frauen fühlen Frauen gewöhnlich nichts dergleichen. In diesem Zusammenhang muß die wachsende Zahl von Mädchenklassen und -schulen vielleicht doch als positiv gesehen werden. Besser wäre es allerdings, wenn die Trennung der Geschlechter im Unterricht nicht mehr notwendig wäre.

WER IST WICHTIG?

Frauen profitieren enorm von ihren Freundschaften, und dennoch erwartet die Gesellschaft, daß Frauen diesen Beziehungen weniger Bedeutung beimessen als der Ehe oder einer Liebesbeziehung zu einem Mann. Die Frauen nehmen ihre Freundschaften als selbstverständlich hin. Es gibt keine institutionalisierten Bräuche, mit denen sie sie feiern oder unterstreichen, damit sie erhalten bleiben, wie beispielsweise Geburtstag oder Hochzeitstag. Wer hat je von einer Freundschaftsfeier gehört?

Diese Beziehungen, die sozusagen als Beiwerk zum weiblichen Dasein behandelt werden, als Nebensache, sind in Wirklichkeit ein wichtiger Pfeiler im weiblichen Dasein. Die meisten Frauen, die es einfacher finden, mit anderen Frauen zu reden als mit Männern, wünschen sich, auch mit Männern so offen wie mit ihren Freundinnen reden zu können – ohne die verrückten Schwierigkeiten, Zweideutigkeiten und emotionalen Barrieren.

»Wenn ich wirklich einmal über meine Gefühle reden will, jemanden in mein Herz sehen lassen will, ist es leichter und lohnender, das mit meiner besten Freundin zu tun. Mein Freund macht das nicht gern, er fühlt sich dann unbehaglich. Ich schätze es, wenn ich lachen, weinen oder was immer darf und wenn alles, was ich sage, akzeptiert wird. Ich wünschte mir, das ginge mit meinem Freund.«

»Frauen sind insgesamt verständnisvoller, haben besseren Kontakt zu anderen, hacken nicht so auf Einzelheiten herum. Frauen bieten einander Hilfe an, weil sie leichter miteinander reden können, und diese Ermutigung stärkt sie. Wir sorgen uns mehr, lieben mehr und haben keine Angst, das unseren Freundinnen zu zeigen. Männer können auch gute Freunde sein, aber sie können sich nicht in den anderen hineinversetzen, wie Frauen das tun. Das ist traurig, aber wahr. Der Ehemann sollte ein guter Freund sein, mit dem man alles gemeinsam erleben kann. Es scheint, als seien die Ehen derjenigen Paare, die gute Freunde sind, am stabilsten und glücklichsten.«

»Mir fällt es leichter, mit Frauen zu reden, weil sich Männer auch dann hinter der Logik verstecken, wenn mal eine emotionale Reaktion angebracht wäre. Wir brauchen alle jemanden, der mit uns lacht, sich mit uns freut und mit uns weint. Wenn ich mit meinem Mann und er mit mir wie meine beste Freundin reden könnte, hätten wir wirklich eine heiße Kiste am laufen.«

Selbst die Unterschiede von Schicht, Rasse oder Familienstand unter Frauen sind nicht so schwer zu überwinden wie der Unterschied zwischen den Geschlechtern. Frauen unterschiedlichster Herkunft können leichter miteinander reden als mit Männern, eingeschlossen den Mann, den sie lieben.

Will eine Frau, die sagt, daß sie Frauen mag, weil man mit ihnen reden kann, weil sie versuchen, Lösungen zu finden und dabei erfinderisch sind, zum Ausdruck bringen, daß Frauen nette Wesen sind oder will sie sagen, daß Frauen intelligent und tüchtig sind? Sind Offenheit, Gutherzigkeit und Verstand eigentlich Widersprüche? Nach dem herkömmlichen Klischee sind Frauen »hilfsbereit«, diese Eigenschaft gilt aber gleichzeitig irgendwie als Zeichen von Einfalt. Das ist eine Beleidigung für die Frau, wird ihrer Energie und ihren intellektuellen Fähigkeiten nicht gerecht. Nur weil Frauen um ihre Leistungen kein großes Brimborium machen, heißt das nicht automatisch, daß sie nicht Großes vollbringen.

Sind Gespräche mit dem Freund oder Geliebten schwieriger, weil die Verletzlichkeit in einer Liebesbeziehung größer ist? Oder kann man leichter mit Frauen reden, weil sie hilfsbereiter und weniger vom Konkurrenzdenken bestimmt sind? Liebesbeziehungen scheinen in der Tat intensiver und fordernder zu sein, wie eine Frau es formuliert:

»Meine Liebe für ihn ist viel selbstsüchtiger und anspruchsvoller als die Zuneigung, die ich Frauen schenke.«

Doch die wahre Erklärung dafür, daß sogar mehr Männer »beste Freunde« unter den Frauen als unter den Männern haben, ist wohl, daß Frauen die Auffassung vertreten, eine Freundin oder Geliebte sei grundsätzlich dazu da, zuzuhören und Verständnis zu haben, nicht zu dominieren oder ständig zu richten.

Warum sind die engagierten Gespräche zwischen Freundinnen solch eine Zielscheibe des Spotts? Warum drängt man die Frauen in die Defensive, warum charakterisiert man ihre Unterhaltungen als Klatsch oder Geschwätz?

Es wird oft über Weiblichkeit und die sanfte, einfältige weibliche Liebe und Fürsorge gespottet. Doch handelt es sich denn wirklich um alberne Werte? Altmodische Werte? Oder rührt der Spott daher, daß der kulturelle Fortschritt der Frau nicht wahrgenommen wird, unsichtbar bleibt, wie der weibliche Beitrag zur Gesellschaft im allgemeinen? Die Menschen brauchen und schätzen die weiblichen Eigenschaften, doch die Frauen werden für ihre hochentwickelte Herzensbildung und Fähigkeit des Zusammenlebens keineswegs gewürdigt, sondern im Gegenteil spöttisch mit dem Etikett versehen, »zu sentimental« zu sein, »zu gefühlsbetont«.

68

WEIBLICHE SOLIDARITÄT, LIEBE, ZUWENDUNG UND ZÄRTLICHKEIT ALS KULTURGUT

Freundschaft und fürsorgliche Zuwendung gelten traditionell als Frauensache. Frauen vertreten die Auffassung, daß das Zuhören und Unterstützen Grundelemente der Liebe sind. Wettbewerb und emotionale Distanz haben in ihren Augen in persönlichen Beziehungen keinen Platz. Die weibliche Beobachtungsgabe und das weibliche Einfühlungsvermögen sind ein großartiger kultureller Schatz. Beziehungen, in denen diese Fähigkeiten zum Tragen kommen, eignen sich als Modell für jede Art Beziehung – also auch politische und gesellschaftliche Einrichtungen. Allerdings können diese Eigenschaften einer Frau gefährlich werden, wenn in einer Beziehung kein partnerschaftlicher Austausch stattfindet, wenn also der Mann im Vordergrund steht und die Frau in die Statistenrolle gedrängt wird.

Die weibliche Hilfsbereitschaft ist so oft verspottet worden, daß viele Frauen heute versuchen, sie zu unterdrücken. Die Frau steht in der Arbeitswelt heute unter großem gesellschaftlichen Druck, »wie ein Mann« aufzutreten, ihre Gefühle zu kontrollieren, weniger zu reden, nicht zuviel Emotionen zu zeigen und männliches Durchsetzungsvermögen zu entwickeln.

Wir sollten uns jedoch fragen, ob es uns nicht allen sehr viel schlechter gehen wird, wenn die Frauen ihre Wärme und Hilfsbereitschaft endgültig verweigern. Wäre die Gesellschaft nicht gut beraten, diesen Eigenschaften mit Hochachtung zu begegnen, anstatt sie lächerlich zu machen?

Die Männer müssen lernen, liebevoller, offener und weiblicher zu sein, das Leben mehr zu genießen und sich dem männlichen Wettbewerbswahn zu entziehen!

FRAUEN UND KRISENMANAGEMENT

Bis zum neunzehnten Jahrhundert oblag den Hebammen die Aufgabe der Geburtshelferin, denn Frauen kamen traditionell zum Einsatz, wenn es um kritische Situationen, Leben oder Tod ging. Frauen organisierten ihr Leben lang die Versorgung und Pflege der Großfamilie.

Woran liegt es, daß die Frauen im Ruf stehen, für anspruchsvolle Positionen außerhalb der Familie letztlich ungeeignet zu sein, keine große Verantwortung übernehmen zu können? Ungeachtet dessen, was die Frauen tatsächlich in der Welt leisten, gesteht man ihnen selten die Fähigkeit zu, die Welt maßgeblich zu verändern. Vielmehr werden sie in die Rolle der hingebungsvollen Helferin gedrängt. Frauen dürfen sich häufig nur des lauen Lobes erfreuen, »mit angepackt« oder »seelische Unterstützung« geleistet zu haben. In der ungenauen, klischeehaften Sprache offenbart sich die Abwertung der weiblichen Leistung.

Wenn Frauen Hilfe brauchen, einen Babysitter zum Beispiel, oder wenn sie krank sind oder eine Bleibe suchen, dann leistet diese Hilfe meistens eine andere Frau. Es kommt einer Beleidigung gleich, diese Leistung geringzuschätzen, sie gegenüber anderen – beruflichen – Leistungen herabzusetzen. Sie erfordert ein hohes Maß an Flexibilität und Organisationstalent – Eigenschaften, die Frauen eigentlich für Krisenmanagement-Posten prädestinieren. Es fragt sich, warum es für Frauen heute immer noch so schwierig ist, diese Posten zu bekommen.

Frauen suchen vermehrt Hilfe und Unterstützung bei anderen Frauen, weil sie erkannt haben, daß auch Frauen Persönlichkeiten mit Beziehungen sind. Frauen können einander Kraft geben, nicht nur im privaten, sondern auch im beruflichen Bereich (worauf im Kapitel zur Arbeitswelt eingegangen wird). Frauen gewöhnen sich langsam an

70

den Gedanken, daß sie Macht haben, die sie mit anderen Frauen teilen können und setzen sich immer mehr mit dem Phänomen einer »Mentorin« auseinander.

»Sie ist meine Mentorin, was Gefühle anbelangt. Ich werde nie vergessen, wie ich zum erstenmal offen mit ihr gesprochen habe. Sie ist älter als ich und steht mir sehr nahe. Zum Beginn unserer Freundschaft habe ich sie in einige dunkle Geheimnisse über mich eingeweiht. Das waren Dinge, die ich nie jemandem gesagt hatte. Ich hatte Angst, aber ich wußte, sie würde mich verstehen. Während ich ihr eine Sache nach der anderen berichtete, beobachtete ich ihr Gesicht, sie sah jedoch überhaupt nicht schockiert aus. Sie sagte nur, daß sie sich freue, daß ich ihr alles erzählt habe, daß ich ihr ausreichend vertraue, um sie Anteil an meinen Erlebnissen haben zu lassen. Das bedeute ihr sehr viel. Ich konnte einfach nicht glauben, daß sie sich bei mir bedankte, obwohl sie mir ein so wertvolles Geschenk gemacht hatte. Dadurch, daß sie mich akzeptierte, wie ich war, änderte sich mein Leben und meine Beziehungen zu anderen Menschen.«

PROBLEME BEI FRAUENFREUNDSCHAFTEN

Das Leben stellt uns ständig Fallen. Was kann in einer Freundschaft schiefgehen?

1. Wut, Frustration und Eifersucht

Auch die Freundschaften zwischen Frauen sind – wie andere Beziehungen – Schwankungen unterworfen: Müdigkeit, Stimmungswechsel, hormonelle Schwankungen und der Energiepegel wirken sich immer aus. Am wenigsten wird vielleicht die Eifersucht auf eine Freundin zugegeben.

»Meine beste Freundin macht mich eifersüchtig. Ich habe solche Schuldgefühle. Ich hasse es, wenn sie mit anderen mehr Zeit verbringt als mit mir, ich fühle mich ausgeschlossen. Ich versuche, es nie zu zeigen.«

Solche Gefühle unter Kontrolle zu halten, gehört zu den Anstandsregeln unter Freundinnen. Jede von uns wünscht sich – bewußt oder unbewußt –, stets im Mittelpunkt zu stehen! Wir können jedoch lernen, uns zu beherrschen, damit unsere Beziehungen funktionieren. Häufig gelingt uns das auch. Glücklicherweise.

Manchmal kommt man allerdings nicht darum herum, für eine Freundschaft einen gewissen Preis zu bezahlen.

»Nichts ist schöner auf der Welt, als mit ihr zusammenzusein, wenn es ihr gut geht. Doch manchmal wird sie unglaublich traurig, das ist dann sehr frustrierend. Ich kann sagen, was ich will, nichts hilft ihr, und es dauert lange, bis sie diesen Zustand überwunden hat. Sie erwartet, daß ich ihr stundenlang zuhöre. Wenn es ihr dann wieder gut geht, soll ich die Zeit mit ihr unbeschwert genießen, ich darf an die schlechte Zeit gar nicht anspielen.

Es fällt mir sehr schwer, ihr zu sagen, daß mich das wütend macht. Sie ist so unglaublich sensibel, daß sie sofort in Tränen ausbricht. Ich finde aber, daß es möglich sein muß, daß ich ihr meine negativen und positiven Gefühle ehrlich mitteile. Ich halte das für einen wichtigen Aspekt in einer engen Freundschaft.«

Ob eine Freundschaft ihren Preis wert ist, kann nur jeder für sich beurteilen. Da keiner von uns vollkommen ist, ist es immer gut, im Zweifelsfall zugunsten des anderen zu entscheiden. Auch wir machen vielleicht oder sogar sehr wahrscheinlich Dinge, welche die anderen zum Wahnsinn treiben!

Wie sieht es nun aber mit den typischen Problemen zwischen Frauen aus? Es geht hier nicht um jene, die aus den üblichen Persönlichkeitskonflikten entstehen. Es geht um die Probleme, mit denen sich die Frauen immer wieder herumschlagen müssen, obwohl sie lösbar sind – vorausgesetzt man erkennt, daß sie ihre Ursache in den gesellschaftlichen Konventionen und in den überholten Erwartungshaltungen haben.

2. Das Problem der Unsicherheit

Neigen wir dazu, uns in der Gegenwart von Frauen unwohl zu fühlen, weil wir Angst haben, sie könnten uns kritisieren, wie unsere Mutter es immer tat? Unsere Mutter war diejenige, die uns beaufsichtigen, bestrafen und belehren mußte, deshalb erfuhren wir von unserer Mutter mehr Kritik, aber auch mehr Lob als von anderen. Die Kritik aus dem Mund eines so mächtigen Menschen schmerzte sehr und bedeutete eine Einschränkung unserer Freiheit, uns eine eigene Persönlichkeit zu schaffen. Als Kinder haben wir beschlossen, nie wieder in diese Lage zu kommen.

Die Folge ist, daß Frauen wie Männer eine tiefsitzende Angst vor älteren Frauen haben und immer auf das Schlimmste gefaßt sind, selbst wenn die Beziehung an der Oberfläche gut sein mag. Das gilt vor allem am Arbeitsplatz. Wir sind schneller betreten, wenn wir tadelnde Worte von einer Frau hören, viel schneller, als wenn die Kritik von einem Mann kommt. Wir legen unterschiedliche Maßstäbe an.

3. Verrat: Vernachlässigung einer Freundin wegen einer neuen Beziehung

Die häufigste Klage lautet, daß eine Frau ihre Freundin fallenläßt, sobald ein Mann in ihrem Leben auftaucht.

»Es fällt mir schwer, über dieses Thema zu sprechen. Vor etwa einem Jahr verliebte sich meine beste Freundin und heiratete. Danach fand sie, zwei enge Beziehungen seien zuviel für sie. Trotz der Gespräche mit unseren gemeinsamen Freunden und – Gott segne ihn – ihrem Mann hat sie in den letzten sechs Monaten kaum ein Wort mit mir gewechselt. Ich habe noch keinen Ersatz für sie gefunden. Sie war eine intelligente, zähe, sensible, witzige und kreative alleinerziehende Mutter, bereits über dreißig, als sie anfing zu studieren. Mehrere Jahre lang haben wir uns jeden Tag gesehen, sind zusammen ins Kino und Theater gegangen, haben unsere Arbeiten gegenseitig durchgesehen, sind gereist, haben gemeinsam Ferien gemacht, über ästhetische Probleme diskutiert, Kleider voneinander ausgeliehen, gelacht, geweint, geflucht, haben nützliche und unnütze Dinge gemeinsam besessen, die Kinder erzogen, bis in die frühen Morgenstunden diskutiert, uns aufregende Stellen in Büchern am Telefon vorgelesen, zusammen gekocht, zusammen gegessen, sind zusammen high geworden, haben aber, entgegen der allgemeinen Meinung, nie miteinander geschlafen.

Wenn ich mit ihr zusammen war, ging ich irgendwie aufrechter. Vielleicht vermisse ich diesen Aspekt unserer Freundschaft am meisten. Ich fühlte mich unschlagbar, weil ich jemanden hatte, der Rücken an Rücken mit mir kämpfte. Sie ist mir in schwierigen Zeiten beigestanden, und ich hoffe, das gleiche gilt auch umgekehrt. Wenn ich ehrlich sein soll, hatte ich geglaubt, mit ihr das System geschlagen zu haben, aber ich hätte wissen müssen, daß mich das verdammte System am Ende doch noch kriegt.«

»Sie hat sich auf eine Beziehung eingelassen, die ihr Berufs- und Privatleben verbindet, denn ihr Freund ist ihr Chef. Nun hat sie keine Zeit mehr für mich. Manchmal besuche ich sie im Büro, aber sie hat immer zuviel zu tun, um zu reden. Dann schlägt sie vor, daß wir uns am Wochenende treffen, sagt aber immer ab, weil sie etwas Besseres vorhat. Ich habe das Gefühl, ich war nur eine Lückenbüßerin, bis sie gefunden hatte, was sie suchte – einen Mann und eine Karriere. Ich bin abgeschrieben. Das tut sehr weh, denn ich hänge an ihr, brauche sie, um mit ihr zu reden und zu lachen. Ich fühle mich verraten.«

»Seit sie geheiratet hat, sehe ich sie nur noch selten, es sei denn, ich suche sie in ihrem Büro auf. Sie ruft mich nie von zu Hause aus an. Sie sagt, nachdem sie drei Mahlzeiten gekocht, sich um ihr Geschäft gekümmert und die Buchführung für das Geschäft ihres Mannes erledigt habe, sei sie zu müde dazu. Sie sagt auch, sie habe keinerlei Privatsphäre in ihrem eigenen Haus, noch nicht einmal in ihrem Badezimmer. Als sie noch unverheiratet war, lag ihr so viel an ihrer Privatsphäre, daß ich nie einfach vorbeikam, sondern immer zuerst bei ihr anrief. Unsere Wege haben sich wohl getrennt. Ehrlich gesagt, ich glaube, sie ist im Begriff, in die Rolle der Ehefrau und Mutter zu schlüpfen und sich zu einer Art selbstloser Dienerin ihrer Familie zurückzuentwickeln. Ich weiß nicht, wie lange ich noch versuchen werde, diese Freundschaft am Leben zu erhalten.«

Der häufigste Grund – und dieser Punkt kann nicht genug betont werden – für das Scheitern einer Freundschaft ist, daß eine der Frauen sich verheiratet oder eine intensive Beziehung beginnt.

Mit wem eine Frau befreundet ist, hängt oft davon ab, ob sie verheiratet oder alleinstehend ist. Der Familienstand ist ein wichtigeres Kriterium als Rasse, Alter oder Schicht. Die meisten engen Freundinnen verheirateter Frauen sind ebenfalls verheiratet, und die meisten alleinstehenden Frauen haben alleinstehende Freundinnen. Welche Gründe gibt es dafür?

Manchmal haben verheiratete Frauen das Gefühl, sie hätten einfach keine Zeit mehr für Freundinnen.

»Die Mehrzahl meiner Freundinnen sind Frauen, die ebenfalls arbeiten, Männer und Kinder haben, so daß sehr wenig Zeit für Freundschaften bleibt. Es ist einfach nicht genug Zeit, sich hinzusetzen und zu reden. Das gelegentliche Mittagessen oder der gelegentliche Abend zusammen reichen für eine tiefe Freundschaft nicht aus. Wir Frauen tanzen auf zu vielen Hochzeiten.«

Verheiratete Frauen haben auch häufig das Gefühl, sie müßten ihre Freundschaften mit Frauen an die zweite Stelle rücken, damit ihr Mann nicht ärgerlich und eifersüchtig wird.

»Ich habe einige gute, enge Freundschaften geschlossen – doch erst zu der Zeit, als ich aufhörte, die Bedürfnisse meines Mannes und meiner Kinder für wichtiger als meine zu halten.«

»Zur Zeit habe ich keine wirklich vertraute Freundin. Ich kann keine engen Freundschaften eingehen, weil mein Mann sehr eifersüchtig ist.«

76

Ist diese Kluft zwischen alleinstehenden Frauen und verheirateten Frauen – oder solchen, die mit Männern leben – unvermeidlich? Ist sie so selbstverständlich wie beispielsweise die Tatsache, daß Freundinnen oft gleichaltrig sind oder einen ähnlichen Beruf haben? Oder haben wir es hier mit einer Auswirkung des gesellschaftlichen Druckes zu tun, der Ehefrauen/liierte Frauen gegen alleinstehende Frauen ausspielt?

Der Familienstand ist ein gravierender Faktor für den Status von Frauen – vielleicht der bedeutendste überhaupt. Meine Untersuchungen ergaben, daß Freundschaften zwischen alleinstehenden und verheirateten Frauen tatsächlich seltener sind als Freundschaften zwischen Frauen aus verschiedenen Schichten oder unterschiedlicher ethnischer oder rassischer Herkunft. Ich will mit diesem Hinweis keineswegs die Vorurteile, die Frauen verschiedener Schichten und Rassen trennen, in ihrer Bedeutung herabspielen, sondern allein die scharfe Demarkationslinie zwischen Frauen aufzeigen, die »dazu gehören« und denjenigen, die »außen vor« sind.

TREUE UND VERRAT: SCHLÜSSELFRAGEN

Das zentrale Problem, Gegenstand zahlreicher Auseinandersetzungen, ist die Loyalität unter Frauen. Das Thema ist deshalb so brisant, weil die Loyalität sich nicht allein auf den privaten Bereich beschränkt, sondern sich entscheidend auf den gesellschaftlichen Status der Frau auswirkt.

Frauen reagieren auf das Thema Loyalität und Verrat höchst sensibel, denn es geht hier um jenes alte Problem, das den Frauen schon lange ein Dorn im Auge ist: ihre Rolle als Menschen zweiter Klasse. Wenn eine Frau ihre

Freundin wegen eines Mannes aufgibt, unterstreicht dieser Verrat die Rolle der Frau als »ewige Zweite«.

Mangelnde Solidarität kann sich auf viele Arten manifestieren. Eine Frau kann beispielsweise lieb und nett zu ihrer Freundin sein, solange keine Männer in der Nähe sind. Kaum sind jedoch welche anwesend, ändert sie sich vollständig: sie hängt ergeben an den Lippen des Mannes, der das Wort ergriffen hat. Oder eine alleinstehende Frau schickt ihre beste Freundin in die Verbannung, sobald sie sich verliebt oder verheiratet. Es ist auch eine Form des Verrats, wenn man seine Freundin nicht wirklich ernst nimmt, indem man ihr zwar sagt, sie sei eine großartige Freundin, ihr berufliches und gesellschaftliches Potential aber ignoriert.

DIE FRAGE DES ZEITAUFWANDS UND DER ENERGIE

Wieviel Zeit sollte eine Frau ihrer besten Freundin widmen? Macht eine Freundschaft noch Spaß, wenn man sich diese Frage stellen muß?

Die modernen Frauen fragen sich, ob sie anderen Frauen mehr Zeit widmen, ihnen gegenüber loyaler sein sollten als gegenüber Männern – ob sie aufhören sollten, die Männer ständig zu umsorgen. Das sind nicht nur Überlegungen von modernen Stadtfrauen.

Die Forderung des Feminismus, die Frauen sollten sich etwas ernster nehmen und einander nicht als Menschen zweiter Klasse sehen, hat die Frauen über die Frauenzeitschriften und das Fernsehen inzwischen erreicht und dazu geführt, daß sich die Frauen Gedanken über eine »weibliche« Ethik machen.

Spielen wir des Teufels Advokat: Warum sollten Frauen gegenüber anderen Frauen ebenso loyal oder loyaler sein als gegenüber Männern? Was wird hier vorausgesetzt? Daß Frauen eine biologische Verpflichtung zur gegenseitigen Loyalität haben?

Dem Feminismus oder der heutigen Ethik der Frauen liegen die folgenden Überzeugungen zugrunde:

1. Frauen sollten sich anderen Frauen gegenüber loyal verhalten – aus Prinzip und aus praktischen Erwägungen.
2. Frauen wären mächtiger, wenn sie loyaler untereinander wären und sich nicht von den Männern gegeneinander ausspielen und beherrschen ließen.
3. Frauen, die für einen Mann alles tun, sind moralisch abstoßend und dumm. Solche Frauen landen in einer totalen Abhängigkeit vom Mann.

Viele Frauen versuchen heute, weibliche Solidarität zu praktizieren – in der Politik, in der Wirtschaft, in finanziellen und beruflichen Netzwerken sowie im Privatleben.

Allerdings stellt sich die Frage, ob die Aufforderung, Frauen müßten anderen Frauen gegenüber loyal sein und sie müßten einander lieben, nicht eine Art Erpressung ist und zu Schuldgefühlen führt.

Warum sollten sich die Frauen überhaupt zwischen Männern und Frauen entscheiden müssen? Es liegt doch nur an unserer Gesellschaftsordnung, daß die Entscheidung für den einen Menschen automatisch den Verrat an einem anderen bedeutet – das gilt auch für die Männer. Es liegt in der Familie und der grundsätzlichen Machtverteilung in der Gesellschaft begründet. Haben Feministinnen bessere Beziehungen zu ihren Müttern? Oder bekamen sie von ihrer Mutter Schuldgefühle eingeimpft? Doch warum sollten sie Schuldgefühle wegen ihrer Mütter haben?

Wegen der Stellung ihrer Mutter? Weil sie hübscher und natürlich jünger als ihre Mutter und deshalb der Liebling der männlichen Verwandten waren? Weil der Vater zur Tochter netter war als zu seiner Frau?

SCHULDGEFÜHLE, AUSGELÖST VOM FEMINISMUS

Vielleicht ist ja die feministische Forderung, Frauen sollten über ihre Loyalität zu anderen Frauen nachdenken, nur eine neue Form des »Drucks von Muttern«, um bei den Frauen Schuldgefühle auszulösen. Wieder wird die Frau verantwortlich gemacht, diesmal für das Glück ihrer Geschlechtsgenossinnen, für die Probleme der Welt. Und natürlich ist es ihre Pflicht, die Welt zu retten! Einmal mehr!

Einige Frauen haben in der Tat die Einstellung: »Laß mich mit den Frauen in Ruhe! Über die will ich nichts mehr lesen oder hören, da kriege ich nur Schuldgefühle. Als würden sie mir die Leviten lesen. Freundschaft – darunter verstehen die nur meine Pflichten ihnen gegenüber. Ich habe nur den einen Wunsch, sie sollen mich in Frieden lassen, damit ich mich um meinen Freund kümmern kann. Statt mit IHR zu reden, wünschte ich mir, ER riefe an. Oder noch besser, er käme rüber, küßte mich und ginge mit mir ins Bett. Ehrlich!«

Die Schuldgefühle, die der Feminismus bei den Frauen auslöst – wie die »nörgelnde Mutter« –, haben die enorme Reaktion gegen den Feminismus in den achtziger Jahren bewirkt. Die jungen Frauen waren begreiflicherweise über die erzielten Fortschritte froh, etwa über die Lohngleich-heit, auch wenn sie in der Praxis noch nicht funktionierte.

Sie waren aber alles andere als begeistert, sich mit ein paar
»alten Frauen« solidarisieren zu müssen, die laut Medien
»herumkreischten und unglücklich« waren, weil sie keinen
Mann abgekriegt hatten. Sich auf deren Seite zu schlagen,
grenzte eine moderne junge Frau automatisch aus. Sie
waren sich nicht darüber im klaren, daß die Feministinnen
der siebziger Jahre von den Medien entsetzlich karikiert
und als frustrierte Vetteln und Nörglerinnen abgestempelt
worden waren – uralte Frauenklischees, die vor allem
immer dann aus der Schublade geholt werden, wenn
Frauen Rechte einfordern.

In den neunziger Jahren ist der Feminismus bei den jungen Frauen wieder gefragt. Sie haben erkannt, daß er ein
ebenso notwendiges wie radikales Phänomen war. Hier
könnte es jedoch ein Problem geben: die Psyche der Frau
ist so gepolt, daß sie sich für die Welt verantwortlich
fühlt. Deshalb kann die Aufforderung des Feminismus, die
eigene Haltung anderen Frauen gegenüber zu überprüfen,
die Frauen in ihren Beziehungen zu anderen Frauen möglicherweise überfordern. Freundschaften werden zu einer
Verpflichtung, werden zu kompliziert, um noch Spaß zu
machen.

Die Frauen schulden einander in der Tat eine gewisse
Loyalität. Das bedeutet aber nicht, daß Frauen nicht auch
das Recht haben, sich über eine schlechte Behandlung von
seiten anderer Frauen zu beklagen.

Sind Frauenfreundschaften etwas Selbstverständliches?
Müssen sie nicht vielmehr auch richtig gepflegt werden?
Ständiges Brüskieren kann jede Freundschaft zerstören –
auch die zwischen »loyalen« Frauen:

»Meine frühere beste Freundin ist schön und intelligent
und hat eine Menge durchgemacht. Aber sie hatte auch die

schreckliche Einstellung, die ganze Welt gehöre ihr. Selbst früher, als wir viel Zeit zusammen verbrachten, kam sie zu Einladungen grundsätzlich zu spät, manchmal rief sie auch an und sagte ab, manchmal meldete sie sich gar nicht und tauchte einfach nicht auf. Alle lachten darüber, ich auch, und sagten: ›Das ist typisch für unsere liebe Anna.‹ Jeder machte sich Sorgen um sie, um ihre Gesundheit und ihr Wohlergehen, denn sie trank zuviel.

In den vergangenen Jahren hat sie mich indes so häufig versetzt, daß ich kein Mitgefühl mehr für sie empfinde. Ich habe sie oft eingeladen. Jedesmal sagte sie, sie komme bestimmt, aber dann kam sie nicht. Ich verbarg meine Enttäuschung so gut ich konnte, sagte mir immer wieder: ›So ist Anna eben.‹ Aber in letzter Zeit macht es mir wirklich etwas aus. Ich würde nie jemanden so behandeln.

Sie sollte an Sylvester zu uns kommen, aber sie hat am Tag vorher angerufen: ›Tut mir leid, Liebes, aber ich bin mit Freunden auf dem Land, und ich finde niemanden, der mich zu dir bringt.‹ Sie machte die anderen dafür verantwortlich, daß sie nicht zu mir kam! Als ich den Hörer auflegte, kam die ganze Enttäuschung der vergangenen achtzehn Jahre in mir hoch. Ich habe ihr einen Brief geschrieben und ihr gesagt, daß ich auf ihre Freundschaft auf dieser Basis verzichte.«

Das Nichteinhalten von Verabredungen und Verhaltensweisen, aus denen Verachtung spricht, signalisieren der anderen Frau: Du bist nicht so wichtig wie ein Mann! Glücklicherweise hat sich auf diesem Gebiet einiges zum Positiven verändert.

Aus einem solchen Verhalten spricht ein großer Mangel an Respekt: Du bist ja sowieso immer für mich da, bei dir brauche ich mich nicht anzustrengen, auf dich und deine Treue kann ich ja zählen, du bist ja so ein guter Mensch.

Mit dieser Methode macht man eine Frau unsichtbar, bringt sie zum Verstummen und erpreßt sie.

NEHMEN FRAUEN FRAUEN ERNST?

Frauen hassen es und sind sehr verletzt, wenn ihre Freundinnen die Männer wichtiger nehmen oder die Männer immer an die erste Stelle setzen, weil sie eben Männer sind.

»Sie nimmt sich keine Zeit mehr für gemeinsame Unternehmungen. Ich glaube, sie geht davon aus, daß alles anders ist, wenn eine Frau einen Mann hat oder verheiratet ist.«

»Ich behandle meine Freundinnen nie so, wie sie mich behandeln: Sie planen wochenlang im voraus, etwas mit mir zu unternehmen, und dann lädt der Freund sie ein, und sie sagen ab. Eine meiner verheirateten Freundinnen beispielsweise hatte geplant, mit mir in eine Show zu gehen. Mittwochabend rufe ich sie an, ob wir Freitag oder Samstag ausgehen sollten. Da sagt sie ganz lässig: ›Oh, mein Mann und ich sehen die Show am Freitag.‹ Und sie erwähnt mit keinem Wort unsere Verabredung. Ich stehe im Regen.

Natürlich ist er ihr Mann, und das ist toll, aber sie hätte mich doch fragen können, ob ich nicht Lust habe mitzukommen. Doch das hat sie nicht getan.«

Ist es möglich, daß Frauen ein tiefes Vorurteil gegenüber Frauen haben? Es erscheint unlogisch, ist aber dennoch wahr: Eine Frau mag ihre beste Freundin lieben und dennoch Verachtung für diese und sich selbst empfinden.

Frauen berichten auch, daß diese Konstellation innerhalb einer Familie auftritt, etwa wenn ein Bruder vorgezogen wird.

Ein Mädchen beschreibt ihre Gefühle, als sie sich um die Liebe ihrer Mutter bemühte:

»Als ich neun Jahre alt war, wurde es so schlimm, daß ich mich jeden Abend in den Schlaf weinte. Ich war überzeugt, meine Mutter ziehe meinen Bruder vor. Eine Weile lang dachte ich, sie plane, mich wegzugeben. Meine Mutter glaubt mir das nicht, wenn ich es ihr heute erzähle. Ich dachte auch, daß ich kein Recht hätte zu weinen, weil ich kein Kind aus der Dritten Welt war.

Mein Bruder brauchte nie im Haushalt zu helfen. Ich mußte alles tun. Alles an ihm war toll, nur weil es ihn gab. Er durfte auf eine teure Privatschule gehen, ich mußte in der staatlichen Schule klarkommen – obwohl ich die besseren Noten hatte. Natürlich merkte niemand, wie gut ich in der Schule war. Es hieß immer nur, ich mache keine Probleme, weil ich ganz gut sei.

Als meine Mutter das dritte Kind erwartete, fragten mein Bruder und ich sie immer wieder verzweifelt: ›Was willst du haben, einen Jungen oder ein Mädchen? Was willst du haben?‹ Wir wollten wissen, wen von uns beiden sie lieber hatte.

Ich dachte, daß mit mir etwas nicht stimmte, weil sie meinen Bruder vorzog. Ich dachte nicht nur, daß sie ihn einfach mehr mochte, sondern daß etwas an mir nicht liebenswert sei. Ich versuchte herauszufinden, was es sein könnte.

Ich dachte, ich müsse mich nur mehr anstrengen, um liebenswert oder perfekt zu werden. Als ich dann vierzehn war, ging es mir gut. Ich wußte, ich konnte mich wehren, ich wußte, ich würde es in der Welt schon schaffen, wenn es sein mußte. Ich kann selbst heute noch nicht mit meiner Mutter darüber reden, daß sie meinen Bruder vorgezogen hat.

Sie selbst redet nicht darüber. Sie hat ihm vor kurzem ein neues Haus geschenkt.«

Es geschieht immer wieder, daß ein Mädchen glaubt, ihre Mutter liebe sie nicht wirklich, sondern tue nur so aus Pflichtgefühl.

Eine andere junge Frau beschreibt, wie unangenehm es sie berührte, wenn ihre Mutter sie betrachtete. Sie dachte, daß ihre Mutter sie häufig angewidert ansah. Heute ist sie der Meinung, daß ihre Mutter sie nicht mochte, weil sie ein Mädchen war.

»Als ich Teenager war, konnte ich es einfach nicht glauben. Wie sie mich manchmal ansah! ›Verachtet sie mich?‹ fragte ich mich. Selbst wenn sie mich anlächelte, war das irgendwie höhnisch, mit Abscheu gemischt. Ich suchte immer bei mir nach dem Fehler. Ich kam nicht auf den Gedanken, daß es ein Vorurteil sein konnte oder – noch weniger – ihre wahren Gefühle. Nein, es mußte an mir liegen. Irgend etwas, was ich tat oder sagte, oder wie ich aussah. Ich war abstoßend.«

Frauen überwinden heute in der Regel diese Gefühle, und ich hoffe, daß es immer weniger Töchtern so gehen wird wie diesem Mädchen.

Es wäre wünschenswert, wenn sich die Gesellschaft in Zukunft nicht so sehr auf die Geschlechter konzentrieren würde, wenn wir uns gar nicht mit diesem Problem befassen müßten. Wir leben aber nun einmal in einer Gesellschaft, die uns von Geburt an nach Geschlechtern unterscheidet, auf jedem Formular, das wir bis zum Ende unserer Tage ausfüllen, und sogar in der Form unserer Anrede als Frau oder Herr. Da dies nun einmal die Realität ist, müssen wir unseren eigenen Standort finden, was die Kategorie Frau anbelangt.

Warum sind wir nicht stolz darauf, Frauen zu sein? Warum sind wir nicht stolz auf das, was Frauen vollbracht haben? Selbst wenn Geschichtsbücher wenig davon erwähnen, haben Frauen doch eine Menge geleistet. In vielen Büchern der letzten fünfzehn Jahre werden die Vergangenheit, Gegenwart und Zukunft der Frauen gewürdigt. In den älteren Geschichtsbüchern und zeitgenössischen Zeitungen werden Leistungen von Frauen jedoch herabgespielt oder banalisiert. So erwähnt beispielsweise so gut wie kein Geschichtsbuch der westlichen Kulturen, daß es etwa 20 000 Jahre lang matriarchalische Gesellschaften gegeben hat, in denen die Frauen herrschten oder wenigstens gleichberechtigt waren.

Diese Unterschlagung von Information trägt dazu bei, die Frauen unten zu halten. Sie sollen nicht wissen, worauf sie stolz sein können. In zahlreichen Bewegungen wurde versucht, die Stellung der Frau zu verbessern, einige waren erfolgreicher als andere. Wenige wollten jedoch die herrschende Ordnung in ihrer Gesamtheit abschaffen, und deshalb wurden diese Bewegungen immer wieder abgeschmettert.

Unsere Aufgabe ist es nun, einen friedlichen Weg zu finden, den Teufelskreis zu durchbrechen. Diesem Ziel ist unter anderem dieses Buch gewidmet. Es sollen Bedingungen für die Frauen geschaffen werden, die ihnen ermöglichen, liebevoll miteinander umzugehen; Mütter und Töchter sollen das Tabu über die Weitergabe sexueller Informationen brechen. Nur so können sie verhindern, daß sie die erste Schranke zwischen Frauen errichten, die die Gesellschaftsordnung ihnen auferlegt.

Die Situation der Frauen ist nicht unähnlich der der Schwarzen in vielen Ländern der Erde. In den USA galten die Schwarzen bis vor wenigen Jahren als Bürger zweiter Klasse. Sie werden noch immer schlechter bezahlt, aber als Folge des »Black Pride«, einer Veränderung ihres Selbstverständnisses, wandelt sich allmählich die Sicht der Menschen um sie herum. Auf ähnliche Weise veränderten die Schwarzen in Südafrika die Gesellschaft, und die Apartheid wurde abgeschafft.

Daß wir Frauen uns so verhalten, als seien die Männer wichtiger als wir selbst, ist nicht weiter erstaunlich. Unsere Kultur vermittelt uns tagtäglich auf jede nur erdenkliche Weise, daß die Macht in den Händen der Männer liegt. Wenn wir allerdings tatsächlich davon überzeugt sind, die Männer seien wichtiger als wir, implizieren wir, daß wir uns selbst weniger hoch achten als die Männer. Mit diesem Vorurteil müssen wir uns unbedingt auseinandersetzen. Denn wenn wir das unterlassen, können wir nie aus dem Teufelskreis ausbrechen, sondern schreiben die negativen Frauenklischees fest.

Wenn wir aneinander glauben, können wir alles vollbringen. Wir stellen immerhin 51 Prozent der Weltbevölkerung dar. Warum können wir nicht alle an einem Strang ziehen und wenigstens Politiker wählen, die sicherstellen, daß Frauen die gleiche Bezahlung bekommen wie Männer?

VERTRAULICHE GESPRÄCHE ÜBER MÄNNER

Bedeuten Gespräche über Männer Mangel an Interesse für Frauenthemen, oder sind sie ein Zeichen von Solidarität?

Frauen klagen oft darüber, daß ihre Freundinnen ständig über ihr Liebesleben oder ihren Freund reden wollen.

»Ich mag Frauen, deren Leben sich nicht ausschließlich um Männer oder Kinder dreht – Frauen, die auch über Sachthemen diskutieren können und nicht jahrein, jahraus über ihr Privatleben klagen, das sie offenbar nicht in den Griff kriegen.«

Frauen unterstützen ihre Freundinnen häufig, wenn diese Schwierigkeiten in ihren Beziehungen mit Männern haben. Die Gespräche haben die wichtige Funktion, daß die Frauen über ihre eigenen Verhaltensweisen diskutieren und danach oft etwas klarer sehen können. Die Bedeutung dessen ist nicht zu unterschätzen, denn das weibliche Wertesystem wird tagtäglich von den herrschenden männlichen Normen in Frage gestellt. Nutzt man seine Freundinnen also aus, wenn man einen Großteil der gemeinsamen Zeit dazu verwendet, über die in einer Liebesbeziehung auftauchenden Probleme zu reden? Oder stellt man auf diese Weise ein alternatives Wertesystem auf, erarbeitet man sich eine neue Lebensphilosophie?

Die Gespräche sind eine Möglichkeit, die eigenen weiblichen Wertvorstellungen mit der gesellschaftlich vorherrschenden Auffassung zu vergleichen. In den Gesprächen wird versucht, beide Wertesysteme zu verstehen und herauszufinden, wie die Handlungsweise der Männer zu verstehen ist. Die Frauen analysieren heute ihre Beziehungen selbst und setzen sich immer öfter darüber hinweg, wie eine Beziehung laut Meinung der Gesellschaft auszusehen hat.

Die Diskussion über männliche Verhaltensweisen ist ein Versuch, diese zu verstehen und damit umzugehen – Nachgeben? Auflehnen? – und eine Auseinandersetzung mit zentralen philosophischen Problemen. Frauen wollen hören, wie ihre Freundinnen sich in ähnlichen Situationen verhalten.

Es hat manchmal den Anschein, als bewerteten Frauen die Freundschaft mit einer Frau höher als die mit einem Mann, denn die Frau zeigt sich der Freundin, wie sie wirklich ist. Und doch ist diese Freundschaft in gewisser Hinsicht auch verlogen, unabhängig davon, wie ehrlich die Frau zu sein scheint.

Die Frau verschweigt nämlich, wie gern sie von ihrem Geliebten geküßt und umarmt wird – trotz der schrecklichen Probleme, die sie mit ihrer Freundin bespricht. Da sie ihrer Freundin gegenüber jedoch nicht erwähnt, wie sehr sie die guten Seiten an ihrem Partner liebt, ist die Freundin verwirrt und fühlt sich verraten, wenn ihre Freundin sich dem Mann zuwendet, wie es am Beginn dieses Kapitels geschildert wurde.

Die Gefühle, die zum Ausdruck gebracht werden, sind nicht gelogen. Es trifft in der Tat zu, daß sie mit dem Mann, mit dem sie gerade zusammen ist, schwierige Zeiten durchmacht. Die Lüge besteht darin, daß sie so tut, als weihte sie die Freundin in ein Geheimnis ein. Das sieht aus, als sei die Beziehung zur Freundin besser und wichtiger als die zum Mann.

An dieser Gratwanderung scheitern viele Freundschaften.

Einst herrschte eine schweigende Übereinkunft zwischen den Frauen, daß dem Mann selbstverständlich der erste Platz im Leben einer Frau gebührt. Heute wandelt sich diese starre Haltung. Es gilt als ungehörig, wenn eine Frau eine Verabredung mit einer anderen Frau bricht oder auf andere Weise ihre Verachtung zeigt, indem sie Männern den Vorrang vor Frauen einräumt. Intime Gespräche zwischen Frauen über Gefühle implizieren manchmal auch: Ich bin zwar mit ihm befreundet, aber du bist eigentlich netter, du stehst mir näher. Durch die Blume oder durch ihr Handeln gibt eine Frau das der anderen zu verstehen. Gleichzeitig verbirgt sie schuldbewußt die Liebe zu ihrem Freund, ihre Loyalität dem Menschen gegenüber, mit dem sie ihre Sinnlichkeit lebt.

ZWISCHEN DEN STÜHLEN

Die Frauen fühlen sich zwischen ihrer Loyalität gegenüber Frauen und Männern hin und her gerissen.

Es ist bedauerlich, daß Frauen einer anderen Frau gegenüber nicht einzugestehen wagen, daß sie, unabhängig von den Problemen, die sie mit einem Mann haben, gern mit ihm zusammen sind, weil sie mit ihm schlafen wollen. Häufig wird nicht darüber gesprochen, wie die Beziehung mit einem Mann wirklich aussieht. Dadurch herrscht ständig Unklarheit darüber, wen sie mehr lieben, aus welchen Gründen und wie. Würden die Gefühle für den Mann klarer dargelegt, entstünde vielleicht nicht der Druck, zwischen dem Mann und der besten Freundin wählen zu müssen.

Es ist ebenfalls bedauerlich, daß Frauen nicht liebevoller miteinander umgehen dürfen, wenn sie einander emotional wirklich nahestehen. Die Körpersprache zwischen Frauen ist nur sehr begrenzt, wenn nicht buchstäblich abwesend.

Frauen gehen davon aus, daß Frauen für sie verboten sind, daß sie den Männern gehören, daß allein die Männer das Recht haben, sich ihnen zu nähern, sie zu umarmen und zu küssen. Frauen wissen nicht, wie sie ihre Liebe zu einer anderen Frau zum Ausdruck bringen sollen, vor allem eine Liebe, die nicht spezifisch körperlich ist. Die modernen Frauen versuchen, neue Formen der Freundschaft zu finden. (Siehe auch Kapitel VI.)

Die Frauen arbeiten an einem neuen emotionalen Vertrag mit anderen Frauen. Er soll der von den Frauen im Verlauf der vergangenen zwanzig Jahre geschaffenen Situation Rechnung tragen. Noch nie waren so viele Frauen berufstätig, und ihre Chancen, eine Machtposition zu erreichen, waren noch nie so groß. Frauen sehen ihre Beziehungen zu Männern, Kindern und anderen Frauen notwendigerweise in einem neuen Licht.

Wie sah die schweigende Übereinkunft zwischen den Frauen aus? Unter anderem gehörte dazu, daß Frauen nicht zu eng befreundet sein sollten. Frauen durften sich tagsüber in Vereinen treffen, aber nicht abends allein zusammen ausgehen. Frauen durften sich nie länger berühren. Küsse und Umarmungen waren nur bei Begrüssung und Abschied oder bestimmten Anlässen gestattet. Anständige Frauen sprachen nicht über ihr Sexualleben, ließen eine andere Frau nicht ihren Körper sehen, schon gar nicht die intimen Teile. Frauen waren miteinander befreundet, um einander zu helfen. Eine Frau sollte sich wegen eines persönlichen Gefallens immer zuerst an eine Frau wenden, bevor sie einen Mann bat.

In Frauenfreundschaften sind diese Eigenschaften großartig. Wenn die Gesellschaft jedoch weiter darauf besteht, daß Frauen nur in aller Stille Gutes tun und wenig Belohnung erwarten dürfen, wird es problematisch. Zahlreiche Redewendungen sind zickigen, eitlen, selbstsüchtigen, aggressiven oder lauten Frauen gewidmet. Natürlich sind das keine besonders positiven Eigenschaften, aber in kleinen Dosen können sie großartig sein. Wo sind eigentlich die Redewendungen, welche die nämlichen Eigenschaften bei den Männern aufs Korn nehmen?

ÜBERLEGUNGEN ZUM ZUSTAND
DES WEIBLICHEN HERZENS

Frauen versuchen heute manchmal, ihr Leben nicht mehr völlig nach Männern auszurichten, sondern auch Frauen in ihre Lebensplanung einzubeziehen. Sie stellen jedoch fest, daß dies ein ziemlich nervenaufreibender Prozeß ist. Die Frauen machen nun die Krise durch, die der Feminismus bereits hinter sich hat. In den siebziger Jahren herrschte Harmonie unter den Frauen der Bewegung. Dann folgte die große Enttäuschung, als es zu Streitereien und Brüchen kam und sogar recht häßliche Verhaltensweisen an den Tag gelegt wurden. Schließlich gelangten die Frauen zur Erkenntnis, daß sogar die Frauen – leider! – nicht vollkommen sind.

Die Frauen fühlen sich unsicher, wenn sie ihr Leben auf anderen Frauen aufbauen wollen. Sie überlegen: »Kann man sich auf Frauen überhaupt verlassen?« Sie denken daran, daß viele Frauen dazu neigen, immer zu spät zu kommen, Verabredungen abzusagen und aus irgendeinem Grund erwarten, daß eine andere Frau das versteht. Sie sind sich dessen bewußt, daß eine Frau ihre Freundin von einer Minute auf die andere für einen Mann fallenläßt und daß sie vergebens auf nette Bemerkungen wie »heute siehst du aber hübsch aus«, »du törnst mich an«, »ich brauche dich, Baby« warten. Für eine andere Frau macht sich eine Frau nicht hübsch, legt kein Parfüm auf oder flirtet mit ihr. Statt dessen behandelt sie andere Frauen generell eher gleichgültig.

Zugegeben, Frauen finden mit anderen Frauen nicht automatisch das Paradies, wie die Frauenbewegung es versprach, und das macht sie ärgerlich. Sie glauben, die widerlichen Klischees von den »zickigen Frauen« seien wahr. Es wäre jedoch falsch, den Versuch, das Leben auf

Frauen statt auf Männern aufzubauen, deshalb gleich abzu-
brechen – besonders da das Experiment so neu und alles
noch im Fluß ist.

Die Frauen heute sind recht verunsichert. Einige ihrer
Einstellungen gegenüber anderen Frauen sind noch die
alten, andere sind bereits neu.

Sie denken beispielsweise: »Ein Vater ist eine Hilfe, eine
Mutter hingegen kann dir auf dem Weg nach oben nicht
helfen.« Das trifft nicht wirklich zu, aber sie denken es
noch immer.

Wir gratulieren uns zu unserer Anpassungsfähigkeit,
unserem knallharten Realismus, was die Macht der Männer anbelangt, und sehen darin den eigentlichen Grund,
warum wir uns nicht mit Frauen abgeben können.

Könnte es sein, daß die Frauen – wie die Männer – eine
Art Haßliebe für die Frauen empfinden?

Es kann kein Zweifel daran bestehen, daß Frauen
andere Frauen wirklich lieben. Das spricht aus den Zeug-
nissen der Frauen über ihre besten Freundinnen. Das wird
auch durch die Verkaufsziffern von Frauenzeitschriften mit
ihren hübschen Bildern von Frauen belegt. Andererseits
gibt es aber auch ausreichende Zeugnisse dafür, daß
Frauen anderen Frauen, ihre besten Freundinnen eingeschlossen, nicht mit der gleichen Achtung wie Männern
begegnen.

Es sieht also danach aus, als hätten die Frauen gemischte Gefühle. Das erinnert an die Männer, die einerseits die Frauen zu Göttinnen erheben, als die begehrenswertesten Geschöpfe der Welt feiern, und sie andererseits
außerordentlich schlecht behandeln.

WIE KÖNNTEN SICH FRAUENFREUNDSCHAFTEN WEITERENTWICKELN?

Die Ehe macht eine Wandlung durch, und die wirtschaftliche Stellung der Frau ändert sich.

Die Neuerungen in den Beziehungen der Frauen untereinander werden von der Gesellschaft nicht so deutlich wahrgenommen wie beispielsweise die Neuerungen in der Ehe oder der sogenannte »Zusammenbruch der Familie«. Letztere gelten als gesellschaftlich relevant und werden genau analysiert.

Die betroffenen Individuen wissen deshalb häufig nicht, wieviel von dem, was sie heute in ihren Beziehungen erleben, der Norm entspricht oder von ihrem Alter abhängig ist, und wieviel an der neuen Situation, mit der sie sich konfrontiert sehen, Teil einer neuen gesellschaftlichen Wirklichkeit ist, einer, die neuen Regeln gehorcht, andere Möglichkeiten bietet und von anderen Erwartungen ausgeht als in der Vergangenheit.

Sollten Freundschaften zwischen Frauen nun vor oder nach Beziehungen mit Männern rangieren? Das ist die Frage, die die Frauen – vor allem jüngere – beschäftigt, manchmal auch nur unbewußt. Die neue wirtschaftliche Unabhängigkeit der Frau bedeutet, daß viele Frauen nun die Freiheit haben, den Menschen zu lieben, den sie lieben wollen. Die Bedeutung, die Frauen zukünftig ihren Freundschaften einräumen werden, kann gar nicht wichtig genug genommen werden. Einige neue Wege werden noch ausführlich im sechsten Kapitel vorgestellt. Etliche wichtige Verhaltensregeln sollen aber schon vorab aufgelistet werden.

AKZEPTABLE UND INAKZEPTABLE VERHALTENS-
WEISEN ZWISCHEN FREUNDINNEN

Hier die sieben wichtigsten Freundschaftsregeln:
1. Sagen Sie keine Termine ab. Echte Notfälle ereignen sich nur in einem von zehn Fällen.
2. Machen Sie Ihrer Freundin Komplimente, sagen Sie ihr häufig, daß sie gut aussieht. Gehen Sie auf ihre Kleidung, ihre Freundlichkeit, ihre Erscheinung, ihre Gesundheit ein.
3. Rufen Sie sie regelmäßig an oder finden Sie einen festen Rhythmus, so daß Ihre Freundin weiß, wann sie mit Ihnen rechnen kann.
4. Eine Freundschaft verlangt mindestens einmal alle drei Wochen ein gutes Gespräch von zwei Stunden oder länger. Die übrige Zeit kann man über Alltägliches reden, zusammen einkaufen gehen, verschiedene Dinge erledigen, über das Weltgeschehen reden oder warum das Auto eine neue Batterie braucht.
5. Entwickeln Sie Gemeinsamkeiten, planen Sie Unternehmungen für die Zukunft. Stellen Sie sicher, daß Sie sie tatsächlich durchführen. Wenn nicht, erklären Sie Ihrer Freundin, warum Sie Ihr Vorhaben abblasen mußten. Ein gutes Thema für das zweistündige Gespräch alle zwei, drei Wochen.
6. Fragen Sie sie, wie die Freundschaft ihrer Meinung nach läuft, was sie gern verändern würde, wie Sie sie glücklicher machen könnten. Sie können ihr auch sagen, wie sie Sie glücklicher machen könnte. Doch erst, nachdem Sie zuerst gefragt haben und aufmerksam dem gelauscht haben, was sie zu diesem Punkt vorbringt.
7. Hören Sie zu. Versuchen Sie, Unausgesprochenes zu hören, bringen Sie ihre Freundin zum Reden. Sagen Sie beispielsweise: »Du hast E. dreimal erwähnt, willst du

mir mehr über ihn/sie erzählen?« Oder: »Du erwähnst so häufig, daß deine Arbeit dich ermüdet. Gefällt dir deine Arbeit eigentlich? Willst du eine neue Stelle? Was ist los?«

DIE VIER TODSÜNDEN

1. Es ist eine Todsünde, von nichts anderem als Mann, Kind oder Freund zu sprechen. Rufen Sie ihre Freundin nie an, wenn Mann, Kind oder Freund bei Ihnen sind, außer, wenn es absolut sein muß und sie nichts dagegen hat.
2. Es ist eine Todsünde, ständig zu sagen, daß Sie zuviel zu tun haben, wenn Ihre Freundin Sie anruft.
   Falls Sie wirklich viel zu tun haben, sagen Sie ihr, daß Sie sich über ihren Anruf freuen. Machen Sie eine Zeit aus, zu der Sie zurückrufen, und rufen Sie sie dann wirklich zurück!
3. Es ist eine Todsünde, sich mit ihr stets nur tagsüber zu verabreden, statt auch einmal einen Abend mit ihr zu verbringen.
   Setzen Sie nie einfach voraus, daß sie verstehen wird, warum Sie das tun. Gehen Sie nie einfach davon aus, daß sie weiß, warum Sie sie mögen, obwohl Sie es ihr nie gesagt haben.
4. Lassen Sie Ihre Freundin nicht wie eine heiße Kartoffel fallen, wenn Sie sich verlieben, ein Kind kriegen oder eine berufliche Krise durchmachen.

IV

STREIT, SZENEN UND ÄRGER: SO EINE ZICKE!

Über das Thema »Streit zwischen Frauen« zu schreiben, fällt mir schwer. Das liegt nicht daran, daß ich mich noch nie über eine Frau geärgert habe oder daß sich noch nie eine andere Frau über mich geärgert hat! Ich habe Angst, das Bild vom wirklichen Umgang der Frauen miteinander durch rückhaltlose Offenheit über zickige Frauen zu verzerren.

Warum macht es soviel Spaß, über andere Frauen herzuziehen? Zum einen, weil es erleichtert. Der »politisch korrekte Umgang mit anderen Frauen« ist anstrengend. Zum anderen, weil es hilft, Konfliktsituationen zu durchschauen. Wir haben das Recht, wütend zu werden; manchmal ist ein Streit durchaus angebracht. Er reinigt die Luft, klärt Sachverhalte und bringt die Diskussion voran. Wenn man sich streitet, kann man Dinge sagen, die man sonst aus Rücksicht nicht über die Lippen bringt. Allerdings äußert man sie im Zorn nicht unbedingt auf die beste Art.

Ich fand die Auseinandersetzung mit dem Themenkomplex Ärger/Streit hilfreich und ermutigend. Plötzlich sind mir die Gründe für ganz alltägliche Konflikte klargeworden. Meine Erkenntnisse könnten unsere Beziehungen verbessern, unseren Umgang miteinander erleichtern.

Doch erst einmal müssen Sie alles, was Sie über Psychologie wissen, vergessen. Simone de Beauvoir sagte, man müsse erst einmal Freud über Bord werfen, wenn man die Frauen verstehen wolle. Und, würde ich hinzufügen, sein Erbe obendrein. In seine Etikettierung weiblicher Verhaltensweisen sind die Vorurteile seiner Gesellschaftsschicht und seiner Zeit eingeflossen. Das macht sie für uns nutzlos. Sie sind allein dafür geeignet, sich der herrschenden Gesellschaftsordnung anzupassen.

Es gibt ein neues, breitgefächertes Spektrum an weiblichen Emotionen, und das soll hier dargestellt werden. Die sich daraus ergebenden Lebensweisen wären jedoch nicht verständlich, wenn wir sie in das alte System einzufügen versuchten. Solange wir darüber diskutieren, ob und wie die neue Theorie in das Freudsche System paßt, werden wir nie zu Klarheit gelangen. Wir müssen aufhören, sein System als Bezugsrahmen zu verwenden.

Bildlich gesprochen stellen wir mit unserer neuen Theorie nicht die Möbel im alten Haus um, sondern wir bauen ein neues Haus. Das Material dafür wurde in den vier Hite-Reports sowie in anderen Werken der neueren »feministischen Aufklärung« gesammelt, um einen Begriff von Jesse Bernard zu übernehmen. Die akademischen Publikationen und die auf ein männliches Lesepublikum ausgerichteten Magazine der Tageszeitungen geben sich Mühe, das Anliegen feministischer Bücher absichtlich mißzuverstehen. Dort wird versucht, alles in den traditionellen, längst überholten Bezugsrahmen zu pressen, da es aus männlicher Perspektive unvorstellbar ist, daß Frauen zu einer neuen Weltanschauung finden können. Die alte Psychologie gründet nicht auf ewigen Wahrheiten oder der sogenannten menschlichen Natur, wie ihre Vertreter selbstzufrieden verkünden. Sie ist das Produkt einer bestimmten Zeit und Weltanschauung, die längst nicht mehr die unsrige ist. Wir sind auf dem Weg in das nächste Jahrtausend. Wir leben in einem Übergangsstadium.

WARUM STREITEN SICH FRAUEN?

Die Standarderklärung lautet, Frauen seien kleinlich, eifersüchtig und kämpften um die Männer. Das trifft bis zu einem gewissen Grad zu, die eigentlichen Gründe für die Auseinandersetzungen zwischen Frauen liegen jedoch tiefer. Der Stein des Anstoßes ist nicht primär die Eifersucht, sondern der Mangel an Loyalität, das Signal, daß die Frau in ihrer Eigenschaft als Frau von der anderen Frau nicht wichtig genommen wird.

Frauen kämpfen also nicht primär um Männer (auch wenn es vordergründig um einen Mann oder einen Job gehen mag), sondern sie streiten, weil sie befürchten, nicht als vollwertiges Mitglied der Gesellschaft anerkannt zu sein. Sie fragen sich, ob sie in der Gesellschaft, in der sie leben, wirklich eine Rolle spielen. Sie fragen sich außerdem, ob andere Frauen vollwertige Mitglieder der Gesellschaft sind. Wie verhält man sich ihnen gegenüber? Wie ernst sind sie zu nehmen? Diese Fragen werden kaum jemals ausgesprochen, dennoch liegen sie weiblichen Beziehungen zugrunde.

Frauen begegnen sich heute in anderen Bereichen als früher, das heißt nicht nur privat, sondern auch beruflich, und gehen anders miteinander um. Die Frauen waren noch nie so frei, konnten noch nie ihre Persönlichkeit so sehr entfalten. Der modernen Frau (selbst der verheirateten) ist eine neue emotionale und psychologische Unabhängigkeit eigen. Das kann zu Beunruhigung und Verunsicherung führen, weil die neuen Spielregeln zwischen den Frauen noch nicht feststehen. Bis zu welchem Grad können Frauen freundlich oder freundschaftlich miteinander umgehen? Wo liegt die Grenze?

Die Zickigkeit, die Rivalität von Frauen wird ohne Zweifel stark übertrieben, dennoch muß man zugeben, daß

Frauen manchmal recht empfindlich und streitlustig sind. Das liegt daran, daß die Frauen selbst zwar von ihren Fähigkeiten überzeugt sind, sich der gesellschaftlichen Resonanz aber nicht sicher sein können. Viele Frauen haben auch heute noch das Gefühl, in den Augen der Gesellschaft nicht bestehen zu können, solange sie nicht verheiratet sind – selbst wenn sie beruflich Erfolg haben. Sie fürchten, daß selbst heutzutage eine Frau nur dann als vollständig integriert gilt, das heißt ihren festen Platz in der Gesellschaft hat, wenn sie verheiratet ist. Diese gesellschaftliche Unsicherheit (das latente Gefühl der Bedrohung?) sowie die physische Blockade, wenn es darum geht, unsere Zuneigung füreinander auszudrücken (wie im ersten und sechsten Kapitel ausgeführt), hemmen das Wachstum unseres Selbstvertrauens und unserer Stärke – und machen uns nervös im Umgang miteinander.

Die Zweifel am eigenen Wert führen dazu, daß Frauen auch den Wert anderer Frauen in Frage stellen. Das führt zu labilen Beziehungen und Kämpfen. Doch diese Situation ist veränderbar. Frauen können Freude am Umgang mit anderen Frauen haben, und das wird zu positiven Bindungen führen.

»Ich habe eine tolle Freundin. Ich mochte sie sofort, als ich sie zum erstenmal sah. Doch am Anfang behandelte sie mich sehr merkwürdig. Sie lud mich ein, und wenn ich kam, zeigte sie sehr wenig Interesse an mir. Erwähnte ich meine Arbeit, wurde sie schweigsam oder wechselte das Thema. Ich fühlte mich unbehaglich. Sie sprach häufig über ihren ehemaligen Freund. Dann erzählte sie mir eines Abends, sie habe das Gefühl, sehr unattraktiv zu sein, etwas stimme nicht mit ihr, weil diese Beziehung in die Brüche gegangen sei.

Ich versicherte ihr, daß sie eine gutaussehende Frau sei.

Sie habe ein sehr hübsches Gesicht und sei nur wegen dieses dummen Freundes bedrückt. Sie würde mit Sicherheit einen neuen Freund finden. Ich bat sie, mit mir über meine Arbeit zu sprechen, weil ich jemanden brauchte, mit dem ich darüber diskutieren konnte, und weil mich ihre Meinung interessierte. Unsere Beziehung wurde sehr viel besser. Ich glaube, wir werden Freundinnen bleiben. Wenn man bedenkt, daß es eine Zeit gab, wo ich sie nicht wiedersehen wollte!«

»Als ich im vergangenen Jahr mit meiner Mutter in Ferien war, kam es zu einem großen Streit. Sie nörgelte an meiner Kleidung herum. Ich war unsicher und wollte unter ihren Freundinnen nicht auffallen. Also versuchte ich, andere Kleidung zu tragen. Innerlich haßte ich sie jedoch. Jede Kleinigkeit brachte mich in Wut. An Weihnachten mußte ich mich entscheiden, ob ich zu meiner Mutter fahren würde. Nach dem Streit in den Ferien hatten wir nicht mehr miteinander gesprochen. Ich fragte eine Freundin um ihre Meinung. Zur selben Zeit wurde ich befördert und fand einen neuen Freund. Ich fühlte mich so viel selbstsicherer. Deshalb rief ich sie an und entschuldigte mich. Es machte mir nichts aus. Ich muß nicht wie sie sein, um sie zu lieben.«

Warum ist es so schwer, Minderwertigkeitskomplexe loszuwerden? Woher rühren die weiblichen Selbstwertzweifel? Es hat den Anschein, als könne eine Frau über dreißig nur dann im Einklang mit der Gesellschaft sein, wenn sie verheiratet und vor allem – Mutter ist. Ist sie denn als Individuum nicht wichtig? Es heißt natürlich, der Heiratsdruck sei das Ergebnis des ununterbrochenen Tickens der biologischen Uhr. Ich bin jedoch der Meinung, er hat seine Ursache mindestens ebensosehr – oder sogar noch viel mehr – in dem Unbehagen, das durch die Ehelosigkeit ausgelöst wird. Nur eine verheiratete Frau läßt sich den weiblichen Archetypen unserer Gesellschaft zuordnen.

Haben Frauen die volle Anerkennung der Gesellschaft, auch wenn sie ihr ganzes Leben unverheiratet bleiben? Arrangierte Heiraten sind heute in unserer Gesellschaft nicht mehr üblich. Die Frau hat selbstverständlich das Recht, ihren Ehemann selbst zu bestimmen. Doch haben wir Frauen auch das Recht, keinen Mann zu wählen, uns dafür zu entscheiden, nicht zu heiraten? Es hat den Anschein, als sei dies nicht der Fall. Unsere Bewertung erfolgt in bezug auf die Männer!

Hat sich in diesem Punkt wirklich gar nichts getan? Ja und nein. Im neunzehnten Jahrhundert waren weniger Frauen verheiratet als heute. Damals war Ehelosigkeit nicht so verdächtig wie heute. Es war gesellschaftlich akzeptiert, daß einige Frauen lieber unverheiratet blieben.

DAS FEHLEN EINER TOCHTER IN DER HEILIGEN FAMILIE

Wir mögen heute zwar über den angeblichen Einfluß der Heiligen Familie auf unsere Gesellschaft spotten, und doch ist – wie bereits im Mutter/Tochter-Kapitel erwähnt – unsere Gesellschaftsstruktur nach ihrem Vorbild aufgebaut. Wenn wir von einer Familie sprechen, meinen wir einen Vater, eine Mutter und ein Kleinkind – ein männliches Kleinkind. Das zeigt sich nicht nur in Bank- oder Versicherungsbroschüren, sondern auch in psychologischen Tests.

Es ist wirklich merkwürdig, daß es in der christlichen Heiligen Familie keine Tochter gibt. Für die Männer des christlichen Abendlandes hält sie zwei Archetypen bereit: den schützenden Vater und den Sohn, den jungen, intelligenten Rebellen, der als Heranwachsender die Dinge in Frage stellt und verändert. Die Mädchen befinden sich in einer schwierigen Situation. Mit wem sollen sie sich identifizieren? Mit Lilith, der unverheirateten Kindfrau, die irgendwo im Hintergrund herumspukt?

Solange zur archetypischen Familie keine Tochter (oder alleinstehende Frau) gehört, können ein Mädchen oder eine Frau erst durch ihre Verheiratung das Gefühl der Zugehörigkeit und der Realität erlangen. Solange zur archetypischen Familie keine Tochter gehört, müssen sich die Mädchen und jungen Frauen unserer Gesellschaft ausgeschlossen fühlen. Man steckt sie entweder in die Kategorie der Trotzköpfe oder in die der jugendlichen Emanzen und ermahnt sie, sich doch unbedingt einen Mann zu angeln, damit sie ihre Legitimation in der Gesellschaft erhalten. Man geht ganz selbstverständlich davon aus, daß sich ihr Familienstand ändern wird. Schließlich haben sie kein Recht, bis ans Ende ihrer Tage ganz für sich allein zu bleiben, einfach sie selbst zu sein.

DER KAMPF DER ALLEINSTEHENDEN FRAU UM EINEN PLATZ IN DER GESELLSCHAFT

In Frauenfreundschaften zwischen Alleinstehenden kann die Frage des Platzes in der Gesellschaft zur Achillesferse werden. Zwei befreundete Frauen mögen noch so glücklich zusammen sein, einen wunden Punkt gibt es dennoch: die Angst, abgeschoben zu werden, die Freundin zu verlieren. Und zwar nicht, weil sich Gefühle wandeln, sondern weil die Gesellschaftsordnung es so will. Es könnte geschehen, daß eine der beiden Frauen die »nicht legalisierte« Beziehung um der »Sicherheit« willen verläßt, die die Rolle in der traditionellen Familie bietet. Ursache ist häufig der Druck des Elternhauses. Er äußert sich in Kommentaren wie etwa: »Verbring doch nicht deine ganze Zeit mit deiner Freundin, Liebes. Du mußt dein eigenes Leben aufbauen, ein richtiges Zuhause gründen. Wir wollen doch nur dein Bestes«. Es muß nicht extra betont werden, daß zwei Freundinnen, die zusammenleben, nicht als richtige Familie gelten. Es gibt keine Institution, die eine Freundschaft sozusagen absegnet. Die öffentliche Meinung unterstützt und fördert Freundschaften nicht. Kein Wunder, daß Freundinnen ihr glückliches Zusammensein mißtrauisch beäugen, ihrem Instinkt nicht mehr glauben, miteinander streiten und sich zu guter Letzt jede eine eigene Wohnung suchen. Die meisten Frauen denken, ihnen bleibt diese Wahl erspart, aber irgendwie entwickeln sich die Dinge dann doch immer so, wie im Kapitel »Frauenfreundschaften« beschrieben.

Erinnern Sie sich an Alice im Wunderland? Je mehr ich darüber nachdenke, daß es in der Heiligen Familie keine Tochter gibt und daß eine Frau vor ihrer Ehe keinen Platz in der Gesellschaft hat, desto mehr muß ich an Alice denken. Sie, das selbständige Mädchen, wäre ein guter Ersatz für die fehlende Tochterikone. Alice ist neugierig, aufgeweckt und eine interessante Persönlichkeit. Sie stellt eine Menge Fragen und ist der Meinung, die Gesellschaft ließe sich verbessern. Kann man sie in diesem Punkt mit dem jungen Jesus vergleichen?

Können Sie sich vorstellen, daß einer der Gründe, warum wir Frauen streiten, warum wir im Ruf stehen, so zickig zu sein, darin zu suchen ist, daß wir nicht sicher sind, ob wir in dieser Gesellschaft eine Existenzberechtigung haben? Wir sind schlichtweg nervös! So, und nun versuchen Sie sich vorzustellen, es sei auf der Welt Raum für eine neue Gestalt, einen neuen Archetyp – der uns darstellt! Die ein wenig erwachsenere, aber noch immer geistig unabhängige, selbständige Alice wäre ein hervorragendes Modell für uns.

Ich möchte Alice den Status einer Ikone in unserem psychologischen Pantheon verleihen, zusammen mit Ödipus und anderen Jugendlichen auf der Suche nach ihrer Identität.

Meiner Meinung nach ist Alice mit ihrer intelligenten Respektlosigkeit für die aus ihrer Perspektive auf dem Kopf stehende Welt die geeignete Kandidatin für den Archetyp der Tochter. Das einzige andere Modell für eine alleinstehende Frau, das den Frauen heute indirekt angeboten wird, ist Eva, die Verführerin. Sollen sich alle Alicen dieser Welt etwa mit ihr identifizieren? Fragt man deshalb allein auftretende Frauen ständig: »Sind Sie schon verheiratet, meine Liebe? Und haben Sie Kinder?« Erst wenn Alice Mutter wird, gilt sie nicht mehr als bedrohlich.

Freud folgt dem Modell der archetypischen Familie. Für ihn sind die jungen Männer Ödipus, der heroische Kämpfe bestehen muß. Der Sohn ist der große Held, der sich mit den wichtigen Dingen befaßt. Freuds halbherziger Elektra-Theorie blieb der Erfolg versagt. Die meisten seiner Theorien über Frauen haben sich im Laufe der Zeit als falsch herausgestellt. Das bedeutet, daß er sehr wenig von Frauen verstand. Eine seiner inzwischen widerlegten Thesen lautete, Mädchen müßten die für den Orgasmus benötigte Stimulation von der Klitoris auf die Vagina verlegen. Der Hite-Report über die weibliche Sexualität hat die wahren Bedürfnisse und Wünsche der Frauen dokumentiert.

Wie Alice Ihnen sagen könnte, werden Mädchen und junge Frauen, oder jede Frau bis zu ihrer Eheschließung, auch auf andere Weise durch das verzerrende Objektiv der etablierten Psychologie wahrgenommen. Man gibt ihnen nur wenige oder gar keine Vorbilder. Die Gesellschaft sieht für Frauen eine einzige Möglichkeit vor, zur vollwertigen

Frau zu werden: durch Heirat und Mutterschaft. Heroische Taten bleiben auch heute noch den Jungen vorbehalten. Man braucht sich nur das Sortiment eines beliebigen Kinderspielzeugladens anzusehen.

Es mangelt nicht an Beispielen für jugendliche Helden, die unverheiratet waren. Weder Jesus Christus noch James Dean mußten heiraten, um sich zu beweisen. Wenn junge Frauen rührig sind und Autorität in Frage stellen, werden sie als trotzig, neurotisch oder unangepaßt bezeichnet. Sind sie hingegen treu und hingebungsvoll, wird ihnen schnell das Etikett »masochistisch« oder »selbstzerstörerisch« verpaßt.

Kurz, Frauen werden »zickig« und »schwierig«, weil sie ständig in die Verteidigung gedrängt werden.

Wir brauchen gute, überlebensgroße Vorbilder, die unsere Phantasie beflügeln und uns als Inspirationsquelle dienen, wenn es um die Schaffung unserer weiblichen Identität geht. Deshalb schlage ich Alice für diese Rolle vor. Mit ihrer Intelligenz, ihren aufgeweckten Fragen und Beobachtungen zum Status quo und seinen Regeln und Vorschriften steht sie stellvertretend für viele Frauen.

Es ist sehr bedauerlich, daß die traditionelle Psychologie die Familie immer noch als rein biologische und nicht als politische und gesellschaftliche Institution versteht, das heißt nicht als Einrichtung, die sowohl Vor- als auch Nachteile in sich vereinigt und für die man sich freiwillig entscheiden kann. Dadurch ist die Familie zu einem Mythos geworden, heilig und unveränderlich. Das Individuum muß sich an diese biologische Familie anpassen, auf individuelle Bedürfnisse zugeschnittene Familien werden nicht wirklich akzeptiert. Dabei könnte es sich um ein unverheiratetes Paar (homo- oder heterosexuell), langfristige Freundschaften oder Kinder mit nur einem Elternteil handeln.

DARF ALICE IHRER FREUNDIN EINEN KUSS GEBEN?

Zugegeben, Frauen haben aufgrund zahlreicher gesellschaftlicher Faktoren Minderwertigkeitskomplexe, aber
können sie sie nicht einfach überwinden? Nur weil unge-
bundene Frauen meist nicht als vollwertige Mitglieder der
Gesellschaft akzeptiert werden, heißt das noch lange nicht,
daß sie nicht erkennen können, wie großartig sie sind.

Natürlich lassen wir uns von unseren Freundinnen aufbauen. Doch das klappt nicht immer. In jeder neuen Situation muß sich eine Frau fragen, ob die Person, mit der sie
zu tun hat, ihr ohne Vorurteil entgegentritt, oder wenn es
eine Frau ist, ob sie etwas gegen andere Frauen hat, sich
von Frauen bedroht fühlt.

Wir haben Schwierigkeiten, diese Blockaden bei anderen Frauen zu überwinden, weil Frauen Scheu voreinander
und Angst vor der weiblichen Sexualität haben, wie im
sechsten Kapitel erörtert werden wird. Frauen lernen,
ihren spontanen Impuls, sich einem anderen Menschen zu
nähern, zu unterdrücken. Sie sind anderen Frauen gegenüber häufig unwirsch, weil sie sich unsicher fühlen. Zum
einen müssen sie sich Gedanken machen, ob die andere
sie akzeptiert – was nicht nur von gemeinsamen Interessen, sondern auch von Äußerlichkeiten wie Kleidung und
Frisur abhängt. Zum anderen müssen sie ihre wahren
Gefühle unterdrücken – etwa den Impuls, eine Frau zu
berühren oder zu küssen. Das sechste Kapitel, in dem es
um die besonderen Freundschaften zwischen Frauen geht,
schlägt eine Lösung für dieses Problem vor. Es legt dar,
wie Frauen völlig neue Beziehungen aufbauen können, die
weder lesbisch noch mit den herkömmlichen Freundschaften zu vergleichen sind.

Man kann die Gefühle des Herzens und des Körpers auf

vielerlei Weise zum Ausdruck bringen. Doch wir unterbinden die ganze Welt der Körpersprache. Die körperliche Erstarrung führt zu schlechter Laune und Unglücklichsein und macht die Menschen streitsüchtig.

DAS KANN DOCH NICHT WAHR SEIN!

»Es stimmt, Frauen können einen zum Wahnsinn treiben! Heute kam ich zum Beispiel in einem dieser Billigmärkte an die Kasse. Es gab drei Kassen. An zweien saßen Frauen, die einen höflichen Eindruck machten, an der dritten eine finstere Kassiererin von gewaltigem Umfang. Ich witterte Ärger, sagte mir dann aber, warum gleich so ein Vorurteil haben? Die Kassiererin war frei, und ich marschierte mit meinen Einkäufen zu ihr.

Unfreundlich beäugte sie meine Sachen und erspähte unverzüglich ein Ärgernis: zwei Seifenschälchen ohne Preisschild. Sie unterbrach ihre Tätigkeit, stand auf und sagte laut: ›Das kann doch nicht wahr sein.‹ Ihre Stimme klang, als wollte sie sagen: ›So eine Unverschämtheit.‹ In anderen Worten, sie tat so, als sei ich und nicht der Laden für das ungeheuerliche Problem verantwortlich. Ich versuchte, ihr begreiflich zu machen, daß sie den Preis auf der Kiste voll Seifenschalen direkt neben der Kasse ablesen könne. Doch nein, da war ja kein Strichcode. Sie brauchte einen Strichcode. Ich machte also den Vorschlag, sie solle jemanden rufen, der ihn ihr gäbe. ›Die Artikel sind doch dazu da, verkauft zu werden?‹ fragte ich honigsüß. Nun war auch ich auf Nahkampf eingestellt, entschlossen, sie lächerlich zu machen, wie sie es mit mir vorgehabt hatte.

Sie wurde wild und wiederholte: ›Das darf doch nicht wahr sein.‹ Ich erwiderte, das sei wirklich Pech, dann würde ich eben solange warten, bis das Problem gelöst wäre. Sie entgegnete: ›Das geht nicht. Sehen Sie denn nicht, daß hinter Ihnen Leute stehen, die bezahlen wollen?‹ Ich sagte ja, aber ich sei vor ihnen dran, und ich wollte auch zahlen. Sie bedeutete allen durch ihren Blick, daß ich eine von denjenigen sei, die immer Ärger verursachten. Ich versuchte, wie die personifizierte Sanftmut dreinzublicken, um die anderen auf meine Seite zu kriegen, und wartete darauf, bezahlen zu dürfen. Schließlich kam jemand mit dem verflixten Strichcode. Ich zahlte und ging, mit mir und der Welt zufrieden. Was für ein Theater!«

Was spielte sich ab, als die Frau ihre Seifenschälchen bezahlen wollte?

Die Geschichte erinnert an die typischen Methoden, mit denen Jungen einander auf dem Schulhof drangsalieren: Die Kundin sollte von den anderen abgesondert werden, um bestraft und gedemütigt zu werden, um als Störenfried dazustehen. Es funktionierte jedoch nicht. Die Kundin spielte nicht mit, sie wurde nicht hysterisch. Sie schrie auch nicht die Kassiererin an oder ließ ihre Einkäufe fallen. Sie ließ sich weder einschüchtern noch in die Ecke stellen. Sie wehrte sich auf die bestmögliche Weise: Sie verhielt sich nicht, wie das Klischee es verlangte. Die Schlacht ging darum, wer überlegter und weniger weiblich-hysterisch war, wer die Sympathie der Menge gewinnen würde.

Warum passiert dergleichen so häufig zwischen Frauen?

GRUPPENZUGEHÖRIGKEIT UND AUSGRENZUNG

Bei den meisten Auseinandersetzungen zwischen Frauen geht es um Gruppenzugehörigkeit und Ausgrenzung.

Frauen sind in diesem Punkt äußerst sensibel, denn als Jugendliche fühlen sich Frauen so gut wie inexistent. Das kommt daher, daß im kollektiven Unbewußten der vergangenen 2000 Jahre, wie bereits dargelegt, der Archetyp der Tochter fehlt.

Die Freundschaft zwischen zwei Frauen steht auf dem Prüfstein, wenn sie sich in einer größeren Gruppe befinden. Werden die beiden zu den anderen Brücken schlagen und dennoch ihre spezielle Zusammengehörigkeit aufrechterhalten? Oder wird ihre Vertrautheit die anderen nervös machen, werden sie ihre Loyalität zueinander als Bedrohung für die gesellschaftliche Ordnung empfinden, als Ausschluß, der Ärger zur Folge hat? Freund und Freundin oder Mann und Frau sind nicht mit diesem Problem konfrontiert, ihre Stellung ist klar definiert. Doch zwei Freundinnen werden oft sehr versteckt aufgefordert, ihre Loyalität der Gruppe gegenüber zu erklären, die Freundin zu verraten und sich auf die Seite der Gruppe zu stellen. Eine Ehefrau oder einen Partner bringt man gewöhnlich nicht in diese unangenehme Situation. Man versteht und billigt die Loyalität dieser Paare. Freundschaftspaare werden von der Gesellschaft nicht gebilligt. Sie werden in Frage gestellt, und die beiden Partner müssen sich entscheiden.

Wenngleich gewisse Auseinandersetzungen nun einmal zum Leben dazugehören, sind andere eindeutig die Folge eines Systems, das es darauf anlegt, die Frauen gegeneinander aufzuhetzen. Dabei geht es um Zugehörigkeit zum und Ausschluß vom System. Oftmals nimmt die Hetze die Form des Ausgrenzens an, die Frau ist schuld an allem, was im Verlauf eines Tages schiefläuft, wie in Arthur Millers Stück *Hexenjagd*.

Wenn eine Frau eine andere Frau auf diese Weise zum Sündenbock macht, tut sie es in der Regel (halb unbewußt), um sich in die Gesellschaftsordnung einzugliedern. Sie erhofft sich vielleicht davon, Punkte zu sammeln und ihre Treue gegenüber der Gesellschaft deutlich zu machen. Fällt sie einer anderen Frau öffentlich in den Rücken, gehört sie zur Gruppe. Sie signalisiert damit, daß sie in Ordnung ist, daß die Mehrheit auf sie zählen kann. Ein solches Verhalten ist feige. Doch auf diese Weise Pluspunkte sammeln zu wollen ist nicht nur feige, sondern auch sehr kurzsichtig, denn die Anerkennung hält nur fünf Minuten lang an.

Diese Art Feigheit ist übrigens die Grundlage des Faschismus, in dem Gruppenzugehörigkeit und Ausgrenzung eine wichtige Rolle spielen.

INNERE AUSEINANDERSETZUNGEN MIT DER EIGENEN WEIBLICHKEIT

Es ist zwar traurig, aber Sie haben bestimmt manchmal guten Grund, sich über eine Frau zu ärgern, weil – ich sage es ungern – viele Frauen anderen Frauen gegenüber Vorurteile haben.

Frauen haben gewisse gesellschaftliche Vorurteile der Männer übernommen – wie etwa, daß Frauen minderwertig, verrückt oder hoffnungslos dumm seien. Warum sollten Frauen Frauen anders sehen als der Rest der Gesellschaft? Noch lächerlicher ist, daß diese Sichtweise von Frauen oft gar nicht als feindlich und herablassend eingeordnet wird, sondern als »Tatsache«. Es ist sehr bestürzend zu beobachten, wie eine Frau eine andere Frau nach diesem doppelten Wertesystem behandelt – sie dem Klischee entsprechend drangsaliert, sie dazu zwingt, den Regeln der Gesellschaftsordnung zu gehorchen.

Es ist kein Wunder, daß auch Frauen bei der Beurteilung von Männern und Frauen einen doppelten Maßstab anlegen. Dieses Verhalten wird von Geburt an geprägt. »Ein Junge«, wird gejubelt. »Ein Mädchen – naja, sie kann ihrer Mutter bei der Hausarbeit helfen«, heißt es herablassend (siehe auch Kapitel II). Es ist doppelt enttäuschend und ärgerlich, wenn selbst Frauen sich gegenüber anderen Frauen so verhalten. Das bedeutet, daß sie entweder dumm oder feige sind. Kehren wir zum Beispiel der Supermarktkasse zurück. Hätte es sich um einen Kunden und nicht eine Kundin gehandelt, wäre die Sache anders abgelaufen. Wenn ein Mann bezahlen will, hat er das Recht, bedient zu werden. Von einer Frau heißt es in der gleichen Situation, sie verursache Ärger. Fast alles, was eine Frau tut, kann negativ interpretiert werden. Wenn eine Frau zu hilfsbereit ist, klammert sie zu sehr und braucht zuviel Bestätigung. Ist sie nicht hilfsbereit, sondern verfolgt ihren eigenen Weg, dann ist sie egoistisch und hat niemanden außer sich selbst im Kopf. Es ist einfacher, sie zu isolieren und auszugrenzen, weil sie per definitionem weniger Rechte hat. Man geht automatisch davon aus, daß anspruchsvolle Frauen schwierig sind.

Sollte eine Frau, die sich mit einer solchen Einstellung konfrontiert sieht, die andere Wange hinhalten und verständnisvoll sein? Nein, natürlich nicht. Sie darf durchaus wütend werden! Es wäre nicht gut, zu vollkommen zu sein! Wenn wir immer die reinsten Engel wären, würde dem Leben die Würze fehlen. Es tut einer Beziehung unter Umständen gut, wenn von Zeit zu Zeit die Luft gereinigt wird. Streit kann auch konstruktiv sein, die Dinge werden geklärt und die Beziehung gestärkt.

Auseinandersetzungen sind ein Teil des Lebens. Wir müssen nur dafür sorgen, daß unser Streit wirklich konstruktiv ist, daß wir dabei etwas über uns, unsere Unsicherheiten und Stärken erfahren.

Doch das alte Klischee von den zickigen und eifersüchtigen Frauen ist viel zu bequem, um einfach fallengelassen zu werden, oder?

In der Tat, es lebt noch immer, und die Frauen selbst sorgen dafür, daß es nicht in Vergessenheit gerät. Mit dem einen Unterschied: Inzwischen wissen sie, daß es ein Spiel ist. Im Inneren bemühen sie sich um ein anderes Verhalten. Die alten Eifersüchteleien sind noch da, frau ist aber nicht mehr so naiv wie früher. Sie hat erkannt, was für eine Energieverschwendung Eifersucht ist ...

»Sie hat sich aufgedonnert, und dabei wollten wir nur ein Bierchen zusammen trinken. Ich habe mich wie ein Stück Scheiße gefühlt. Die Kerle hatten nur Augen für sie. Ich habe mich wie Luft gefühlt. Warum hat sie das getan?«

Eine mögliche Antwort: Vielleicht hat sie sich für Sie schick gemacht. Haben Sie schon einmal daran gedacht?

SCHÖNHEIT UND ALTER: GRUND FÜR RIVALITÄT?

Merken Sie beim Betreten eines Zimmers sogleich, ob Sie hübscher, häßlicher, älter oder jünger als die anderen anwesenden Frauen sind? Haben Sie ein schlechtes Gewissen, wenn Sie hübscher oder jünger sind als die Frauen um Sie herum und die Männer Ihnen mehr Aufmerksamkeit schenken?

Auch wenn wir es nur ungern zugeben, in der Tiefe unseres Herzens beurteilen wir einander noch immer nach unserem Aussehen, Alter und Sex-Appeal. Das ist schrecklich, aber wahr. Wir sind insgeheim erleichtert, wenn eine andere Frau nicht allzu hübsch oder nicht viel attraktiver ist als wir.

Sind ältere und jüngere, hübschere und weniger hübsche Frauen automatisch Rivalinnen?

Eine Frau kann in eine schwierige Lage kommen: Sie will sich schick anziehen, sie liebt es, Aufmerksamkeit zu erregen. Andererseits riskiert sie dann, daß sich die anderen Frauen von ihr zurückziehen. Wie soll sie sich verhalten? Eine junge Frau beschreibt das Dilemma:

»Wir waren an einer Tankstelle, und ein Mann flirtete mit mir. Er blinzelte mir zu und wollte wissen, wo ich wohne. Meine Mutter war für ihn Luft. Das wäre vielleicht noch angegangen, aber als sie sich an der Unterhaltung beteiligte, tat er noch immer, als sei sie nicht da. Als sie das Benzin bezahlte, schaute er sie kaum an – das genaue Gegenteil von seinem Verhalten mir gegenüber. Ich fand ihn nett, fühlte mich aber unbehaglich. Auf dem Weg nach Hause konnte ich eine gewisse Distanz, eine Spannung fühlen, die zwischen mir und meiner Mutter entstanden war. Wir aßen zusammen zu Abend, aber irgend etwas Unausgesprochenes lag zwischen uns, wir konnten uns nicht in die Augen blicken. Ich hatte das Gefühl, mich ihr gegenüber illoyal verhalten zu haben, fühlte mich kompromittiert. Als sei ich attraktiv und meine Mutter nicht. Als wäre ich gemein zu ihr gewesen.«

Sie konnte das Gefühl, schön zu sein, nicht genießen, weil das irgendwo ein Verrat an ihrer Mutter war. Sie konnte auch nicht mit ihr darüber reden. Das Thema Schönheit und Alter ist zwischen Frauen schwierig. »Darüber spricht man besser nicht«, bekommt man ins Ohr geflüstert. »Das ist tabu, du machst die anderen nur unglücklich, wenn du darüber sprichst.« Eine Frau nach ihrem Alter und ihrer Schönheit zu beurteilen, ist unfair, jeder weiß das, aber wenige wissen, wie man damit umgehen soll.

DIE UNEINGESTANDENE ANGST HINTER
DER EIFERSUCHT

Im Konflikt zwischen den älteren und den jüngeren Frauen spiegelt sich die Altersdiskriminierung von Frauen. Die Rivalität zwischen Mutter und Tochter und jungen und alten Frauen wird von unserer Kultur gefördert. Die Mütter sind die alten Weiber, ihre Töchter sind Lolitas oder Sexbomben – sie sind begehrenswerter und machen mehr Spaß. Alte Frauen sind häßlich. Ihre Stärke wird negativ gesehen, sie gelten als dominant und anspruchsvoll, wenn sie sich selbst verwirklichen wollen.

Wie kann sich eine junge Frau angesichts solch unsinniger Klischees darauf freuen, erwachsen und älter zu werden? Sie kann es nicht. Sie wird unter allen Umständen versuchen, so lange wie möglich jung zu wirken.

Dabei macht es in Wirklichkeit Spaß, erwachsen zu sein und älter zu werden. Reife ist eine sehr lohnende Sache. Erwachsensein ist ein großartiger Zustand, körperlich und emotional. Die Klischeevorstellungen vom Alter müssen verschwinden! Es ist großartig, eine reife Frau zu sein.

Wie steht es mit dem Konflikt zwischen hübschen und weniger hübschen Frauen? Wäre es eine Lösung, wenn die weniger hübschen Frauen versuchten, sich möglichst schick zu machen und die hübschen Frauen sich schlicht kleideten? Das wäre möglich, aber würde es beiden wirklich Spaß machen? Es ist besser, wenn sie sich verständigen und aneinander freuen. Der Rest folgt ganz von selbst. Warum können wir nicht akzeptieren, daß weibliche Schönheit und Stärke auch für uns Frauen da sind?

Manchmal äußern sich Frauen schuldbewußt über das gute alte Gefühl der Eifersucht – sei es Neid oder die Angst, übergangen zu werden.

»Meine Freundin ist hübscher als ich. Ich wünschte mir, daß ich mich nicht von ihr bedroht fühlte. Ich rede mir gut zu, Selbstvertrauen zu haben. Ich nehme mir ganz fest vor, ihre Schönheit zu bewundern, aber wenn sie zur Tür reinkommt, ein Kleid trägt, in dem sie umwerfend aussieht, und wenn sie das personifizierte Selbstvertrauen ist, sind meine ganzen guten Vorsätze im Eimer. Im Geist nehme ich sie auseinander. Ich kann es nicht erwarten, einen kleinen Makel an ihr zu entdecken. Theoretisch möchte ich, daß attraktive Frauen wie sie zu unserem Freundeskreis gehören, theoretisch will ich keine Angst haben, daß Frauen wie sie mit meinem Freund befreundet sind. Ich bin auf jeden Fall dafür, die Frauen zu stärken – aber nicht diejenigen, die attraktiver sind als ich. Was für eine Heuchlerin ich bin!«

»Meine Chefin sieht gut aus, ist reich und einflußreich. Ich bin eifersüchtig bis zum Wahnsinn. Es ist einfach zuviel. Ich hasse sie, ich will sie sein! Ich zeige es natürlich nie, denn ich weiß, daß ich mich lächerlich machen würde. Ich bin lächerlich! Warum komme ich damit nicht klar? Am schlimmsten ist, daß ich sie obendrein noch sehr mag.«

»Ich war in den Ferien an einem Nacktbadestrand. Ich war eifersüchtig auf die Frauen, die sich dort aufhielten, empfand sie als Bedrohung, weil ich Angst hatte, mein Begleiter würde sie für sexier und schöner halten. Selbst wenn ich allein gewesen wäre, hätte ich wahrscheinlich gesagt: ›Warum kann ich nicht so aussehen?‹ Ich habe kein Vertrauen zu jenen Frauen gehabt, und ich habe nicht versucht, mit ihnen Kontakt aufzunehmen. Ich würde mich selbst mehr mögen, wenn ich sie nicht so sehr als Bedrohung empfinden würde.«

Weibliche Schönheit und Macht sollen auch uns Frauen Freude bereiten.

UNTERDRÜCKTE SINNLICHKEIT FÜHRT ZU ABNEIGUNG UND ZURÜCKWEISUNG

Einer der Hauptgründe, warum wir andere Frauen als Rivalinnen sehen und nicht für uns bestimmt, liegt in der Blockade der körperlichen Zuneigung und Intimität zwischen Frauen. Ich verstehe darunter nicht lesbische Beziehungen, sondern den Ausdruck physischer Zuneigung (siehe Kapitel VI). Wenn sich zwei befreundete Frauen eine lange, herzliche Umarmung versagen, kann es zu einem Gefühl der Zurückweisung kommen, das zu Ablehnung führt.

»Meine beste Freundin geht gern in ein türkisches Bad. Dort waschen sie ihr den Körper und die Haare. Sie sitzt nackt im Dampf mit mehreren anderen Frauen, die sie nicht kennt. Sie sagt, sie tue das leidenschaftlich gern, und sie sieht auch immer wunderschön und erholt aus, wenn sie nach Hause kommt. Sie hat gefragt, warum ich nicht mitkomme. Ich bin schon bei dem Gedanken eifersüchtig, daß sie überhaupt dort hingeht. Ich kann mir gar nicht vorstellen, dort nackt herumzusitzen und mich von unbekannten Frauen am ganzen Körper berühren zu lassen und dann so zu tun, als sei das alles so wahnsinnig natürlich. Ich fühle mich einfach nicht wohl dabei. Und ich bin mir nicht sicher, ob ich überhaupt will, daß sie mich nackt sieht. Ich weiß nicht, was ich fühle. Ich weiß, ich bin wütend und eifersüchtig, wenn sie ins türkische Bad geht. Ich zeige es ihr nie. Sie glaubt, ich hätte einfach keine Lust mitzukommen. Ich habe das Gefühl, sie provoziert mich. Sie will, daß ich miterlebe, wie andere Frauen sie berühren, will aber nicht, daß ich sie berühre oder sie mich. Oder doch? Merkwürdig.«

Oft sind Gefühle der Ausgrenzung und des unbewußten Ärgers über körperliche Verweigerung miteinander verknüpft. Frauen fühlen sich verwirrt, bedroht und kompromittiert, weil sie sich emotional zu nahe sind. Das zeigte sich bereits in dem Kapitel über Mutter und Tochter: unterschwellig vorhandene Berührungstabus oder die Furcht, lesbisch zu erscheinen, führen zu Spannungen in anderen Bereichen der Beziehung und zu Zweifeln aneinander. Das ist sehr bedauerlich. Die gleiche Eigendynamik entwickelt sich häufig in anderen Beziehungen zwischen Frauen. Sie kommen zu einem abrupten Ende, wenn eine der Beteiligten in der Öffentlichkeit plötzlich das Bedürfnis empfindet, sich wieder mit der Gruppe, der Gesellschaft zu verbinden, und einen Scherz auf Kosten der Freundin macht, um sich von ihr zu distanzieren.

Die Dinge sind jedoch im Begriff sich zu verändern. Eine Frau beschreibt, wie es ihr gelang, über ihre Ängste und Eifersucht hinwegzukommen und einen mutigen Schritt zu wagen:

»Ich war immer sehr eifersüchtig auf meine beste Freundin, habe es aber nicht gezeigt. Sie schien immer mehr sie selbst zu sein, für die Männer attraktiver, schien ihr Leben mehr im Griff zu haben als ich. Ich beschloß, ihr meine Gefühle mitzuteilen in der Hoffnung, meine Gefühle dadurch zu überwinden. Es war natürlich riskant, aber ich dachte: ›Zum Teufel, das halte ich nicht mehr aus, das tut zu sehr weh. Was habe ich zu verlieren?‹ Ich wollte wirklich richtig mit ihr befreundet sein. Als ich ihr alles gestand, war sie überrascht und reagierte sehr liebevoll.

Sie erzählte mir von all den Dingen, die sie an sich selbst nicht mochte. Sie sagte mir, wie sehr sie mich um einige Eigenschaften beneidete und wie sehr ihr meine Beine gefielen! Nachdem sie mich an ihren Empfindungen hatte teilhaben lassen, fühlte ich mich viel besser. Seither bestärken wir uns immer wieder gegenseitig. Ich habe mittlerweile ein ganz anderes Bild von ihr.«

Wenn Sie das nächste Mal auf eine Party gehen, sollten Sie sich die Frage stellen, wer unsicherer ist, die Frau mit dem perfekten Make-up oder die mit dem verwuschelten Haar?

WEIBLICHE SCHÖNHEIT ERFREUT AUCH FRAUEN

Heute empfinden Frauen hübsche Frauen nicht mehr unbedingt als Bedrohung, sondern als eine Chance – eine schöne Freundin zu haben, mit der man seine Zeit verbringen und Geheimnisse austauschen – oder zu der man zärtlich sein kann. Zugegeben, die Machtpolitik zwischen den Frauen fordert noch immer ihren Tribut, das heißt, nur wenn man jünger und hübscher ist, wird einem Aufmerksamkeit zuteil. Doch die Frauen fallen darauf nicht länger herein. Sie wissen, daß auf Dauer gesehen keine Frau gewinnen kann. Es ist besser, Freundschaft zu schließen.

Je unsicherer eine Frau ist, desto mehr Zeit verwendet sie auf ihre Erscheinung. Sie signalisiert, daß sie Bestätigung sucht und akzeptiert werden will. Sie ist unsicherer als andere Frauen, auch wenn es genau umgekehrt wirken mag.

Die destruktive Haltung der Gesellschaft gegenüber Schönheit und Alter ist schmerzhaft. Die Frauen können zu häufig weder ihre Schönheit, ihr Alter noch die Freuden, die sie begleiten, genießen.

Wenn jüngere Frauen als schöner gelten, bedeutet das dann, daß eine jüngere Frau im Büro oder auf einer Party eine ältere Frau automatisch auf den zweiten Platz verweist?

Das hängt von den beiden Frauen ab. Das Klima, das dadurch geschaffen wird, daß Männer junge hübsche Frauen lieben, ist schwierig zu beseitigen. Aber es ist so dumm! Zum Glück denken nicht alle Männer so.

Wenn eine junge Frau am Arbeitsplatz oder auf einer Party eine Mischung aus Scham und Stolz empfindet, weil sie auffallend hübsch ist, was soll sie dann tun? Sich schlichter kleiden oder versuchen, älter zu wirken? Das kann doch nicht die Antwort auf das Problem sein! Und wenn eine ältere Frau Eifersucht auf eine jüngere Frau oder auf ihre Tochter empfindet, was kann sie dagegen tun? Sich schleunigst einen Minirock kaufen? Warum eigentlich nicht? Die meisten Frauen haben Schuldgefühle und machen sich Vorwürfe wegen ihres Neides. Sie versuchen, ihn zu verstecken, aber die junge Frau oder Tochter fühlen den Neid als Distanz oder Unfreundlichkeit und entwickeln eine merkwürdige Scheu vor persönlichen Gesprächen. Was für eine Energieverschwendung für beide Frauen! Sie könnten das ändern: Sie könnten sich an sich selbst und aneinander erfreuen! Sich nicht als potentielle Bedrohung beäugen, sondern als interessante neue Freundin in Betracht ziehen.

Glücklicherweise wird es immer leichter für Frauen, Bewunderung füreinander auszudrücken und sich an der Schönheit der anderen zu freuen, statt sie als Anlaß für Rivalität zu nehmen.

Sprechen Sie mit der Frau, vor der Sie sich fürchten – lernen Sie sie kennen! Das wird die Atmosphäre verändern. Machen Sie sie zu Ihrer Vertrauten oder Mentorin, sie könnte zu einem wichtigen Menschen in Ihrem Leben werden. Reden Sie mit ihr, vertrauen Sie ihr persönliche Dinge an.

Unsere Interaktionen mit Frauen sind auf einer Ebene noch immer mit einem leichten Gefühl des Ärgers versehen, daß die andere kein Mann ist! Wir sind aufeinander wütend, weil wir keine Männer sind, keine gesellschaftliche Stellung und keine Macht haben und uns keine Zärtlichkeit geben, uns nicht genug lieben, einander nicht helfen!

Wie häufig wünschen sich Frauen, wenn sie Männer und Frauen, Freunde und Ehemänner vergleichen, daß Männer so nett wie Frauen wären. Wenn hingegen Frauen nett sind, ist das selbstverständlich! Eine Frau bringt es fertig, zu ihrer Freundin zu sagen: »Du bist einfach vollkommen. Zu schade, daß du kein Mann bist, du wärst genau der richtige Partner für mich!« Sie merkt vielleicht gar nicht, wie beleidigend sie war.

Wir müssen uns mit unseren Vorurteilen auseinandersetzen, damit wir die Haltung, die hinter solchen Äußerungen steht, abbauen können und auch verstehen, woher unsere Vorurteile rühren. Also geben Sie dieses Buch Ihren Freundinnen, wenn Sie es gelesen haben!

Wir haben Angst vor der Körperlichkeit. Wir fürchten uns vor körperlichen Beziehungen mit anderen Frauen. Dabei geht es nicht so sehr um die eigentliche Berührung, sondern vor allem darum, wofür diese Berührung steht, nämlich frauenbezogen zu sein. In einer patriarchalischen Gesellschaft ist das verboten.

Selbst die lockerste Beziehung mit einer anderen Frau, jede Form der Interaktion mit anderen Frauen, ist mit der Furcht vor diesem Tabu behaftet.

Wir müssen uns vornehmen, das Schöne an anderen Frauen bewußt zu sehen, es zu fördern und über Strategien nachzudenken, die Dinge in die Hand zu nehmen, das Konzept der Macht und die gesellschaftlichen Strukturen zu verändern.

Versuchen Sie, Freundinnen zu finden, die diese Ideen verstehen und Sie mit Respekt behandeln. Meiden Sie Frauen, die Ihnen ständig in den Ohren liegen, Sie seien anders, ungewöhnlich, widersetzten sich der herrschenden Ordnung, seien problematisch oder schwierig. Lieben Sie andere Frauen und sich selbst!

DÜRFEN FRAUEN WÜTEND SEIN? HOCHMÜTIG? STOLZ?

Wir alle kennen die klassische Wendung: »Für wen hält sie sich?« Vollständig heißt sie: »Für wen hält sie sich? Die Königin von Saba?« Ich habe mich als Kind immer gefragt, wer diese Königin wohl war, und hatte eine sehr schlechte Meinung von ihr. Als ich dann Geschichte studierte, erfuhr ich, daß sie eine hochinteressante Herrscherin des alten Saba (heute Jemen) war. Sie geriet in Verruf, als sie die patriarchalischen Armeen der Nachbarstaaten abwehrte, denn sie vertrat eine nicht-patriarchalische Gesellschaftsordnung, in der die Frauen geachtet wurden. Deshalb ist es vielleicht gar nicht so schlecht, wenn jemand von Ihnen sagt: »Für wen hält Sie sich?« Es bedeutet, daß Sie eine Frau sind, die es wagt, ihre Rechte einzufordern oder zu verteidigen. Gehört es jedoch zu diesen Rechten, sich anderen Frauen gegenüber schäbig zu verhalten?

Es gab mal einen Anstecker, den man am Revers trug, auf dem stand: »Ich bin eine freche Frau.« Das sollte heißen, »Ich laß mich nicht unterkriegen, ich bin nicht sanftmütig, denk nicht, daß du mich als selbstverständlich hinnehmen kannst!«

Das Frauenklischee will es, daß Frauen unterwürfig die Handlanger spielen, statt die Heldinnen dieser Welt zu sein. Eigenschaften, die bei Männern gelobt werden, werden bei Frauen abgelehnt.

EINE BEMERKUNG ZUM WORT »SCHLAMPE«

Das Wort Schlampe hat sowohl Konnotationen von Unabhängigkeit als auch von Frechheit, sexueller Freizügigkeit, Schmutz und Nachlässigkeit.

Man kann sich fragen, warum das gängigste Schimpfwort für eine Frau dem sexuellen Bereich entlehnt ist. Eine Schlampe liebt den Geschlechtsverkehr, schläft mit allen und jedem, hat nicht nur einen Mann, gehört niemandem. In der Frühgeschichte war das kein Makel. Es war ein Verdienst, keinem Mann, sondern sich selbst zu gehören.

Insgeheim gebrauchen wir den Ausdruck vielleicht sogar gern – auch wenn er politisch nicht korrekt ist. Macht es Spaß, die Sexualität einer Frau anzugreifen, wenn auch indirekt? Da wir uns nicht offen über die Sexualität einer anderen Frau unterhalten dürfen, greifen wir auch zu diesem herabsetzenden, beleidigenden Begriff.

Es macht Spaß und wirkt befreiend, manche Frauen zu hassen, sie nicht ernst zu nehmen – solange man nicht übertreibt. Frauen sind anderen Frauen gegenüber stets in der Pflicht. Sie müssen immer freundlich und verständnisvoll sein. Aber auch sie müssen ab und zu Dampf ablassen dürfen.

Manchmal gehen wir bei unserem Versuch, wie die Heiligen zu sein, zu weit: Aus Angst, andere Frauen zu unterdrücken, akzeptieren wir alles, was Frauen sagen oder tun. Wir glauben, wir dürften nie zornig auf sie sein. Wir müßten immer Verständnis für sie haben, weil sie unterdrückt sind – selbst wenn sie uns unterdrücken!

Die von mir befragten Frauen waren zuerst sehr zurückhaltend, als es darum ging, ihren Ärger über andere Frauen zum Ausdruck zu bringen. Wenn sie dann aber erst einmal loslegten, sprudelten sie nur so. In der Regel waren sie überrascht, daß Frauen sich auch negativ verhalten konnten. Nach dem Motto: Wie ist das möglich, Frauen sind doch eigentlich nett?

Auch Frauen haben gelegentlich das Gefühl, daß es Spaß macht, nicht nett zu sein, mal Leute zu überraschen, die sanftmütige Frauen erwarten, wie das Klischee es will. Frauen können sich an der Gesellschaftsordnung rächen, indem sie nicht großzügig, freundlich und hilfsbereit sind. Sie sind ja auch komplexe Menschen. Sie gehen auf die Barrikaden, wenn sie das Gefühl haben, allzeit freundliche Handlanger sein zu müssen.

Wie alle Unterdrückten müssen wir uns selbst auf unsere eigene Weise schützen. Manchmal erreicht unsere Gemütsverfassung den Siedepunkt wegen einer Million kleiner Dinge, die uns zugestoßen sind und die uns das Gefühl gegeben haben, sehr klein und unwichtig zu sein. Dann werden wir zu der Dame an der Supermarktkasse: wir werden pampig.

Wir sollten vor unserer Wut keine Angst haben. Wir können sie positiv einsetzen, als Energiequelle, um unser Leben neu zu gestalten, die Gesellschaftsordnung zu verändern. Wohlgemerkt, hier sind nicht Rache- oder Eifersuchtsgefühle gemeint. Begründete Wut hat nicht immer eine negative Konnotation, sondern auch eine der Energie und Stärke.

Die Medien sprechen von den Streitereien der Frauen, als seien die Frauen so unvernünftig wie eh und je – als sei es unausweichlich, daß Frauen miteinander Probleme haben, als hafte den Frauen ein Hauch von Lächerlichkeit an.

Gegen sachlichen Streit ist an sich nichts einzuwenden. Männer haben jede Menge Auseinandersetzungen mit anderen Männern, und diese gelten als konstruktiv und wichtig, manchmal werden die Männer danach sogar gute Freunde.

Je mehr die Frauen ihre Rivalitäten sachlich bereinigen und sich als ernsthafte Menschen begegnen, um so mehr wird sich die Stellung der Frau bessern.

NEUE AUSEINANDERSETZUNGEN UND
SPANNUNGEN ZWISCHEN FRAUEN

Frauen haben heute vielleicht ebenso viele Auseinandersetzungen wie früher, vielleicht sogar mehr, doch die Gründe dafür sind andere. Es geht nicht mehr um den Mann wie einst. Die Streitereien entwickeln sich vielmehr aus dem Gefühl der Unsicherheit, das die Frauen haben, weil sich in ihrem Privatleben enorme Veränderungen vollziehen. Sie distanzieren sich vom Patriarchat und wenden sich neuen Lebensformen zu. Die Frauen sind nervös im Umgang miteinander, weil sie einerseits meinen, sie müßten anderen Frauen gegenüber nett sein und sie besser behandeln, und andererseits fürchten, sich auf Dauer nicht auf eine Frau verlassen, sich auf eine Frau doch nicht so stützen zu können wie auf einen Mann. Die Frauen fühlen sich in der Falle und werden wütend. Sie befinden sich in einer schwierigen Situation, sie fühlen sich ein wenig unaufrichtig. Doch das ist unnötig, und sie brauchen sich auch anderen Frauen gegenüber nicht so unsicher zu fühlen, besonders wenn sie bei der Wahl ihrer Freundinnen vorsichtig sind und sich Frauen zuwenden, die die Themen, über die wir hier sprechen, verstehen.

Frauen erfreuen sich einer immer größer werdenden wirtschaftlichen Sicherheit. Eine viel höhere Zahl als früher steht auf eigenen Füßen, wenngleich sie nicht reich sind. Frauen brauchen keinen Mann, der die Brötchen verdient. Sie sind in der glücklichen Lage, frei entscheiden zu können, ob sie mit einem Mann zusammenleben wollen oder nicht. Sie können sich ausschließlich danach richten, ob sie ihn lieben oder nicht. Diese neue Möglichkeit löst bei den Frauen Unbehagen aus. Sie können einander nicht mehr so behandeln wie vor zwanzig Jahren, als von einem anderen gesellschaftlichen Konsens ausgegangen wurde. Wie sollen sie sich nun verhalten? Wie sollen sie die Handlungen anderer Frauen interpretieren? Wenn eine Sache so kompliziert ist, ist es kein Wunder, daß sie Irritation auslöst.

Der Streit zwischen Frauen ist also auf verschiedene Ursachen zurückzuführen.

Zuerst wären da die gesellschaftlichen Klischees, die den Frauen vermitteln, daß Frauen gemeinhin zickig miteinander umgehen. Sie stellen eine indirekte Warnung vor den Geschlechtsgenossinnen dar.

Zweitens wird den Frauen beigebracht, den weiblichen Körper zu scheuen, um nicht als Lesben abgestempelt zu werden. Hinter dieser Angst vor dem Körper anderer Frauen steckt in Wirklichkeit eine verdrängte Liebe zum weiblichen Körper. Diese Liebe, dieses Interesse werden so sehr tabuisiert, daß Gefühle der Zuneigung zu Feindseligkeit zwischen Frauen führen.

Drittens haben Frauen oft Angst, andere Frauen wollten sie verletzen, sie fertigmachen! Angesichts von Punkt eins und zwei keine unbegründete Furcht. Wenn sie zu der unglücklichen weiblichen Neigung hinzukommt, Frauen sowieso als Männern unterlegen zu bewerten, ist ausreichend Grund für Feindseligkeit und Aggression vorhanden!

Zu guter Letzt gibt es neue Gründe für Streit zwischen Frauen. Sie resultieren in dem bittersüßen Unbehagen, das die Frauen in ihrer neuen gesellschaftlichen Rolle empfinden. Es könnte als eine Art Heimweh bezeichnet werden. Ein verwundertes Fragen, wie man denn jetzt miteinander umgeht inmitten der neuen gesellschaftlichen Wirklichkeit, zu der man selbst seinen Beitrag geleistet hat.

Die Empfindlichkeit der Frauen rührt aus dem Bewußtsein her, daß das, was sie tun, neu ist. Sie experimentieren damit herum, wie sie die neuen Beziehungen untereinander einordnen sollen.

Das Neuüberdenken und Experimentieren ist eine gute Sache. Die Auseinandersetzungen und Spannungen gehören zu den Veränderungen, welche die Frauen in ihren Beziehungen und in der Gesellschaft bewirken. Es ist nicht möglich, eine neue Ordnung ins Leben zu rufen, ohne anzuecken!

V

FRAUEN IN DER ARBEITSWELT

Die Beziehungen zwischen Frauen am Arbeitsplatz haben sich eindeutig gewandelt. In den Medien wird auf diese Veränderungen nicht eingegangen, da die Medien sich mehr auf die veränderten ehelichen Beziehungen konzentrieren. Es ist jedoch nur logisch, daß die Frauen aufgrund ihres neuen Selbstverständnisses nicht nur andere Beziehungen zu den Männern unterhalten, sondern daß sich auch die Beziehungen zwischen den Frauen verändern müssen – privat wie am Arbeitsplatz.

Die Beziehungen am Arbeitsplatz sind eindeutig vielfältiger geworden. Heute verfügt eine größere Anzahl von Frauen über Sekretärinnen, und mehr Frauen habe eine weibliche Vorgesetzte – und einige Frauen haben sogar das Glück, Partnerinnen zu haben!

Niemand hat meines Wissens bisher über die Beziehungen zwischen Frauen am Arbeitsplatz aus psychologischer Sicht geschrieben. Das ist ein Bereich, dessen Analyse höchst schwierig ist. Alles ist in Bewegung und sehr komplex. Ich möchte aufzeigen, auf welche Art sich die Psychologie der Frau am Arbeitsplatz verändert.

Das geläufigste Klischee über Frauen am Arbeitsplatz lautet, daß Frauen falsch wie Schlangen seien. Man hüte sich vor losgelassenen Karrierefrauen! Sie machten das Leben im Büro zur Hölle! Diese wenig nette Beurteilung verhilft jenem alten Klischee über die weibliche Natur zu neuem Leben, daß die Frauen ihre Krallen ausfahren und sich gegenseitig die Augen auskratzen, sobald man sie zusammensperrt! Man hört außerdem, Frauen seien auch nicht anders als Männer. Vom Ehrgeiz zerfressen und rücksichtslos, hätten sie nichts als ihre Karriere im Sinn und wären jederzeit bereit, einer Frau in den Rücken zu fallen. Einer Frau könne man doch nicht trauen!

Enthalten diese Aussagen vielleicht ein Körnchen Wahrheit?

Die Beziehungen zwischen Arbeitskolleginnen gewinnen an Bedeutung. Die Macht der Frauen in den großen Firmen nimmt zu. Eine immer größere Zahl an Stellen ist von Frauen besetzt, und Frauen erreichen höhere Positionen als in der Vergangenheit. Statistisch liegt ihr Einkommen allerdings noch immer unter dem der Männer. Doch die Frauen üben immer mehr Macht auf die Wirtschaft im allgemeinen aus, weil ihre Kaufkraft gestiegen ist. Frauen könnten den Markt kontrollieren, indem sie bestimmen, welche Marken sie kaufen. Frauen werden also in der Arbeitswelt gebraucht – sie sind noch immer billigere Arbeitskräfte! –, und immer mehr Frauen haben mit Frauen zu tun. Das ist eine wichtige Machtquelle. Dazu kommt, daß viele Frauen eigene florierende Geschäfte und Unternehmen betreiben.

Die Firmen, ob Riesenunternehmen oder kleine Betriebe, könnten durch solidarisches Handeln der Frauen völlig verändert werden.

NEUARTIGE BEZIEHUNGEN ZWISCHEN ARBEITSKOLLEGINNEN

Man wirft den Frauen vor, launisch, empfindlich und unsicherer als ihre männlichen Kollegen zu sein. Frauen sind nicht launenhafter oder unsicherer als Männer. Frauen müssen jedoch sehr viele Aufgaben zugleich erfüllen, mehr Aufgaben als die Männer. Frauen müssen immer wieder aufs neue beweisen, daß sie gute Arbeit leisten. Damit ihnen das gelingt, müssen sie ihre Beziehungen zu anderen Frauen zum Funktionieren bringen – und das in Teams, die nach typisch männlichen Kriterien aufgebaut sind. Frauen gehen im Umgang miteinander nicht von Hierarchien aus (mit Ausnahme der Mutter-Tochter-Beziehung) und wissen auch nicht, ob sie Hierarchien gutheißen.

Auf meine Frage, wie Frauen heute am Arbeitsplatz auftreten, erhielt ich erstaunliche Angaben.

»Ich habe in den vergangenen Jahren viele Frauen in Führungspositionen kennengelernt – vielbeschäftigte, gepflegte Frauen verschiedenen Alters. Ihr Auftreten war häufig bemerkenswert, eine Frau fand ich geradezu bewunderswert. Diese jungen und älteren Frauen strahlten ein neues Machtbewußtsein aus, eine Art ruhiger Macht – ein In-sich-Ruhen, das Vertrauen einflößte. Eine Macht, die mir zusagte, eine Macht, vor der ich keine Angst hatte.«

Frauen sind nicht überzeugt davon, daß eine hierarchische Struktur erforderlich ist, um die Welt effizient zu organisieren. Die großen Firmen sind hierarchisch organisiert. Wie beim Militär oder in den Fußballteams gibt es Befehlsfolgen.

Frauen sind unsicher, wie sie denn nun miteinander umzugehen hätten. Sind Frauen am Arbeitsplatz natürliche Verbündete? Potentielle Feindinnen? Sollte man sie wie Mütter oder wie Töchter behandeln? Kurz angebunden sein oder auf sie eingehen?

Frauen wollen Solidarität und den freundlichen Umgangston beibehalten, doch das steht im Widerspruch zur vorgegebenen hierarchischen Struktur. Deshalb versuchen Frauen, neue Arbeitsbeziehungen zu entwickeln, die zwar der Hierarchie verpflichtet, aber dennoch anders sind.

Frauen müssen dies alles in einer Atmosphäre leisten, die von Klischees vergiftet wird wie: Frauen streiten pausenlos, sie sind unfähig zusammenzuarbeiten. Sie können weder ein Land noch einen Betrieb führen. Sie sollten die schwerwiegenden Entscheidungen den Männern überlassen.

Dazu kommt, daß es in vielen Büros Frauen alter Schule gibt (zu denen auch zahlreiche junge Frauen gehören), was für eine Frau, die versucht, weibliche Kollegialität einzuführen, verwirrend ist. Wenn eine Frau beispielsweise sehr freundlich auf eine Kollegin zugeht, kann sie diese ungewollt abschrecken, weil diese davon ausgeht, man erwarte von ihr ein freundliches und kooperatives Verhalten, nur weil sie eine Frau ist.

Ein weiteres Beispiel: Die meisten Frauen wissen, daß es politisch unkorrekt ist, Ablehnung gegenüber anderen Frauen offen zu zeigen und nur mit den männlichen Führungskräften zu verkehren. Deshalb strahlen heutzutage alle Frauen ihre Geschlechtsgenossinnen an – aber nicht alle meinen es ehrlich! Wie kann eine Frau diejenigen, die wirklich eine Zusammenarbeit wünschen, und jene anderen, die nur den Eindruck erwecken wollen, dazuzugehören, unterscheiden? Wieviele Frauen fragen sich noch immer, warum sie sich mit einer Frau abgeben sollen, wenn die Macht bei den Männern liegt? Wie wirkt sich das in der Praxis aus?

Wenn Frauen bei der Arbeit empfindlich oder gereizt reagieren, dann liegt das daran, daß sie großen Belastungen ausgesetzt sind. Die Arbeit selbst ist nicht das eigentliche Problem, das Problem ist das psychologische Umfeld, mit dem sie sich auseinandersetzen müssen. Eine

Frau muß mit den Ängsten der Männer, die Frauen könnten die Macht an sich reißen, umgehen lernen, und sie muß gleichzeitig lernen, mit anderen untergeordneten und übergeordneten Frauen zusammenzuarbeiten. Diese neuen Konstellationen erzeugen natürlich Streß.

GESCHICHTEN VON SEKRETÄRINNEN ÜBER IHRE CHEFINNEN

Einige Sekretärinnen lieben ihre Chefin, andere hassen sie. Es ist natürlich am einfachsten, alle Probleme der älteren Frau in die Schuhe zu schieben und zu sagen, sie sei eine alte Hexe.

Viele Frauen – besonders junge – fragen, warum die anderen Frauen nicht netter zu ihnen sind, warum sie ihnen so häufig in den Rücken fallen.

»Meine Chefin ist eine richtige Zimtzicke. Sie meint, daß für sie keine Anstandsregeln gelten. Es ist schwierig, mit ihr auszukommen. Ich glaube, sie ist eifersüchtig, weil ich jünger bin – was soll ich tun?«

An dieser Klage muß etwas dran sein, denn sie wird so häufig erhoben. Sie kann jedoch auch die Folge übertriebener Erwartungen sein. Es könnte sein, daß wir automatisch davon ausgehen, daß Frauen immer lieb, hilfsbereit und freundlich sind. Von einem Mann würden wir dergleichen nie erwarten. Folglich ist es unfair, es von einer Frau zu verlangen, es sei denn, auch die Männer müßten diesen Standard erfüllen. Erwarten wir, daß Frauen liebevoller als Männer sind, perfekte Mütter (vollkommener als die Mütter, die wir hatten), die sich auf eine Weise um uns kümmern, die wir von Männern nie erwarten würden?

Haben wir etwas dagegen, wenn eine Frau Macht hat, fühlen wir uns unter Druck gesetzt, mehr, als wenn ein Mann Druck ausübt? Warum?

Eine andere Sekretärin beschreibt ihre Chefin folgendermaßen:

»Meine Chefin hat ständig Wutausbrüche – es kommt eigentlich jeden Tag zu irgendeiner schrecklichen Krise. Entweder gibt der Computer seinen Geist auf oder die Telefonate sind völlig durcheinander oder ein Kunde ändert seine Meinung, verweigert die Zahlung, wenn die Ware eingetroffen ist, oder schiebt die Zahlung endlos auf. Sie hat ja das Recht, die Nerven zu verlieren, aber ich kriege immer alles ab, und sie behauptet, ich sei immer an allem schuld.

Gestern schimpfte sie beispielsweise, als sie mit Kunden vom Mittagessen kam und sah, daß ich nicht arbeitete, weil der Computer abgestürzt war. Ich hatte Angst, weiterzumachen. Deshalb habe ich einfach auf sie gewartet. Als sie sah, daß ich noch nicht fertig war, schrie sie mich in Gegenwart der Kunden an, ich könnte nie etwas selbständig tun, ich würde nichts richtig machen und ich müsse unbezahlte Überstunden ableisten, bis alles fertig wäre. Ich fühlte mich sehr gedemütigt, denn die beiden Kunden standen mit offenem Mund da und warteten, was als nächstes passieren würde. Ich mußte in ihrer Gegenwart klein beigeben, sonst hätte ich meine Stelle verloren. Ich fühlte mich sehr klein und dumm. Ich kann meine Chefin aber auch verstehen. Ich glaube, sie strengt sich sehr an. Manchmal erklärt sie mir alles, und ich kann dann auch ihre Seite verstehen.

Ich strenge mich aber wirklich an, arbeite so gut ich kann, und ich bin jedesmal so fertig, daß ich abends in meinem Zimmer sitze und heule.«

Andere Sekretärinnen hingegen finden es großartig, für eine Frau zu arbeiten:

»Meine erste Stelle nach der Schule war in der Registratur eines Büros. Es war ein kleines Unternehmen, drei Leuten, und mein einziges Vergnügen bestand darin, in der Mittagszeit einen Kaffee trinken zu gehen. Mein Gehalt war so niedrig, daß ich mir ein richtiges Essesn nicht leisten konnte. Mein Chef war ein Mann, der nur selten lachte.

Nebenan arbeitete eine Frau, die ein Reisebüro leitete. Ihr Büro war hell und alles war voll herrlicher Plakate. Es hatte eine breite Glastür, durch die man hindurchblicken konnte. Ich bin nie hineingegangen, denn wie gesagt, ich hatte wenig Geld und schon gar keines, um Urlaub zu machen.

Eines Tages blieb ich dennoch stehen beziehungsweise schaute solange durch das Fenster, bis es merkwürdig gewesen wäre, wenn ich nicht eingetreten wäre. Also ging ich hinein und tat so, als würde ich die Prospekte durchsehen.

Sie telefonierte gerade, unterbrach aber kurz das Gespräch, um sich zu entschuldigen. Sie habe soviel zu tun und sei allein, ob ich drei Minuten Zeit hätte. Ich fragte mich, warum sie wohl ganz allein arbeitete, sagte aber nichts. Ich war so nervös. Dennoch fühlte ich mich wohl bei ihr und wußte, daß sie nicht verärgert sein würde, wenn ich nur mal schaute.

Um eine lange Geschichte abzukürzen, nachdem ich ein paarmal in ihrem Büro gewesen war, wurde ihr klar, daß ich nebenan arbeitete. Ich begann, ihr in der Mittagspause und nach Dienstschluß zu helfen. Daraus wurde eine volle Anstellung, als ihr Geschäft besser lief. Meine Stelle ist wunderbar. Meine Chefin zahlt mir nur wenig mehr als meine alter Chef, aber ich bekomme einen tollen Rabatt auf Reisen und kann alle drei Monate Urlaub nehmen. Ich lerne eine Menge Menschen kennen – wohingegen ich vorher nur drei langweilige Gesichter gesehen habe, eins davon war die kranke Visage meines Chefs. Ich habe jetzt viele Freunde.

Meine Chefin ist jung, etwa 35, dynamisch, energisch, fröhlich, und sie ist hübsch. Sie liebt das Leben. Sie hat zwei, drei Freunde, arbeitet aber am liebsten im Reisebüro. Die Zusammenarbeit klappt gut und macht uns beiden Spaß. Wir hängen neue Plakate auf, entscheiden uns für bestimmte Werbekampagnen, reden mit Kunden, buchen Tickets und erledigen den ganzen Papierkram, besorgen neue Rollen für das Fax, versuchen gemeinsam, die E-Mails zu entziffern.

Ich arbeite gern für sie, weil ich das Gefühl habe, daß meine Meinung zählt, auch wenn meine Chefin entscheidet. Wir ziehen an einem Strang, weil wir uns ein besseres Gehalt und Provisionen erwirtschaften wollen. Manchmal gibt sie mir etwas von ihrer Provision ab, wenn sie eine große bekommt – was sehr nett ist –, und einmal habe ich ihr Sekt und ein andermal Blumen gekauft. Ich fühle mich viel lebendiger, seit ich für sie arbeite. Mein Privatleben ist aufgeblüht, und ich glaube, das hängt damit zusammen, daß sie so anregend ist. Ich arbeite sehr gern in dieser Atmosphäre.«

Wenn man für einen Mann arbeitete, bekam man Gehalt und Beförderungen. Als Gegenleistung erledigte man seine Arbeit, kümmerte sich außerdem auf besondere Weise um ihn, versorgte ihn vielleicht mit Sex und unterstützte ihn, ohne jemals eine berufliche Konkurrenz für ihn zu werden. Wie läuft das, wenn man eine Vorgesetzte hat? Die Frauen sind noch dabei, das herauszufinden.

GESCHICHTEN VON CHEFINNEN ÜBER IHRE SEKRETÄRINNEN

Wie sieht die Kehrseite der Medaille aus? Auch Chefinnen bringen etliche Klagen über ihre Sekretärinnen vor, an erster Stelle, daß diese sich manchmal so benehmen, als würden sie lieber für einen Mann arbeiten, weil sie eine Frau nicht für wichtig genug halten! Es gibt aber auch Ausnahmen.

»Ich habe eine großartige Sekretärin. Es gab eine Zeit, da habe ich so hart gearbeitet, daß ich zwei Tage lang 18 Stunden hintereinander im Büro war. Ich blieb auf der Couch, in der Nähe des Computers. Sie kam während der Schicht, in der ich nicht am Computer saß, und setzte die Veränderungen ein, die ich nicht fertig gemacht hatte. Einmal, als ich aufwachte, hatte sie meine ganze Arbeit und ihre eigene getan, dann die Küche im Büro gesäubert, meine Unterlagen abgestaubt und mir ein wunderbares Frühstück gemacht. Sie kann mein Gekritzel auf Dokumenten entziffern und telefoniert mit Engelszungen, um mich zu entschuldigen, wenn ich mich nicht freimachen kann, um selbst anzurufen. Sie ist eine Perle. Fühlt man sich so, wenn man eine großartige Frau hat?«

Es führt zu Verwirrung und zu peinlichen Mißverständnissen, wenn die Chefin für angenehme Arbeitsbedingungen sorgt und die Sekretärin sich deshalb als gleichgestellt oder Freundin sieht. Dieser Fall tritt ein, wenn die Sekretärin kein anderes Modell für die Beziehung hat, das ihr eigenes labiles Selbstvertrauen nicht in Frage stellt.

»Ich bin bei einer großen Zeitung in der PR-Abteilung angestellt. Ich arbeite dort seit fast fünfzehn Jahren, bin es deshalb gewöhnt, Sekretärinnen kommen und gehen zu sehen. Ich habe übrigens zwei Sekretärinnen! Ja, ich habe eine wichtige Position. Ich muß mich die ganze Zeit mit ihnen befassen. Manchmal muß ich sie anschreien, sie krempeln einfach nicht die Ärmel hoch, wie sie es für einen Mann tun würden. Sie können durchaus etwas leisten. Doch sobald ich nett und verständnisvoll bin, denken sie, ich sei lieb und süß, eine Freundin, eine von ihnen. Die eine sagt, sie habe ihre Periode, die andere berichtet mir von ihren Auseinandersetzungen mit ihrem Freund, kommt deshalb zu spät zur Arbeit und wartet dann auf seinen Anruf! Und ich soll dafür Verständnis haben. Wenn nicht, bin ich eine Zicke! Ich frage mich aber, ob sie das auch von einem Mann erwarten würden? Natürlich nicht! Sie bilden sich auch ein, einen höheren Status zu haben, wenn sie für einen Mann arbeiten. Ich muß mich also wie eine Zicke benehmen, auch wenn sie mich dafür hassen. Wenn der Laden laufen soll, ist das die einzige Lösung.«

»Ich finde einfach keine wirklich gute Sekretärin. Ich habe eine kleine Druckerei, und ich brauche Hilfe. Ich kann mir mit Müh und Not eine einzige Mitarbeiterin leisten, und die muß einfach gut sein. Ich arbeite rund um die Uhr, um mein Unternehmen über Wasser zu halten. Meine Sekretärin wartet nur darauf, um 17 Uhr den Griffel fallen zu lassen. Egal, was gerade ansteht. Ich habe schließlich mit ihr darüber geredet, daß sie dableiben muß, wenn ich noch arbeite, sie könne mich nicht einfach im Stich lassen. Sie kann das natürlich, doch dann muß ich eine neue Kraft suchen, die ihre Arbeit ernster nimmt. Würde sie sich mehr engagieren, wenn ich ein Mann wäre? Würde sie ihren Beruf ernster nehmen?

Manchmal habe ich den Eindruck, sie hält mich für ihre Mutter, und sie ist die trotzige Tochter, die sich auflehnt und das alles für toll hält. Dabei ist sie fünf Jahre älter als ich. Dann denke ich wieder, sie hält sich für die Mutter, die die Wutanfälle und Spannungen ihrer schrecklichen Tochter erduldet. Ich arbeite nicht gern mit jemandem zusammen, der eine solche Einstellung hat, wenn es um das Überleben meines Unternehmens geht. Ich glaube, sie würde einem Mann eher das Recht einräumen, angespannt zu sein. Ich bin aber fest entschlossen, dieses Unternehmen aufzubauen. Ich fürchte, die meisten Sekretärinnen haben ähnliche Vorurteile. Meine kommt wenigstens jeden Tag zur Arbeit.«

»Meine neue Sekretärin arbeitet zum erstenmal für eine Frau. Sie kann eine ganze Menge, an kleinen Dingen zeigt sich jedoch, daß sie mich sabotiert. Wenn ich reisen muß, reserviert sie den Platz im Flugzeug erst in der letzten Minute. Was sie sich so leistet, bringt mir geschäftlich Nachteile, aber ich habe soviel zu tun, daß ich nicht jedesmal ein großes Theater darum machen kann. Würde sie vergessen, das Reisebüro anzurufen, wenn ich ein Mann wäre? Vielleicht hält sie meine Geschäftsreisen für einen Ausflug. Wäre ich ein Mann, fände sie meine Reisen vielleicht wichtiger. Von Zeit zu Zeit explodiere ich. Dann tut sie so, als schmolle sie, und verhält sich wie eine Freundin, deren Gefühle verletzt wurden. Sie sitzt da und feilt sich die Nägel und wartet darauf, daß ich mich bei ihr entschuldige. Ich weiß nicht, wie lange ich sie noch behalten werde.«

Hier zeigt sich ein bedauerlicher Mangel an Stolz, für eine Frau zu arbeiten. Ein Mann ist ein höheres Statussymbol. Diese Einstellung läßt natürlich fehlendes Selbstwertgefühl erkennen.

Wir können einander helfen, wenn wir mehr Hochachtung voreinander haben und sie zum Ausdruck bringen – sei es als Chefin, Sekretärin, Mutter, Tochter, Schwester und Freundin. Wir sollten einander unsere positiven Gedanken mitteilen. Vielleicht haben wir Glück, und die andere versteht, daß es hier um Gegenseitigkeit geht, nicht um eine Einbahnstraße. Es geht darum, Macht aufzubauen, indem man zusammenarbeitet!

STOFF ZUM NACHDENKEN

Hat der Feminismus den Frauen den Zugang zur Arbeitswelt geschaffen, damit sie einen neuen Spielplatz haben oder damit sie finanziell unabhängig und sicher sind? Ist das nicht ein Wert an sich? Sollten die Frauen nicht weiterhin solidarisch sein, für immer dankbar? An der Seite anderer Frauen kämpfen? Die Frauen sollten sich fragen, wo das Vergnügen des neuen Arbeitsplatzes liegt, was Spaß macht und wo die Herausforderung ist. Wo ist die Macht? Welches Ziel verfolgen wir?

MÄNNER- UND FRAUENBEZOGENHEIT

Sollten Frauen mit anderen Frauen im Berufsleben solidarisch sein? Oder bedeutet diese Forderung, was schon unsere Mütter forderten, nämlich selbstverständliche Unterstützung nach dem Motto: Wir haben für dich gelitten, du schuldest uns Dank?

Die Erwartungen von Frauen nach 25 Jahren Feminismus und Postfeminismus sind andere. Unterschwellig wird zwar vorausgesetzt, daß Frauen einander helfen. Es wird nicht mehr automatisch davon ausgegangen, daß es normal ist, wenn eine Frau die anderen erst einmal als Konkurrenz sieht. Allerdings liegt die Angst in der Luft, daß sich Frauen noch immer illoyal verhalten könnten. Deshalb sind sie mißtrauisch und halten nach Verräterinnen Ausschau.

Solidarität schließt Wettbewerb natürlich nicht aus. Was geschieht, wenn sich zwei Frauen – möglicherweise Freundinnen – auf die gleiche Stelle bewerben? Sie können nicht solidarisch und loyal sein. Es gibt aber Spielregeln. Parteipolitiker müssen sich seit langem mit diesem Dilemma abfinden. Sie treten gegeneinander an, ziehen danach in ihrer Partei jedoch wieder an einem Strang.

Es geht jedoch gar nicht darum, ob Frauen solidarisch sein sollten. Es geht darum, ob es den Frauen hilft, wenn sie frauenorientiert sind, oder ob es sich nachteilig auf ihr Fortkommen auswirkt. Um es mal offen auszusprechen: Sollen oder müssen Frauen sich an die männlichen Kollegen halten, um voranzukommen?

HILFT ODER SCHADET WEIBLICHE SOLIDARITÄT?

Eine Frau formuliert es so:

»Gebe ich materielle Vorteile für meinen Idealismus auf? Für meine Loyalität zu anderen Frauen, für die gemeinsame Sache?«

Nicht alle Frauen wollen mit anderen Frauen an einem Strang ziehen. Sie sehen weder einen Vorteil darin, noch halten sie es für besonders interessant. Einige wollen einfach auf dem schnellsten Weg vorwärtskommen. Die Frage ist natürlich, kann das gelingen? Bringt es eine Frau wirklich weiter, wenn sie mit den Wölfen heult? Ich bin mir da nicht mehr so sicher. Das Geschäftsklima hat sich verändert, und es fragt sich überhaupt, ob Frauen je auf diese Weise vorwärtskamen, trotz der Legende vom Sich-nach-oben-Schlafen.

Es könnte sich jedoch auch nachteilig auswirken, sich auf Kosten der Männer offen zu den Frauen zu bekennen.

»Ich hätte nie Feministin werden sollen. Was hat mir die Gleichheit schon groß eingebracht? Vor fünfzehn Jahren wollte mir mein Chef ein Haus schenken, wenn ich seine Geliebte würde. Ich lachte damals und sagte: ›Auf diesen Scheiß können wir Frauen von heute verzichten!‹ Ich wurde für die feministischen Dokumentarfilme, die ich für das Fernsehen drehte, ausgezeichnet. Heute bin ich der Meinung, ich hätte das Haus annehmen sollen und noch ein paar Diamanten dazu! Ich bin arm, 53 Jahre alt und habe nichts. Ich muß meine Wohnung verkaufen, um zu überleben.«

Sie hat recht und unrecht zugleich. Ohne den Feminismus hätte sie nicht fürs Fernsehen arbeiten können! Sie redet so nur, weil es ihr jetzt schlecht geht.

Es kommt durchaus vor, daß Frauen heute Angst bekommen, und das mit Recht. Alles verändert sich. Die Wirtschaft ist sehr instabil. Selbst wenn es mittlerweile gegen die Regeln ist, anderen Frauen in den Rücken zu fallen, denken viele Frauen insgeheim, vielleicht muß es ja doch noch sein. Ein paar Frauen bedauern es, daß sie ihre Verführungskünste nicht mehr einsetzen können, die zu den Verhandlungen mit Männern gehörten. Sie fanden das Spiel interessant und sahen darin eine Herausforderung, sie fühlten sich ein wenig wie auf Großwildjagd.

Wenn Frauen das Gefühl haben, man müsse mit den Männern flirten, um voranzukommen, und den Feminismus so interpretieren, als sei er dagegen, wenden sie sich natürlich vom Feminismus ab. Das hieße aber den Feminismus mißverstehen. Er greift keine Frau an, die ums Überleben kämpft, die versucht, das Bestmögliche herauszuschlagen. Der Feminismus will den Frauen helfen voranzukommen, nicht sie davon abhalten.

Die Frage ist allerdings: Wovon profitieren die Frauen auf Dauer am meisten – von der Solidarität oder vom Alleingang? Es geht uns Frauen heute besser als früher. Wir dürfen arbeiten und bekommen oft den gleichen Lohn, weil wir solidarisch für diese Rechte gekämpft haben. Wir haben heute höhere Renten als früher, wir haben unsere eigenen Bankkonten, was früher nicht möglich war, und unser Leben ist in vielerei Hinsicht besser geworden. Doch viele Ziele der Frauen sind noch nicht erreicht, etwa die faktische Lohngleichheit, die Bildung für mehr Frauen weltweit, Schutz vor sexueller Gewalt, Vergewaltigung oder Klitoridektomie und andere wichtige Dinge.

Wird Solidarität ihnen helfen? Ja, dreimal ja.

Wie sieht es aber aus, wenn man die Sache kurzfristig betrachtet? Was ist, wenn man allein handeln muß? Dann muß man es eben tun. Es gibt immer Situationen, in denen man allein seinen Weg gehen muß – nur zu! Nur verlieren Sie dabei nicht den Überblick. Und prüfen Sie sich, ob Sie nicht irgendwo in sich die Angst davor entdecken, sich mit anderen Frauen zu solidarisieren – also frauenbezogen zu sein.

MÄNNERBEZOGENE FRAUEN

»Einige Frauen haben nichts als Männer im Kopf, sie sind total männerbezogen, haben eine Gehirnwäsche hinter sich. Sie sehen einfach nicht, daß Frauen genauso wichtig sind wie Männer.«

Eine männerbezogene Frau schadet anderen Frauen hinter deren Rücken, zerstört das Vertrauen männlicher Kollegen in Frauen, um auf unfaire Weise Vorteile und Beförderung für sich herauszuschlagen.

Es kommt vor, daß Frauen sich aus Angst, Zynismus oder Kleinmütigkeit so verhalten. Es ist nur natürlich, vor einer Macht, die schaden kann, Angst zu haben. Wie eine Frau erklärt: »Frauen haben vor den Männern Angst. Sie haben Angst, daß Männer die Frauen verletzen, rausschmeißen, schlecht über sie reden, sie nicht mögen, sie lächerlich machen.«

Am Arbeitsplatz zeigt sich diese Angst in kleinen Dingen. Frauen sagen, es fiele ihnen manchmal auf, wie anders ihre Freundinnen sich verhalten, wenn Männer anwesend sind. Sie haben Angst, männliche Vorschläge in Frage zu stellen oder offen zu widersprechen. Sie wehren sich noch nicht einmal gegen frauenfeindliche Bemerkungen in der Öffentlichkeit. Sie stellen auch fest, daß ihre Freundinnen Angst haben, die Unterhaltung zu leiten, ihre Meinung bei Besprechungen laut und deutlich zu vertreten. Viele Frauen zögern noch, am Arbeitsplatz selbstbewußt aufzutreten, das heißt, die männliche Dominanz in Frage zu stellen, eine Besprechung zu leiten oder sich abwechsend für die Gesprächsleitung zur Verfügung zu stellen. Sie haben nicht nur Angst vor der Verachtung und dem Angriff der Männer, sondern davor, daß auch die Frauen sie nicht unterstützen, sondern ebenfalls im Stich lassen.

Besprechungen, bei denen beide Geschlechter anwesend sind, können zu schwierigen Situationen führen. Wenn eine Frau kein Blatt vor den Mund nimmt, ein Verhalten, das andere Frauen zu schätzen wissen, riskiert sie, die Männer vor den Kopf zu stoßen. Wenn sie bescheiden und charmant ist, wenden sich die Frauen von ihr ab, mißtrauen ihr vielleicht sogar. Für welche Seite soll man sich entscheiden?

Die Antwort auf diese Frage ist, lernen Sie die Frauen um sich herum kennen! Klären Sie Ihre Beziehungen bereits vor der Besprechung. Das war schon immer die beste Politik, nur daß sie für Frauen unter den neuen Arbeitsbedingungen ein wenig heikler ist. Versuchen Sie es, Sie werden Ihren Spaß daran haben.

Manchmal haben Frauen Angst davor, als allzu frauenbezogen eingeschätzt zu werden. Sie befürchten – nicht ganz zu Unrecht –, das könnte das Ende ihres gesellschaftlichen Lebens sein, sie könnten ausgegrenzt und isoliert werden. Das trifft nur teilweise zu. Hier zeigt sich in Wahrheit eine andere Variante der weitverbreiteten Angst vor der Macht der Männer.

Wenn die Frauen füreinander einstehen, können sie diese Macht und ihre Angst überwinden und eine neue Form der Macht schaffen, die auch den Männern hilft. Wir sollten danach streben, ohne Angst zu reden, unsere Einschüchterung als solche zu erkennen, einander zu stützen und zu verteidigen. Die Belohnung wird im privaten wie im beruflichen Bereich nicht auf sich warten lassen und alle Erwartungen übertreffen.

ERINNERN SIE SICH NOCH AN DIE HYPOTHESE DIESES BUCHES?

Wenn man davon ausgeht, wie ich es in diesem Buch tue, daß Frauen an Stärke und Macht gewinnen, wenn sie fester zusammenhalten, sich ernster nehmen, einander liebevoller und positiver begegnen, dann dürfen wir durchaus hoffen, daß die Frauen im 21. Jahrhundert Spektakuläres leisten werden.

Schauen Sie sich die Geschichte an. Die Schwarzen haben schließlich mit dem Motto »Black is beautiful«, mit der Idee von »Black pride« und schwarzen wirtschaftlichen Netzwerken ihr Ziel erreicht.

»Female is beautiful« und »Female pride« könnten unsere Mottos lauten! Wir könnten vermehrt Netzwerke aufbauen, zu denen von Frauen geleitete Unternehmen gehören oder auch Unternehmen, die eine große Zahl Frauen auf allen Ebenen beschäftigen, Lohngleichheit praktizieren und andere Ideen aus der neuen Zeit in die Tat umsetzen.

Die neuen Entwicklungshilfeprojekte in Asien und Afrika zum Beispiel stützen sich vermehrt auf Frauen und Frauengruppen. Viele internationale Organisationen ziehen es bereits vor, Frauenprojekte mit Krediten zu fördern. Die Rückzahlung dieser Kredite erfolgt zuverlässiger als die der an Männer vergebenen, wie die Weltbank 1996 bekannt gab.

Frauen sollten sich in neuen Kategorien sehen, nicht nur zaghaft als Chefinnen und Sekretärinnen, sondern auch als Mentorinnen und Schützlinge, um in beruflicher Hinsicht optimal für die gemeinsame Sache wirken zu können.

MENTORINNEN UND IHRE SCHÜTZLINGE IM BERUFSLEBEN

Diese Konstellation gibt es immer öfter.

»Eine Frau erwählte mich zu ihrer Nachfolgerin als Vorsitzende der Symphony Guild. Sie verwandte sehr viel Zeit darauf, mich auf meine zukünftige Aufgabe vorzubereiten, gleichzeitig fand sie in mir jedoch auch jemanden, dem sie ihre Enttäuschungen anvertrauen konnte. Ich empfinde noch immer große Freundschaft für sie und habe das Gefühl, daß sie mich wirklich mag. Da sie beruflich sehr eingespannt ist und sich familiär in einer schwierigen Situation befindet, treffen wir uns zur Zeit nur noch etwa zweimal im Jahr zum Mittagessen.

Ich bin ihr unendlich dankbar, daß sie zu einer Zeit an meine Führungseigenschaften glaubte, als ich selbst noch nicht soweit war. Sie baute mich unter anderem dadurch auf, daß sie mir ihre eigenen Selbstzweifel anvertraute und meinen Rat suchte. Sie behandelte mich wie eine Gleichgestellte, bevor ich mich überhaupt so fühlte. Schließlich wurden sie, ich und ein paar andere Frauen, die ebenfalls bereit waren, im ehrenamtlichem Bereich Verantwortung zu übernehmen – was übrigens zu hohen beruflichen Positionen führte –, zu einer Spitzengruppe in unserer kleinen Stadt. Wir sind übrigens keine engen Freundinnen, haben aber große Hochachtung voreinander, fühlen uns einander sehr verbunden und halten die Selbstverwirklichung der anderen, auch was die emotionale Seite anbelangt, für sehr wichtig.«

Einige Frauen haben Freude daran, jüngeren Frauen zu helfen und sie zu anzuleiten, das heißt, Mentorinnen zu sein. Sie haben nichts gegen Fragen und haben Freude daran, eine Beziehung des gegenseitigen Vertrauens aufzubauen.

»Ich bin Leiterin der Abrechnung in einem großen Unternehmen. Ab und an sind junge Frauen hier im Büro erstaunt, daß diese Spitzenstellung mit einer Frau besetzt ist. Ich glaube, sie würden gern mehr über mich wissen, wie man sich fühlt, wenn man in meiner Stellung ist. Sie fragen sich, ob sie eines Tages meine Stelle haben woll-

146

ten – oder ob es sich lohnen würde. Ich muß dann immer lächeln – natürlich lohnt es sich. Ich versuche, ihre Namen zu lernen, und sage von Zeit zu Zeit guten Tag. Dadurch wissen sie, daß sie mit mir reden können. Manchmal nutzen sie die Gelegenheit. Sie fragen immer, ob sie mir behilflich sein können! Während sie mir helfen, erfahren sie, was sie wissen wollen: daß es mir gutgeht, daß ich glücklich bin, daß ich es noch einmal so machen würde. Daß ich als ganz normales Mädchen angefangen habe und durch harte Arbeit dahin gekommen bin, wo ich jetzt bin. Daß auch sie es vielleicht schaffen können. Ich hoffe, daß es ihnen hilft.«

»Ich bin promovierte Wissenschaftlerin und in einer der Spitzeneinrichtungen auf meinem Gebiet in der Forschung tätig, die eigentlich eine Domäne der Männer ist. Ich verdanke der Frauenbewegung mein Arbeitsleben. Deshalb widme ich Frauen mehr Zeit und helfe ihnen mehr, als ich es von mir aus tun würde. Ich verwende viel Zeit dafür, auch wenn ich vielleicht lieber mit meiner eigenen Arbeit weitermachen würde, aber es ist sehr befriedigend.«

Ein Schützling darf natürlich nicht zuviel erwarten, eine Mentorin ist keine Ersatzmutter, soll nicht ausgenutzt werden.

»Wenn sie zu abhängig von meiner Zustimmung ist und immer noch etwas will, fühle ich mich unbehaglich, erdrückt.«

Umgekehrt, wenn eine Mentorin zuviel erwartet, zuviel Druck ausübt, schränkt es die Frau, der sie helfen will, zu sehr ein, und diese reagiert mit Anspannung. Auch das kann nicht der Sinn der Sache sein.

BÜNDNISSE ZUR AUSHANDLUNG BESSERER GEHÄLTER

Viele Frauen würden gern einen Weg der Zusammenarbeit mit anderen Frauen finden. Doch auf psychologischer Ebene wird die Erfüllung dieses Wunsches durch den alten, unausgesprochenen, von Mißtrauen geprägten emotionalen Vertrag zwischen den Frauen verhindert, der unter anderem besagte: Wenn du mit anderen Frauen ausgehst, schminke dich nicht zu sehr, trage keine verführerische Kleidung, sprich nicht über Liebe, denn das gehört sich nicht und würde andere Frauen eifersüchtig machen. Ist das aber noch wirklich aktuell? Darf man wirklich nicht schön sein, wenn man sich mit anderen Frauen trifft? Natürlich darf man das, warum denn nicht?

Ein richtiges Geschäftsessen bedeutet heutzutage, daß Frauen sich füreinander hübsch machen, inklusive Lippenstift. Die modernen Frauen akzeptieren die Vielfalt des Erscheinungsbildes als ein weibliches Vorrecht, es ist kein Punkt, über den man streiten würde. Es gibt wichtigere Dinge!

Laden Sie eine Frau aus Ihrem Büro zum Essen ein, und reden Sie darüber, wie man die Zusammenarbeit fördern kann! Gebrauchen Sie Ihre Phantasie!

Es ist kein schlechter Gedanke, daß sich die Frauen in einem Unternehmen oder in einer Regierungseinrichtung monatlich treffen sollten, um den Gedankenaustausch zu pflegen.

In den USA haben viele Frauen in großen Unternehmen »Frauenlobbies« gebildet, um bei der Geschäftsführung wegen höherer Gehälter, besserer Arbeitsbedingungen oder mehr Beförderungen von Frauen in Spitzenpositionen vorstellig zu werden. Das löste begreiflicherweise bei vielen Unternehmensleitungen Ärger aus, und einige setzten die Frauen auf die Straße. Die Frauen klagten und erhielten ihre Posten zurück. Andere Unternehmen versuchten, sich mit den Frauen zu verständigen, und die Frauen gewannen an Terrain, indem ihre Gehälter und Zulagen erhöht wurden.

Frauen könnten Ausschüsse bilden, in denen sie diskutieren, ihre Gehälter vergleichen und mit deren Hilfe sie um den gleichen Status wie die Männer innerhalb der Firma kämpfen könnten.

Sie könnten sich einmal die Woche treffen, alle Ängste und Sorgen auf den Tisch legen und neue Strukturen für die Zusammenarbeit ausarbeiten. Diese Zusammenkünfte könnten anfangs sechs Monate lang einmal in der Woche stattfinden. Das Ziel könnte sein, in den zweiten sechs Monaten ein neues Unternehmen zu planen, in dem alle auf Teilzeitbasis arbeiten, oder eine neue Abteilung innerhalb der Firma, die sie dem Management nach neun Monaten vorstellen.

NEUE NETZWERKE

Man könnte innerhalb der Unternehmen und Institutionen Netzwerke aufbauen. Frauen stellen eine ausreichend große Zahl der Bevölkerung, wenn man alle Frauen von einfachen Angestellten bis zu den Führungskräften zusammen nimmt. Gibt es ein Gesetz, das solche Zusammenschlüsse verbietet? Das den Gehältervergleich verbietet oder daß man sich über sexuelle Belästigung am Arbeitsplatz austauscht?

Eine andere Form von Netzwerk sieht so aus, daß alle von Frauen geführten Unternehmen einer Region sich zusammenschließen und man sich ein- oder zweimal im Monat trifft, um gemeinsame Interessen und Probleme anzusprechen. Eine derartige Organisation in Deutschland publiziert ein Blatt, in welchem die Mitglieder für ihre Firmen werben, so daß andere Frauen auf sie zurückgreifen können, und alle Firmen florieren.

Doch der beste Weg, ein wirtschaftliches Netzwerk zu bilden, wäre, unsere enorme Kaufkraft dazu einzusetzen, um schlechte Produkte zu boykottieren, Produkte, die in ihrer Werbung Frauen ausbeuten. Konsumentenboykotts haben eine enorme Macht, und mit Hilfe des Internets ließen sie sich heutzutage über Nacht organisieren.

Eine weitere Maßnahme ist der Schulterschluß von Frauen, die in unterschiedlichen Unternehmen tätig sind. Sie können sich regelmäßig treffen und ihre gemeinsamen Interessen verfolgen. Diese Frauennetzwerke können die Arbeitswelt nachhaltig beeinflussen.

FIRMENGRÜNDUNGEN VON FRAUEN

Ein sehr interessantes Phänomen der vergangenen Jahre ist das Wachstum kleiner, von Frauen geleiteter Firmen in den USA, Europa und Afrika. Diese Firmen haben eine hohe Erfolgsrate und sind langfristig gewinnträchtig.

Zwei kleine internationale Banken etwa wurden 1995 auf der Frauenkonferenz in Beijing vorgestellt. Sie sind darauf spezialisiert, kleine Darlehen an Frauen zu vergeben, die sich selbständig machen wollen, vor allem in Ländern der Dritten Welt. Der Durchschnittskredit beläuft sich auf 500 Dollar, was vielerorts für eine Geschäftsgründung ausreicht. Es zeigte sich, daß die Rückzahlungsquote dieser Kredite viel höher liegt als die durchschnittliche Rückzahlungsquote anderer Banken, die bei Existenzgründungen Darlehen vergeben. Es lohnt sich, in Frauen zu investieren!

Frauen stehen heute also am Rand des großen Durchbruchs, was ihre Beziehungen untereinander anbelangt. Allen Klischees zum Trotz verändern Frauen die emotionale Landschaft Hand in Hand mit der gesellschaftlichen Wirklichkeit. Sie schmieden dauerhafte Beziehungen und Bündnisse, die zu immer mehr Macht führen. Das ist keine destruktive, sondern eine konstruktive, weltweit fühlbare Macht.

Ich glaube, diese im Beruf erworbene Macht ist das Erbe, das die Frauen des 20. Jahrhunderts an die Frauen des 21. Jahrhunderts weitergeben – wie einst die Suffragetten des 19. Jahrhunderts den Frauen des 20. Jahrhunderts den Weg zur politischen Macht in Form des Wahlrechts ebneten.

VI

LIEBEVOLLE ZÄRTLICHKEIT ZWISCHEN FREUNDINNEN: EINE NEUE FORM DES ZUSAMMENLEBENS

Die Menschen brauchen Wärme, Zuneigung und Körperkontakt. Studien haben gezeigt, daß Säuglinge sterben, wenn sie nicht regelmäßig in den Arm genommen werden. Auch Erwachsene brauchen körperliche Zuwendung, kein Mensch sollte immer alleine schlafen. In unserer Gesellschaft wird das Bedürfnis der Erwachsenen nach körperlicher Nähe dem Bereich des Geschlechtsverkehrs zugeschlagen. Eine längere körperliche Berührung zwischen Erwachsenen wird in der Regel sexuell ausgelegt. Liebevoller Körperkontakt, der länger als ein oder zwei Minuten dauert, führt zu einem Gefühl des Unbehagens – es sei denn, die Situation ist offensichtlich sexuell. Manche Frauen lieben es, kleine Kinder um sich zu haben, weil sie mit ihnen ihr Bedürfnis nach nicht-sexueller körperlicher Nähe und Wärme befriedigen können.

Seit einigen Jahren gibt es den Trend zu einer neuen Art der Freundschaft, in der die ausgedehnte liebevolle körperliche Berührung – ausdrücklich nicht sexueller Art – eine wichtige Rolle spielt. Frauen umarmen sich, küssen einander auf die Lippen, teilen ein Bett (ohne sexuellen

Kontakt), unternehmen viel miteinander und genießen die Freuden des engen Zusammenlebens, als da wären: gemeinsam zu baden, eine Wohnung neu einzurichten, etwas mit gemeinsamen Freunden zu unternehmen oder das Schmieden von Zukunftsplänen. Die sexuelle Komponente spielt in einem solchen Verhältnis keine Rolle, die Bindung kann aber sehr eng sein.

Für die Mehrzahl der Frauen ist es jedoch unmöglich, sich den Wunsch nach einer derartigen Freundschaft einzugestehen. Und sie können schon gar nicht darüber sprechen, ob sie sich diesen Wunsch gegenseitig erfüllen sollen. In vielen Freundschaften liegt die Frage zwar in der Luft, bleibt aber unausgesprochen.

Das Fehlen körperlicher Nähe ist das größte Hindernis für enge, langfristige freundschaftliche Beziehungen zwischen Frauen und generell für die weibliche Solidarität.

Warum wird Körperkontakt nur unter sexuellen Aspekten gesehen? Einen anderen Menschen leidenschaftlich auf den Mund zu küssen, gilt als Auftakt zu früher oder später stattfindendem Geschlechtsverkehr. Ansonsten ist der Lippenkontakt, der länger als einen Augenblick dauert, »verboten«. Das Berührungstabu hat seinen Ursprung in der Einführung des Patriarchats. Die Männer vererbten ihren Besitz nur an die leiblichen Kinder. Sie mußten die weibliche Sexualität also unter ihre Kontrolle bringen, um sicherzugehen, daß sie auch wirklich der Vater der Kinder waren.

Frauen könnten glücklicher sein, wenn sie mit ihren engeren Freundinnen mehr Körperkontakt pflegten. Das soll nicht heißen, daß man, um im Trend zu liegen, sich zu Körperkontakt zwingen muß. Aber die Frauen müßten ihre körperliche Zuneigung für besondere Freundinnen auf eine sehr persönliche Weise zeigen dürfen; ihren Körper mit denjenigen, die sie lieben, ohne Furcht teilen dürfen.

Auf solchen Beziehungen könnte man sogar ein ganzes Leben aufbauen.

Frauen sind darauf eingestellt, daß ihnen körperliche Zuneigung nur von männlicher Seite zuteil wird. Sie sind so erzogen, daß sie körperliche Zuwendung allein von den Männern erwarten. Eine andere Frau fest in den Arm zu nehmen, ist verboten. Und doch haben viele Frauen emotional engere Bindungen zu ihren Geschlechtsgenossinnen als zu den Männern, die sie lieben. Sie wünschen sich häufig, mit ihren Männern so reden zu können wie mit ihrer besten Freundin.

Vielleicht würden Frauen ihre Bedürfnisse nach mehr körperlicher Nähe (nicht sexueller Nähe) durch Frauen erfüllen, wenn sie nicht soviel Angst hätten, die Sicherheit des Patriarchats zu verlassen und als frauenorientiert abgestempelt zu werden. Die Strafe, die im 16., 17., 18. und bis ins frühe 19. Jahrhundert für solches Verhalten über die Frauen verhängt wurde, war fürchterlich. Frauen, die »anders« waren, wurden verfolgt, dreißig Millionen wurden ermordet, die meisten davon auf dem Scheiterhaufen verbrannt. So lehrte man die Frauen, sich an die bestehende gesellschaftliche Ordnung anzupassen. Mittlerweile haben die Frauen die Normen der Gesellschaft so verinnerlicht, daß sie jede Frau fürchten, die sich gegen die Gesellschaftsordnung auflehnt.

Ein weiterer Grund, warum Frauen den Schutz des Patriarchats nicht verlassen wollen, ist, daß Frauen sich der Liebe und Unterstützung durch andere Frauen nicht sicher sein können. Sie sprechen zwar mit Begeisterung von der Wärme und Fürsorglichkeit ihrer Freundinnen, wissen aber gleichzeitig, daß die Freundschaft nie eine gewisse Grenze überschreitet und daß ein Zeitpunkt kommen wird, zu dem sie endet. Sie wird also sozusagen ohne Erfüllung bleiben.

Das gilt vor allem für alleinstehende Frauen. Die Mehrzahl der Singles sagt, sie fürchte, ihre beste Freundin werde sie wegen eines Mannes verlassen – selbst wegen eines Mannes, mit dem sie nicht besonders glücklich ist. Das belastet natürlich die Beziehung.

Ist es denn natürlich, daß eine Frau ihre Freundin für einen Mann fallenläßt? Nein, das ist es nicht, doch es gibt dafür zwei Gründe: Zum einen ist unsere Kultur auf die Männer fixiert. Deshalb ist eine Beziehung zu einem Mann automatisch wichtiger. Zum anderen kann eine Frauenfreundschaft nicht befriedigend sein, wenn die physische Komponente ausgeklammert ist. Zwischen Frauen fehlt meist die körperliche Nähe – wohlgemerkt nicht die Orgasmen, die können Frauen sich allein verschaffen, wie sie oft genug betonen.

Man macht sich über die zickige Art, mit der Frauen miteinander umgehen, häufig lustig. Doch Frauen sind weder launisch noch illoyal, ganz gewiß nicht von Natur aus. Die Gesellschaft zwingt sie, eine äußerst schwierige Wahl zu treffen. Entweder bleiben sie »allein« und führen ein Leben mit einer Freundin, das gesellschaftlich nicht anerkannt wird und ihnen auch körperlich keine Erfüllung gibt, oder sie verbinden sich mit einem Mann, der vielleicht versucht, sie zu bevormunden, der aber ihre Sinnlichkeit anspricht und ihnen meist eine Verbesserung ihres finanziellen und gesellschaftlichen Status verschafft. Angesichts dessen ist es nur logisch, wenn sich eine Frau für den Mann entscheidet.

Vor die Wahl einer guten Beziehung ohne körperliche Liebe oder einer schwierigen Beziehung mit körperlicher Liebe gestellt, entscheiden sich die meisten Frauen für die letztere – besonders da sie gesellschaftlich anerkannt ist und zum normenkonformen Lebensplan gehört.

Doch die Verhältnisse ändern sich. Viele Frauen spre-

chen heutzutage sehr viel freier über ihre Beziehungen zu
Frauen und sind der Meinung, daß sie das Recht auf eine
»körperliche« Beziehung haben.

Betrachten wir nun die Themen, die wir erörtert haben,
in einem breiteren Kontext.

Es heißt allgemein, mehr Solidarität brächte die Frauen
weiter. Man verspottet die Frauen, weil sie miteinander
nur rivalisierten. Man fragt sie, warum sie beispielsweise
keine Politikerinnen wählen, die ihre Interessen vertreten.

Ich behaupte, unsere Hemmungen, Bindungen einzugehen (auch wenn wir großartige Freundinnen sind), sind
das Resultat der Gehirnwäsche, die uns Frauen Angst vor
dem weiblichen Körper eingeflößt hat.

Das gängige Argument lautet natürlich, Frauen schließen sich nicht zusammen, weil sie dahingehend kon-
ditioniert sind, Männern mehr Bedeutung als Frauen
zuzugestehen. Selbst wenn das richtig wäre, drängt sich
die Frage auf, warum die Frauen diese Konditionierung
nicht überwinden, sie haben schließlich auch viele andere
überwunden. Es muß eine tiefere Blockade vorliegen.

Hinter der berechtigten Angst vor der männlichen
Macht lauert unsere Angst voreinander. Der wahre Grund,
warum wir nicht zusammenhalten, ist das Körpertabu, das
wir von unseren Müttern übernommen haben. Das hat uns
so verunsichert, daß alle unsere wechselseitigen Beziehungen davon überschattet werden. Die Frage, ob das mütterliche Verhalten normal ist, wird im ersten Kapitel dieses
Buches und im Hite-Report über die Familie beantwortet.
Dort wird aufgezeigt, wie unsere Mutter uns lehrt, anderen Frauen gegenüber Hemmungen zu haben.

Wir sollten einen neuen Lebensstil ausprobieren, der
unsere Bedürfnisse eher befriedigt. Wir könnten einander
mehr Freude schenken, indem wir sowohl miteinander
reden, als auch körperlichen Kontakt haben.

Das heißt nicht, daß wir mit unserer Partnerin Geschlechtsverkehr haben müßten. Die Zeiten sind vorbei, wo man unter einer körperlichen ausschließlich eine sexuelle Beziehung verstand. Das Wort Geschlechtsverkehr bezieht sich allein auf den Fortpflanzungsakt. Darüber hinaus ist jedoch ein ganzes Spektrum körperlicher Beziehungen denkbar, einschließlich sehr persönlicher, liebevoller Berührungen, bei denen man beispielsweise zusammen in einem Bett schläft – ohne sexuelle Handlungen.

DIE NEUEN FREUNDSCHAFTEN ZWISCHEN FRAUEN

Warum sollten Frauen eigentlich keine engen, nichtsexuellen körperlichen Beziehungen haben?

Immer mehr Frauen bringen anderen Frauen gegenüber ihre körperliche Zuneigung zum Ausdruck. Freundinnen schlafen zusammen und leben zusammen. Ihre Beziehung ist nicht sexuell, doch leben beide eindeutig enger zusammen als in einer herkömmlichen Wohngemeinschaft. Diese Art von Beziehung zwischen Frauen ist neu: Trotz fehlender sexueller Komponente kommen Körper und Seele zu ihrem Recht.

»Manchmal besuche ich meine Schulfreundin. Sie wohnt heute in einer anderen Stadt. Wenn ich bei ihr übernachte, schlafen wir zusammen in einem Bett. Wir sind beide alleinstehend. Ich kuschele mich an sie und halte sie im Arm.

Ich erzähle das niemandem, sie auch nicht, und wir sprechen auch nicht darüber. Die Leute würden uns für abnormal halten.«

»Einmal habe ich meine beste Freundin geküßt und ihre Brüste gefühlt. Sie war wegen eines Mannes sehr traurig. Sie weinte, weil niemand sie liebe und sie immer Probleme mit der Liebe habe. Sie ist erst 28, hat aber bereits Angst, sie würde es nie schaffen, ein Kind zu kriegen und glücklich mit einem Mann zusammenzuleben. Ich nahm sie ganz impulsiv in den Arm. Sie sollte kein derart negatives Bild von sich haben. Ich streichelte und liebkoste sie wie ein Geliebter oder eine Mutter, wahrscheinlich beides. Es war das erstemal, daß ich das Gesicht einer Frau geküßt, sie gehalten und gestreichelt habe. Ich fragte mich, wie es wohl wäre, mit ihr zu leben, wie unser Leben sein würde. Damals schien es meiner Freundin zu helfen. Sie beruhigte sich und lächelte. Danach aßen wir zu Abend, anschließend fuhr sie nach Hause. Sie ist noch immer eine gute Freundin, aber ich bin inzwischen verheiratet.«

Für verheiratete Frauen ist die gegenseitige Berührung ganz und gar »untersagt«, denn sie sollen alle Berührungsbedürfnisse beim Beischlaf mit dem Ehemann befriedigen. Doch warum sollte man, nur weil man verheiratet ist, seine Freundin nicht küssen? Selbst wenn man ein befriedigendes Sexualleben hat? Ich vermute, es hängt wahrscheinlich von der jeweiligen Beziehung ab.

Frauen, die neue Wege gehen wollen, müssen sich mit vielen Fragen auseinandersetzen. Verhält man sich merkwürdig, wenn man beispielsweise im gleichen Bett wie seine Freundin schläft? Bedeutet es, daß man lesbisch ist?

Die körperliche Nähe von Frauen sollte ernstgenommen werden. Darin drückt sich eine neue Form von Beziehung aus, die zwischen Liebe und Freundschaft angesiedelt ist. Es ist durchaus denkbar, daß Frauen einander körperliche Wärme schenken, die über ein liebevolles Küßchen und die Umarmung bei wichtigen Gelegenheiten wie Geburtstag, Begrüßung und Abschied hinausgeht.

Könnte aus diesen Beziehungen eine neue Form des Zusammenlebens entstehen, die so großartig wie die – gute – Ehe ist? Könnten Frauen eines Tages von der noch zu schaffenden Institution der Freundschaftsehe träumen, sie in einem romantischen Licht sehen, auch wenn es sich dabei um eine nicht-sexuelle, sondern nur äußerst enge seelische Bindung handelt? Zwei Frauen könnten sogar zusammen ein Kind großziehen, wenn sie das wollten.

Die Möglichkeiten hierfür sind vielfältig. Natürlich ist die naheliegendste das Zusammenleben von Frauen, die Kinder aus einer Beziehung zu einem Mann in ihrem Leben haben. Denkbar ist auch eine Adoption, denn die ist heute Alleinerziehenden durchaus möglich. Hier wird allerdings die Partnerin nicht automatisch am Sorgerecht beteiligt. Sie müßte über andere Mechanismen (etwa indem sie zum Vormund bestimmt wird für den Fall, daß die Adoptivmutter ausfällt) eingebunden werden.

Ein »gemeinsames« Kind wäre auch eines, das durch *in vitro*-Befruchtung zustande kommt. Zur Unterstreichung der Gemeinsamkeit könnte die Eizelle von der einen Frau stammen, die befruchtete Eizelle deren Partnerin eingepflanzt und von dieser ausgetragen werden. Bei einem Wunsch nach mehreren Kindern könnte dieses Verfahren auch wechselseitig angewandt werden.

Seit dem Klon-Schaf Dolly schwirrt in den Köpfen der Menschen auch diese Möglichkeit der Vermehrung herum. Zwar ist das Klonen von Menschen vorläufig noch verboten. Aber wie alle Gesetze wird auch dieses umgangen und schließlich aufgeweicht werden; und dann stünde auch die Möglichkeit der Mutterschaft ohne jede männliche Beteiligung den Frauen zur Verfügung.

Das Konzept der »Freundschaftsehe« mit gemeinsamen Kindern mag in unserer Gesellschaft als abwegig angesehen werden, weil dies keine »richtige« Familie ergebe. Keine ernstzunehmende Studie hat jedoch nachweisen können, daß Kinder, die ohne Vater aufwachsen, größere Probleme haben als jene in »vollständigen« Familien. Ausschlaggebend für Fehlentwicklungen sind nachweislich ständiger Streit, Prügel, Alkoholismus und andere Abhängigkeiten, Verwahrlosung und massive wirtschaftliche Probleme, nicht das Fehlen einer Vaterfigur. Wie sonst hätten Millionen von Alleinerziehenden ihre Kinder, Generationen von Tanten ihre Neffen und Nichten großgezogen, ohne daß diese Jugendlichen allesamt auf die schiefe Bahn gerieten? Was Kinder brauchen, ist ein liebevolles, stabiles Zuhause, und das können durchaus auch zwei Frauen bieten.

KÖRPERLICHE NÄHE OHNE GESCHLECHTSVERKEHR

Verglichen mit dem 19. Jahrhundert spielt im 20. Jahrhundert die körperliche Komponente einer Freundschaft eine immer geringere Rolle, vor allem zwischen Frauen, aber auch zwischen Männern.

Die Hälfte der Bevölkerung in den Industrieländern lebt allein. Es fragt sich, wie sie ihr Bedürfnis nach körperlicher Nähe befriedigt, denn die Gesellschaft akzeptiert physische Nähe nur zwischen Eheleuten und Liebespaaren.

Wie konnte es dazu kommen? Warum muß jeder, den wir länger als eine Minute berühren, automatisch ein Liebhaber oder eine Geliebte sein? Die Tatsache, daß Sinnlichkeit keinen positiven Wert darstellt, ist eines der größten gesellschaftlichen Probleme unserer Zeit.

160

Die meisten Menschen halten es für undenkbar, mit einer Freundin oder einem Freund, den sie seit Jahren kennen und lieben, ein, zwei Stunden in enger Umarmung vor dem Fernseher zu verbringen. Oder zusammen ein Schläfchen zu halten. Solange wir noch zur Schule gehen, wird eine solche Nähe vielleicht gerade noch geduldet, es wird aber immer unmöglicher, je älter wir werden. Längerer, auf den ganzen Körper ausgedehnter Körperkontakt ist tabu.

Unsere Definition von Beischlaf ist zu eng, um ein wahrhaft befriedigendes sinnliches Leben zu gewährleisten. »Warum wird Beischlaf über den Geschlechtsverkehr oder Orgasmus definiert?« lautete eine Frage im ersten Hite-Report. Der Durchschnittsbeischlaf läuft nach einem festen Schema ab. Vorspiel, Penetration und Orgasmus des Mannes – ein Fortpflanzungsprogramm. Er läuft auch heute noch in fast allen kommerziellen Filmen oder Videos mit Sexszenen nach diesem Muster ab. Die Frauen behaupten, dies sei, was die Männer vom Beischlaf erwarten. Es wäre viel befriedigender, wenn der Beischlaf für Frauen UND Männer neu definiert würde, wenn daraus ein persönlicher Akt würde, mit dem sich die Menschen ausdrücken könnten – ein breites Spektrum von Gefühlsnuancen, vom Berühren zum Küssen und Umarmen, das nur MANCHMAL auf unterschiedlichem Weg zum Orgasmus führt und nur manchmal zur Penetration (oder Penisbedeckung) und zum Verkehr.

VERBALE ZÄRTLICHKEIT

Aus den Briefen und Tagebüchern, die zu Zeiten von Königin Victoria verfaßt wurden, geht hervor, daß Frauen damals einen viel liebevolleren Briefstil pflegten als heute. Sie bedienten sich solcher Sätze wie: »Meine Liebste, wenn ich bei dir bin, singt mein Herz« oder »deine Wärme durchdrang alles«. Derlei Formulierungen tauchen in vielen Frauenbriefen des 19. Jahrhunderts auf. Es war ebenfalls üblich, daß Frauen auf der Straße Arm in Arm gingen oder sich an der Hand hielten. Das galt nicht als seltsam, man sah darin nichts weiter als ein Zeichen der Verbundenheit. Davon übriggeblieben ist der Kuß auf die Wange, den sich Frauen (nicht Männer) bei der Begrüßung oder beim Abschied geben dürfen. Es sollte Freundinnen wieder gestattet werden, ihre Vertrautheit auch körperlich auszudrücken, ohne daß jede Geste gleich als Auftakt zu Geschlechtsverkehr interpretiert wird.

Es fragt sich, wie Frauen ihre Gefühle füreinander zum Ausdruck bringen können. Im Kapitel über Frauenfreundschaften sahen wir, auf welch romantische Weise einige Frauen beschrieben, wie glücklich und fröhlich sie mit ihrer besten Freundin sind, wie wahrhaft verstanden sie sich fühlen, so, als gehörten sie und ihre Freundin emotional zusammen. Bringen Sie dergleichen ihrer Freundin gegenüber auch klar zum Ausdruck?

Wenn Sie tief empfinden, vielleicht den Rausch der Verliebtheit erleben, wenn Ihr Herz schmilzt, wenn Sie für immer ihr gehören und sie Ihnen, wie drücken Sie dann diese Zuneigung aus? Sind die Männer unser Vorbild, um herauszufinden, wie man eine Liebesaffäre beginnt?

Es ist nicht nötig, daß Sie einer Frau versprechen, sie ewig zu lieben. Sie haben auch so das Recht, einer Frau Ihre Zuneigung zu erklären. Lassen Sie die Gelegenheit nicht ungenutzt verstreichen, wenn sie kommt.

KÖRPERLICHE ANNÄHERUNG

Haben Frauen das gleiche Recht wie Männer, sich einer anderen Frau auch körperlich zu nähern? Sie antworten vielleicht: »Natürlich haben Frauen das Recht dazu!« Denken Sie jedoch einen Augenblick nach: Handeln die Frauen wirklich danach? Oder nehmen es nicht doch nur die Männer für sich in Anspruch?

Lesen Sie, wie eine junge Frau versucht, sich ihren Freundinnen zu nähern und ihnen ihre Zuneigung zu zeigen – wie sie versucht, die Initiative zu ergreifen:

»Laufend nähern sich die Männer den Frauen. Ich kann nicht mehr zählen, wie oft ich im Laufe meines Lebens angesprochen wurde. Man sagt mir, wie gut ich aussehe, und kurz darauf versucht man, mich zu küssen. Und so manches Mal sind die Kerle gar nicht so toll. Ich bin ein ganzes Stück toller!

Meine Freundinnen hätten viel mehr davon, wenn sie von mir geküßt, liebkost und gestreichelt würden! Ich habe keineswegs sexuelle Phantasien von Frauen. Es irritiert mich nur, daß ich anscheinend eine so geringe Meinung von mir habe, daß mir noch nicht einmal der Gedanke gekommen ist, ich könnte das gleiche Recht auf Nähe zu meinen Freundinnen haben wie ein Mann. Inzwischen bin ich der Meinung, daß ich auch das Recht habe, meine Freundinnen zu berühren wie ein Mann. Natürlich nicht diejenigen, die in glücklichen Beziehungen leben. Ist das unnatürlich? Ich werde es erst wissen, wenn ich es ausprobiert habe.

Ich will lernen, wie ein Mann zu denken. Ich will Frauen ansprechen und das Gefühl haben, daß auch ich das Recht habe, sie zu umarmen und ihr Gesicht, ihre Lippen, ihre Brüste und Hüften zu berühren – ganz wie ein

Mann, auch wenn meine Berührung nicht zum Beischlaf führen soll. Erst wenn ich das Gefühl habe, daß ich das Recht habe, sie zu berühren – und ich den Mut dazu aufbringe –, werde ich herausfinden, ob ich die Berührung überhaupt will.«

Diese Ausführungen haben mich nachdenklich gestimmt, so hatte ich das noch nie gesehen. Spricht daraus eine neue Sicht des Zusammenlebens, oder entdeckt hier eine Frau ihre lesbischen Gefühle? Ich glaube, das erstere ist der Fall. Es gibt keinen Grund, jedes Gefühl entweder in die hetero- oder in die homosexuelle Schublade zu tun. Warum sollte ein körperlicher Impuls einer anderen Frau gegenüber immer lesbisch sein? Ist unsere Gesellschaft so hoch entwickelt, daß keine neuen Formen des Zusammenlebens mehr erforderlich sind? Dieser Meinung bin ich keineswegs. Wir bewegen uns hier in einem Bereich zwischen Sexualität und Zuneigung. Er sollte weiter gesteckt sein, damit wir mehr Raum haben, einander zu begegnen.

Die meisten Frauen haben nie darüber nachgedacht, wie sie ihre (nicht sexuell gefärbte) körperliche Zuneigung anderen Frauen gegenüber zum Ausdruck bringen können. Doch das ändert sich, die Frauen sind im Begriff, ihre Passivität abzuschütteln. Dornröschen erwacht von alleine.

Hier zehn Vorschläge, wie man seiner Freundin gegenüber (ohne Sex) Zuneigung ausdrücken kann:

- Legen Sie sich aufs Sofa und kuscheln Sie sich aneinander.
- Nehmen Sie ein Bad mit Ihrer besten Freundin.
- Umarmen Sie sie fest.
- Schlafen Sie zusammen.

- Küssen Sie ihr Haar, Gesicht und Hände.
- Bürsten Sie einander die Haare.
- Suchen Sie gemeinsam Kleider aus und sprechen Sie darüber, wie Sie aussehen, modeln Sie einander um, vom Schlüpfer aufwärts.
- Geben Sie Ihrer Freundin eine Fußmassage oder massieren Sie ihr den Kopf und die Schultern.
- Legen Sie sich zusammen ins Bett und unterhalten Sie sich.
- Gründen Sie gemeinsam eine Frauengruppe in Ihrem Viertel.

UMARMUNG EINER FREUNDIN

Macht Sie diese Vorstellung befangen? Wie fühlen Sie sich bei dem Gedanken, eine Nacht mit ihrer Freundin zu verbringen, ohne daß es zu sexuellen Betätigungen kommt? Frauen sind häufig unsicher, wie sie zum gleichgeschlechtlichen Körperkontakt stehen. Das drückt sich in Äußerungen aus wie: »Es wäre alles so klar und natürlich, wenn wir Mann und Frau wären.«
Viele Frauen fühlen sich verwirrt.

»Nehmen Sie Amy und mich, zwei nette Frauen. Jeden Tag telefonieren wir stundenlang miteinander und lassen uns darüber aus, daß die Männer, die wir kennen, uns entweder verletzen oder nicht so sind, wie wir uns das vorstellen. Wir sind gern zusammen und reden liebend gern miteinander. Wir machen uns Komplimente wie: ›Du siehst heute hübsch aus‹ oder ›Deine Frisur gefällt mir‹. Wir könnten zusammen eine Affäre haben, aber das wollen wir nicht. Sie sagt: ›Ich habe seit zehn Jahren Beziehungen mit Männern, das reicht jetzt. Nun will ich etwas Festes mit Zukunft.‹ Was fehlt in unserer Beziehung? Körperliche Zuneigung und Liebe – kein Sex. Egal wie eng wir befreundet sind, egal wie liberal wir sind und wie sehr wir einander mögen, sobald es um körperlich zum Ausdruck gebrachte Zuneigung geht, ist Schluß. Irgendwie scheint das nicht zu gehen.

Wir müßten uns entschließen, uns der Lesbenszene anzuschließen, völlig anders leben und ganz andere Freunde suchen.«

Ist das wirklich der Fall? Führt eine Berührung zwangsweise zu sexuellen Handlungen? Kann man nicht die Nacht ohne Sex zusammen verbringen und dennoch körperlich befriedigt sein? Ist es unmöglich, immer so zu leben – ein völlig neues Leben aufzubauen?

Diese neue Art von Beziehung zwischen Frauen hat keinen Namen. Nennen wir sie die besondere Freundschaft?

Viele Methoden, einander körperliche Wärme zu geben, sind heute noch gänzlich unerforscht.

Es kann beispielsweise sehr erotisch und befriedigend sein, einander richtig anzusehen oder die Körper aneinanderzuschmiegen, im Stehen oder im Liegen. Dieses Aneinanderschmiegen ist wahrscheinlich eines der stärksten Bedürfnisse des Menschen, jenes, das ihm die größte Befriedigung bietet. Doch nur beim Geschlechtsverkehr darf man länger als eine Minute vollen Körperkontakt haben. Es ist nicht einzusehen, warum das so sein muß. Die zahlreichen Möglichkeiten der Berührung und des Sichnaheseins könnten beispielsweise Kriterien eines neuen Lebensstils werden. Dabei erhebt sich unter anderem auch die Frage, ob in einer solchen Konstellation die Zuneigung zu einer Frau andere Beziehungen ausschließt. Hier eine Unterhaltung:

166

»Die Idee klingt nicht schlecht, aber ich würde mich dabei nicht wohl fühlen. Ich hätte das Gefühl, den Mann, mit dem ich lebe, zu verraten. Man sollte nur mit einem Menschen geschlechtlich verkehren. Sich zu küssen oder zu umarmen, käme der Untreue gleich.«

»Selbst wenn es dabei nicht zu genitalem Kontakt käme?«

»Sie meinen, wenn wir uns nur umarmten, ohne erregt zu werden?«

»Ja, wäre das möglich?«

»Nein, äh, ja.«

Immer mehr Frauen fragen sich, warum sie eigentlich nicht mit ihrer Freundin zusammenleben.

Sie argumentieren, sie können nicht den richtigen Mann finden, sind aber mit ihrer Freundin glücklich, warum also sollte die Freundin nicht die Gefährtin fürs Leben werden?

Das Problem ist, daß aller Liebe und allem Glück zum Trotz die Entscheidung für die Freundin ein großes Opfer darstellt und angst macht.

Diese Art des Zusammenlebens wird gesellschaftlich nicht in gleichem Maß honoriert wie das Zusammensein mit einem Mann, und letztlich werden alle Beteiligten darauf warten, daß jede der beiden Frauen einen Mann findet und heiratet.

Es wäre eine großartige Wahl, sich offen für eine Frau zu entscheiden. Obwohl viele Frauen derartige Überlegungen anstellen, ist der Gedanke natürlich zuerst einmal verwirrend. Das Bekenntnis zu einer derartigen Lebensform drückt einer Frau den Stempel »frauenorientiert« auf. Vielleicht aber auch nicht, und sie könnte sehr glücklich werden.

Eine Frau macht folgenden Vorschlag:

»Meine beste Freundin und ich passen sehr gut zusammen, und wir fühlen uns sehr wohl miteinander. Sie ist offen, ehrlich und tolerant und versucht nicht, mich umzumodeln. Sie läßt mich so sein, wie ich bin. Die Verständigung zwischen uns klappt sehr gut. Unsere Liebe stärkt uns sehr. Wir haben einander oft in schwierigen Situationen geholfen.

Wir fühlten uns auch sexuell angezogen, haben uns jedoch gegen eine sexuelle Beziehung entschieden. Wir haben unsere gegenseitige Anziehung dazu genutzt, um uns emotional näherzukommen. Ich liebe sie und hoffe, daß wir uns auch in der Zukunft nahebleiben. Wir haben sogar schon darüber gesprochen, daß wir Lebensgefährtinnen sind. Warum müssen wir verheiratet sein oder zusammen ins Bett gehen, um zusammenzuleben? Ich finde, auch zwei Freundinnen können einander versprechen, zusammenzuleben.«

DIE PSYCHISCHEN AUSWIRKUNGEN DES INTIMITÄTSTABUS

Das Verbot des körperlichen Kontakts hat weitreichende Auswirkungen. Es enthält Frauen nicht nur Zärtlichkeit vor. Es errichtet seelische Barrieren, verstärkt die Distanz und das Mißtrauen, was zu Empfindlichkeit, Feindseligkeit, Streit und letztlich zum Klischee von der unbefriedigten Frau führt.

In anderen Worten, das Verbot, uns zu umarmen, hat starke Auswirkungen auf unsere Psyche. Das soll nicht heißen, daß wir uns ständig umarmen und küssen sollten. Es geht darum, daß das Berührungstabu den Umgang der Frauen untereinander überschattet. Wir lernen gewissermaßen, die Augen voneinander abzuwenden. Wir haben das Tabu so internalisiert, daß wir es nicht mehr bemerken. Wir verkünden zwar, daß die Frau von heute ein Recht darauf habe, lesbisch zu sein – doch weiter sehen wir nicht.

˗ Mangelnde Zärtlichkeit blockiert den Fortschritt der Frauen in der Gesellschaft und führt letztlich zur Entfremdung. Denn statt dem plötzlichen Impuls, eine Freundin zu küssen oder zu umarmen, nachzugeben, unterdrückt man ihn.

Wenn ein natürlicher Impuls unbewußt blockiert wird, können Schuld- und Angstgefühle die Folge sein. Die Repression führt zum halbbewußten Gefühl der Ablehnung, wodurch Mißtrauen gegenüber oder Ablehnen der nämlichen Person ausgelöst werden, zu der man sich ursprünglich hingezogen fühlte. Das ist in der Psychologie ein bekanntes Phänomen. Es spielt sich gewöhnlich unbemerkt zwischen Frauen ab, auch zwischen Freundinnen und Kolleginnen. Das Empfinden einer vagen Gefahr, wenn man zu freundlich oder einander zu nahegekommen ist, wird, wie wir im ersten Kapitel sahen, von den meisten Frauen während der Kindheit und Pubertät von der Mutter übernommen.

NEUE FREIRÄUME

Können Frauen auf dieser neuartigen Beziehung ihr Leben aufbauen? Heute, da die meisten Frauen berufstätig sind und genug verdienen, um finanziell unabhängig zu sein, verfügen sie durchaus über die Voraussetzungen, ihr Privatleben neu zu gestalten.

Was erwarten zeitgenössische Frauen von ihren Freundinnen? In der Vergangenheit unterstützten sich die Frauen, indem sie füreinander Verständnis zeigten. Heutzutage, angesichts der gesellschaftlichen und wirtschaftlichen Entwicklung, finden immer weniger Frauen einen Mann, der willens und in der Lage ist, eine Familie zu ernähren. Wenn sie obendrein die Beziehung zu einer Frau emotional befriedigender finden, fragen sie sich, ob es sie nicht glücklicher machen würde, mehr Zeit mit Frauen statt mit Männern zu verbringen.

Andererseits fragen sie sich natürlich, was für sie dabei herausspringt, wenn sie sich auf eine Partnerschaft mit einer Frau konzentrieren. Sie sorgen sich, ob für die andere Frau die gleichen Spielregeln gelten oder ob sie sie plötzlich sitzenlassen wird.

Von einem Mann kann man angeblich mehr erwarten als von einer Frau: Er ist stark, man kann sich auf ihn stützen, er verdient mehr Geld, das er mit seiner Frau teilt, mit ihm darf man zärtlich sein und Kinder haben und so weiter. So sieht der vorgefertigte Bausatz fürs Leben aus. Allerdings stellen viele Frauen heute fest, daß der Bausatz nicht paßt, wenn sie ihn zusammensetzen wollen. Dann suchen sie die Schuld bei sich und fragen sich, ob sie etwa immer an den falschen Mann geraten.

Der Grund, warum dennoch Freundschaften – im Vergleich zu Partnerschaften – stets nur an zweiter Stelle rangieren, ist darin zu suchen, daß in ihnen die wunderbare, üppige, wärmende körperliche Nähe ausgeklammert wird, die wir alle brauchen.

Eine gesellschaftlich anerkannte Alternative zum Traum vom Familienleben gibt es nicht. Und doch könnte es einen oder mehrere Lebensentwürfe geben, wie ich oben ausgeführt habe. Die Frauen sind auch schon dabei, neue Wege zu beschreiten.

IST ES NAIV ZU GLAUBEN, DASS ES LIEBE OHNE SEX GEBEN KANN?

Sollten Freundinnen, die sich lieben, ihre Gefühle körperlich zum Ausdruck bringen? Sexuell? Ja und nein. In einigen Beziehungen ist Geschlechtsverkehr angesagt, in anderen ist er wiederum völlig unpassend.

Ich will unter keinen Umständen den Eindruck erwecken, als müßten alle Frauen sexuell miteinander verkehren. Das wäre eine widerliche Vorstellung. Und was heißt überhaupt sexuell miteinander verkehren? Jede Frau weiß selbst, was sie will und fühlt, und kann allein die richtige Entscheidung treffen.

Brauchen wir Sex? Was ist darunter zu verstehen? Genitaler Kontakt bis zum Orgasmus? Romantische Zuneigung, die zur körperlichen Vereinigung führt? Menschen brauchen körperliche Nähe und Wärme, die Stärke des Geschlechtstriebs ist von Mensch zu Mensch verschieden.

Es wäre schrecklich, wenn zwei Freundinnen unter dem Druck ständen, Geschlechtsverkehr miteinander haben oder die körperliche Seite ihrer Beziehung entwickeln zu müssen. Eine Freundschaft muß nicht immer noch enger und noch intensiver werden. Sie kann eine stabile Beziehung sein, in deren Rahmen Freundinnen Spaß miteinander haben, ihre körperlichen Bedürfnisse jedoch in anderen Beziehungen befriedigen. Andererseits kann es sein, daß wir das Glück vor unserer eigenen Tür wegen längst überholter Tabus nicht wahrnehmen. Deshalb schlage ich vor, daß wir eine gesellschaftliche Einrichtung wiederbeleben sollten, die im 19. Jahrhundert bereits vorhanden war, aber während des 20. Jahrhunderts verschwand. Sie könnte eine neue Möglichkeit des Zusammenlebens darstellen und obendrein der Gesellschaft zum Wohle gereichen.

171

Es besteht kein Zweifel daran, daß die moderne Frau mit ihren Geschlechtsgenossinnen körperlich und verbal bereits wieder liebevoller umgehen darf. In welche Kategorie Beziehung gehört aber nun das glückliche Zusammenleben mit einer Freundin? Ist es einfach gute Freundschaft? Ist es Liebe? Anziehung? Verliebtheit?

Kommt es auf die Bezeichnung an? Es ist einfach großartig, daß man intensive Gefühle für einen anderen Menschen haben kann, nur das zählt. Irgendwann muß man wahrscheinlich wählen, in welche Richtung die eigenen Gefühle gehen sollen, welche Art Beziehung man mit seiner Freundin schaffen will. Denken Sie genau darüber nach: es könnte der Anfang einer tiefen Freundschaft sein, eine großartige, feste Basis für das ganze Leben, oder einfach auch nur ein Quell der Freude.

Können Sie mit Ihrer Freundin darüber reden? Kann sie ihre Überlegungen und Zweifel verstehen, ohne Angst zu bekommen? Frauen haben manchmal Angst vor ihren eigenen Gefühlen.

In diesem Kapitel geht es nicht um lesbische Beziehungen, es geht um tiefe Zuneigung, um eine neue körperliche Zuneigung zwischen Frauen, eine neue Methode zu leben. Was halten Sie davon?

DAS AUSLOTEN EINER NEUEN RICHTUNG IN IHREN FREUNDSCHAFTEN

Zusammenfassend ist also zu sagen, daß Frauen, die keine zufriedenstellende Beziehung zu Männern finden, wie es viele Untersuchungen, meine eingeschlossen, belegen, das Recht haben, neue Lebensformen für sich zu schaffen.

Die Beziehungen zwischen Männern und Frauen haben heutzutage eine neue Qualität erreicht. Dennoch haben beide Geschlechter das Recht, neue Lebensentwürfe zu schaffen, da neue Institutionen im Privatleben für die Gesellschaft der Zukunft von Nutzen sein werden.

Fast das gesamte 20. Jahrhundert hindurch versicherten die Vertreter einer pseudofreudianischen Populärpsychologie den Frauen, daß mit ihnen psychologisch etwas nicht stimme, daß sie die falschen Männer wählten, wenn sie in einer traditionellen Fortpflanzungsfamilie nicht das wahre Glück fanden. Auch die Männer fühlten diesen Druck und lehnten sich in Gestalt von Filmhelden wie James Bond, Rambo und Captain Spock dagegen auf. Heute ist ein Großteil dieser Psychologie ad acta gelegt. Wie meine Untersuchungen gezeigt haben, glauben heute viele Menschen nicht mehr daran, daß die Frauen zu anspruchsvoll seien oder die Männer zu unreif, sondern daß die Zeit aus den Fugen ist und daß die Menschen eine Veränderung wollen. Die Familie wird demokratisiert, was ein positiver Schritt unserer Gesellschaft ist, auch wenn wir uns immer wieder umstellen und emotional eine Menge aushalten müssen.

Unsere Vorstellungen vom Zusammenleben ändern sich, und diese Veränderungen sind eine gute Sache.

EIN HEIKLER BALANCEAKT: FREUNDSCHAFT UND UNTERSCHWELLIGE EROTIK ZWISCHEN FRAUEN

Sexuelle Gefühle sind geheimnisvoll – manchmal sind sie vorhanden und manchmal nicht. Werden sie jedoch geleugnet oder werden sie angesprochen, kann das dazu führen, daß eine Freundschaft zerbricht. Wenn man sich seiner eigenen Gefühle nicht ganz sicher ist, kann ein Gespräch klärend wirken. Es ist auf jeden Fall ein Kompliment für die Freundin, wenn man darüber redet!

Im ersten Teil dieses Kapitels habe ich eine neue kulturelle Einrichtung vorgeschlagen, eine Form des Zusammenlebens, weder rein freundschaftlich noch ausdrücklich sexuell. Dieser Teil des Kapitels soll von erotischen Empfindungen handeln und wie man erkennt, ob das, was man empfindet, erotische oder nur zärtliche Gefühle sind, und wie man bestimmt, welche Richtung sie nehmen sollen.

BEGEHREN – WISSEN SIE, WANN SIE ES FÜHLEN?

Wie vertraut sind Sie mit den subtilen Signalen, die Ihr eigener Körper Ihnen gibt? Wissen Sie, ob Ihre Zufriedenheit nach einem Besuch Ihrer Freundin auch sinnliche Elemente enthält? Wenn ja, sollten Sie es Ihrer Freundin erzählen? Oder kommt es nur darauf an, daß Sie selbst wissen, daß Ihr Körper erregt ist? Erotische Gefühle sind etwas Normales. Man braucht ihnen nicht nachzugeben – und sie auch nicht zu fürchten.

Es ist erstaunlich, daß wir so wenig merken, was mit unserem Körper los ist, und daß wir zögern, auf ihn zu hören. Männer wissen, wann sie erregt sind, sie können es an ihrem Penis sehen. Weibliche Erregungszustände sind subtiler: Die inneren Wände der Vulva schwellen an und werden feucht, aber es gibt keine äußeren Anzeichen.

Wir haben gelernt, nicht auf die Signale unserer Sinne zu achten, wenn wir mit anderen Frauen zusammen sind. Wir haben gelernt, nicht der sexuell aktive Teil zu sein, deshalb kann es vorkommen, daß uns unsere Körpersignale völlig entgehen, daß wir unsere Erregung nicht bemerken. In der Regel interpretieren wir Wohlgefühl als Glück, nicht als Erregung, es sei denn, wir sind mit einem Mann zusammen.

Wir sollten uns selbst besser kennen! Wir brauchen deshalb nicht jedem Gefühl nachzugeben, es geht nur darum zu wissen, was wir wirklich empfinden.

EROTISCHE GEFÜHLE FÜR EINE ANDERE FRAU: WIE ERKENNE ICH DIE?

Pepper Schwartz und Philip Blumstein von der Universität Washington beschreiben sehr gut, wie wir mehr oder weniger unbewußt unseren Sexualpartner nach unserer sexuellen Orientierung auswählen (und diejenigen mit »falschem« Geschlecht ausblenden). Im Zustand körperlicher Erregung, für die ein Mensch keine unmittelbare Erklärung habe, benenne er diesen Zustand und seine Gefühle mit den ihm zu Verfügung stehenden Begriffen. Je mehr er Vertrauen in oder Verlangen nach Heterosexualität habe, um so wahrscheinlicher sei es, daß er zweideutige Gefühle auf jeden Fall heterosexuell einstuft. Ein Mensch, der den Verdacht habe, homosexuell zu sein, werde seine Gefühle als homosexuell interpretieren. Anders ausgedrückt: Man wird durch einen Menschen erregt, nennt den Zustand »glücklich sein«, wendet sich dann einem Sexualpartner zu und fühlt sich plötzlich erregt.

Bei Frauen sind die Anzeichen für Erregtheit nicht so offensichtlich wie bei einem Mann. Eine Frau fühlt sexuelle Spannung im genitalen Bereich, sondert Schleim ab oder wird zumindest feucht, ein Mann wird eine Erektion bekommen. Wenn eine Frau sich in einem unpassenden Zusammenhang sexuell erregt fühlt, etwa beim Gespräch mit einer Frau, kann sie diese Erregung mühelos anders einordnen. In meinen Untersuchungen gebrauchen die Frauen Wendungen wie »sich so lebendig« fühlen, »ein großes Glück empfinden«, »singen zu wollen« oder »sich dem anderen Menschen innig verbunden fühlen«. Das sind wunderbar lyrische Beschreibungen der weiblichen Gefühle, viel aussagekräftiger als das flapsige »Mann, bin ich angetörnt!«

Schwartz und Blumstein verweisen darauf, daß in Beziehungen zwischen Frauen die sexuellen Signale, die die eine Frau von der anderen erhält, subtiler sind als die Signale, die Männer einander aussenden. Zwei Frauen brauchen keine Erektion wegzuerklären, sollte eine von ihnen während eines Tête-à-tête oder während eines Gesprächs über ihr Sexualleben erregt werden. Wenn sie aber der Partnerin sexuelles Interesse mitteilen will, muß sie auf verstärkten Augenkontakt, verstärkte Aufmerksamkeit und andere Arten des zwischenmenschlichen Kontakts zurückgreifen, um ihre Absicht zu vermitteln.

Diese Signale sind verwirrend, besonders für nichtlesbische Frauen. Sie erwarten derlei Signale von einem Mann, und bei einer Begegnung mit einer Frau erscheinen sie unpassend oder mißverständlich. Aus diesem Grund werden sie zu Freundschaftsignalen oder zu nicht-sexueller Zuneigung uminterpretiert. Eine Frau hat vielleicht Angst, selbst wenn sie sich unbewußt sexuelle Signale von einer anderen Frau wünscht. Kämen diese Signale von einem Mann, wären sie wahrscheinlich eindeutig. Da sie jedoch von einem bisher als geschlechtslos eingestuften Absender kommen, traut der Empfänger den Signalen nicht oder interpretiert sie um, selbst wenn sie eindeutig sind.

Frauen sind es nicht gewohnt, daß andere Frauen ihnen den Hof machen oder den aktiven Teil bei der Partnerwahl abgeben. Vermutlich nehmen Frauen die erotischen Reaktionen anderer Frauen selten wahr, weil sie nicht merken, wie häufig ihre Erregung auf Gegenseitigkeit beruht und die Möglichkeit einer Erwiderung in sich birgt. Eine Frau mag noch nicht einmal erkennen oder sich eingestehen, daß es sexuelle Anspielungen gegeben hat.

176

Irgendwann fühlt sich jede Frau von einer anderen Frau bis zu einem gewissen Grad sexuell angezogen – unabhängig davon, ob sie dieses Gefühl ignoriert oder ernst nimmt. Man kann mit Sicherheit sagen, daß es normal ist, in gewissen Situationen erotische Empfindungen zu haben. Fast alle Lebewesen zeigen Interesse an beiden Geschlechtern, das scheint naturgegeben zu sein.

Es könnte sein, daß zwischen Frauen erst gar keine sexuelle Spannung aufkommt, weil beide verlegen sind, keine Erfahrung haben und nicht wissen, was sie tun sollen, oder ob sie überhaupt etwas tun sollten. Wie Schwartz und Blumstein ausführen, fehlt ihnen die Erfahrung, die Initiative oder die Verantwortung für solch eine Begegnung zu übernehmen. Statt eine Sache zu ergründen, für die sie nicht vorbereitet sind, ziehen sie sich lieber zurück. Diese Reaktion hat für Schwartz und Blumstein ihre Ursache in der traditionell passiven Rolle der Frau. Die Frauen hätten gelernt, auf denjenigen Menschen erotisch zu reagieren, der sie erotisch findet – das heißt, ihren Wert und ihre Sexualität danach zu interpretieren, ob und wie stark Männer von ihnen angezogen werden. Deshalb entdecken viele Frauen erst dann ihre sexuellen Gefühle, wenn sie von Männern daraufhin angesprochen werden. Bis zu einem gewissen Grad scheint das für beide Geschlechter zuzutreffen – ein Mensch wird erregt, wenn ein anderer sexuelles Interesse zu zeigen beginnt, das heißt aktiv wird und dem Gegenüber das Gefühl gibt, begehrenswert zu sein. Es kann natürlich nicht zu einer Beziehung kommen, wenn nicht wenigstens ein Partner eine aktive Rolle übernimmt und die zweideutigen Signale klärt. Wenn zwei Menschen nicht dazu in der Lage sind, werden sie ihre Freundschaft anders gestalten, oder es kommt zu Auseinandersetzungen, und sie beenden die Freundschaft.

Es gibt durchaus Fälle, in denen Sexualverkehr nicht

angesagt ist. Es gibt diffusere Formen der Sexualität, an denen wir uns freuen und die wir schätzen sollten. Bisher haben wir davon eine viel zu geringe Vorstellung, denn unsere Gesellschaft ist auf die Penetration fixiert.

ANZIEHUNG UND EKEL

Sind wir uns über unsere Gefühle wirklich so wenig im klaren? Oder ziehen wir es vor, sie nicht zu erforschen, weil wir Angst vor dem Schritt ins Unbekannte haben? Könnte es sein, daß wir zum Beispiel zögern, bei einer Frau Cunnilingus zu praktizieren? Wollen wir zwar die romantischen Gefühle, aber nicht den körperlichen Teil? Fragen wir uns insgeheim, wie der Körper einer Frau riecht, was sie erwartet, wie man ihr zum Orgasmus verhelfen kann, ob das aufregend oder anstrengend ist?

Selbst wenn moderne Frauen offener sind, haben auch sie noch so manchen Vorbehalt gegenüber der weiblichen Sexualität. Die Menstruation wird noch immer als etwas Geheimnisvolles behandelt. Deshalb verspricht die Tamponwerbung, daß niemand merken wird, wenn Sie menstruieren, und reitet darauf herum, wie sauber ihr Produkt sei. Die perlmutterfarbene Flüssigkeit der Vulva wurde kaum einmal in Gedichten oder im Text von Rocksongs besungen. Die Schönheit der Vulva und ihrer Farben wird selten gepriesen. Nur ihr Geruch ist Gegenstand vieler Witze.

Die alten Einstellungen zu den feuchten Teilen »da unten« wirken sich auch heute noch auf uns aus, auch wenn wir uns dessen nur halb bewußt sind. Wir behaupten zwar, wir hätten das alles hinter uns und seien stolz auf unseren Körper. Und es ist ja auch wirklich eine Tatsache, daß wir sehr viel weiter sind als vor zwanzig Jahren. Aber wir schrecken noch immer unbewußt davor zurück, eine Frau zärtlich zu berühren, weil die Gesellschaft uns beigebracht hat, auf die Vulva und die weiblichen Säfte abwehrend zu reagieren. Das wirkt sich nicht nur auf unsere Sicht des eigenen Körpers aus, sondern auch auf unsere Einstellung anderen Frauen gegenüber, selbst Frauen auf der Straße, denn sie lösen in uns eine Art Scheu aus, wir wollen ihnen aus dem Weg gehen. Unsere Gefühle hinsichtlich der weiblichen Geschlechtsteile sind äußerst wichtig. Von ihnen hängt es nämlich ab, ob wir anderen Frauen ohne Hemmungen gegenübertreten können.

FÜHLEN SICH FRAUEN VON IHREN GESCHLECHTSGENOSSINNEN IN FILMEN UND MODEZEITSCHRIFTEN ANGEZOGEN?

Viele Frauen mögen Modezeitschriften und Filme, in denen Frauen die Hauptrolle spielen. Fühlen sie sich von den Frauen, die sie sehen, erotisch angesprochen? Wie sieht die Beziehung zwischen der Betrachterin und der Frau in der Zeitschrift oder auf der Leinwand aus?

Frauen sehen sich gern Bilder von Schönheiten in Modejournalen an, besonders von Frauen in aufreizenden Posen, in wunderschönem Licht und vor einem künstlerisch gestalteten Hintergrund. Die Frau ist in der Regel allein, ohne Mann. Sie wird als Star präsentiert, beherrscht die Seite. Sie steht im Mittelpunkt.

Frauen können sich mit der dargestellten Einsamkeit, dem stilisierten Blick in die Zukunft (die Models schauen häufig in die Ferne, sehen verträumt drein), leicht identifizieren. Für die Betrachterin ist es angenehm, ihre unausgesprochenen Wünsche in eine besonders edle Umgebung projizieren zu können.

Frauen sehen auch gern Filme mit interessanten und erotischen Frauen. Vor allem in den dreißiger Jahren, dem goldenen Zeitalter des Kinos, stellten weibliche Stars geistreiche, eigenwillige und sympathische Heldinnen dar. Ich erinnere an Greta Garbo, Barbara Stanwyck, Carole Lombard, Claudette Colbert, Bette Davis, Katharine Hepburn, Vivian Leigh und viele andere. In Frankreich waren es unter anderem Michelle Morgan und Arletty, in Deutschland und Österreich Zarah Leander. Auch Sexsymbole wie Mae West und Jean Harlow waren beliebt. Es ist gewiß kein Zufall, daß damals vor allem die Frauen ins Kino gingen. Zu keiner Zeit gab es prozentual mehr Drehbuchautorinnen, Regisseurinnen und weibliche Stars in Hauptrollen. In den dreißiger Jahren hatten die Frauen einen größeren Einfluß darauf, was ins Kino kam, als heute. Die zeitgenössischen Filme werden für ein männliches Publikum zwischen zwanzig und dreißig gedreht. Junge Männer geben mehr Geld fürs Kino aus als ihre Altersgenossinnen. Junge Frauen geben mehr Geld für Bücher aus. 80 Prozent aller in Deutschland und den USA verkauften Bücher wurden von Frauen erworben.

Die fünfziger Jahre brachten das Ende für facettenreiche weibliche Rollen – und auch die Kinobesucherinnen blieben aus. Die im Film nun dargestellte Frau war eher eine Karikatur des braven Mädchens, Debbie Reynolds oder Doris Day lieferten typische Beispiele. Es gab einige wenige »böse Mädchen« wie Marilyn Monroe und Sophia Loren, doch die bildeten die Ausnahme. In den USA war diese Entwicklung eine Folge der Zensur nach dem Zweiten Weltkrieg, als der McCarthy-Ausschuß viele Drehbuchautoren und Schauspieler auf die schwarze Liste setzte und verfolgte, weil sie angeblich Kommunisten waren. In Wirklichkeit waren sie zu liberal. Die neuen Drehbuchautoren »reinigten« die Frauenrollen.

Von dieser Entwicklung hat sich Hollywood bis heute nicht erholt. »Böse Mädchen« wie in *Pretty Baby* oder in den *Gefährlichen Liebschaften* machen die Trivialisierung und Simplifizierung von Frauen in den Nette-Mädchen-Rollen nicht rückgängig. Das könnten nur vielschichtige Charakterrollen leisten.

Ob die Rollen Sinn ergeben oder nicht, Frauen lieben sinnliche Frauen auf der Leinwand. Wenn man sie jedoch danach fragt, leugnen viele Frauen, daß sie sexuell attraktive Stars wie Brigitte Bardot oder Madonna wirklich mögen.

CLAUDIA SCHIFFER, MARILYN MONROE, MADONNA – WELCHE GEFÜHLE WECKEN SIE BEI FRAUEN?

Marilyn Monroe, Madonna und Claudia Schiffer, Naomi Campbell und Sophia Loren sind großartige Schauspielerinnen oder Models, sie verkörpern erotische Frauen. Was empfinden Frauen, wenn sie diese Stars sehen? Warum mögen sie ihre Filme, ihre Bilder? Nehmen wir den Fall des Sexsymbols Marilyn Monroe, der schönen, unschuldigen, verteufelten Frau. Nach ihrem Tod wurde sie zur Kultfigur. Überall sieht man ihre Poster und die T-Shirts mit den Abbildungen ihres lächelnden Gesichts und ihres kurvenreichen Körpers. Während ihres Lebens behandelte man sie jedoch häufig wie eine Schlampe. Eine meiner Freundinnen – sie ist achtundzwanzig – war völlig verblüfft, als sie den ersten Film mit Marilyn Monroe sah. »Sie war ja richtig dick!« platzte sie heraus. »Sie ist zwar sexy, aber sie wirkt wie eine Mama!« In ihren erfolgreichsten Filmen spielt Marilyn stets eine Frau, die auf eigenen Füßen steht, allerdings auf der Suche nach einem Mann ist, wie etwa in *Blondinen bevorzugt*. Marilyn repräsentierte bereits in den frühen fünfziger Jahren die neue, unabhängige Frau. Für wen spielte sie – für die Männer oder die Frauen?

Obwohl wir uns an ihrem Anblick im Kino erfreuten, gingen wir noch immer unbewußt und unlogischerweise davon aus, daß ihre Art, den Körper zur Schau zu stellen und sich seiner zu freuen, weder für uns in Frage kam, noch für uns bestimmt war, sahen darin kein Geschenk von ihr an uns Frauen, sondern eine Gabe an die Männer. Höhepunkt der Ironie: Frauenkörper sind nichts für Frauen.

Unserer Faszination, wenn wir erleben, wie Marilyn Monroe, Madonna oder Naomi Campbell ihre Körper ohne Scham stolz präsentieren, liegt meiner Meinung nach zweierlei zugrunde: Erstens finden wir sie schön und sinnlich, und das macht uns Freude. Zweitens fragen wir uns, wie lange sie das wohl tun dürfen, wielange sie der »Strafe« entgehen. Es geistert die ganz alte Überzeugung durch die Gesellschaft, daß Frauen, die sich ausleben, ihren Leidenschaften erliegen, mehrmals heiraten, auffällige Kleider tragen oder generell ihre Sexualität zur Schau stellen, eines Tages ein trauriges Ende nehmen werden. Marilyns tragischer Tod bestätigte die Auffassung, daß Frauen, die der Lust leben, schließlich bestraft werden und sterben müssen – was natürlich nicht stimmt.

Das Eingeständnis, daß wir uns Frauen in Filmen oder Zeitschriften gern anschauen, weil wir ihre Schönheit genießen, fällt uns schwer. Selbst heute noch leiden wir an dem unterschwelligen Vorurteil, daß der weibliche Körper schlecht und seine Sexualität schmutzig sei. Deshalb wagen wir nicht, uns unsere erotischen Reaktionen auf Marilyn Monroe und auf andere Frauen, einschließlich unsere Freundinnen, einzugestehen.

Das wirkt sich letztlich auch auf die Beziehungen zu unseren Geschlechtsgenossinnen am Arbeitsplatz oder in der Familie aus. Frau fühlt sich bedroht und empfindet Ärger gegenüber dem Menschen, der diese Gefühle hervorruft. Die lustvollen Gefühle werden nicht als energiespendend empfunden, sondern geleugnet, abgelehnt. Man glaubt, sich der Situation oder des Menschen erwehren zu müssen. Ist das nicht seltsam?

DIE ZURSCHAUSTELLUNG DES KÖRPERS

Frauen bewundern also insgeheim die westlichen »Fruchtbarkeitsgöttinnen« Marilyn Monroe, Claudia Schiffer oder Madonna und werden von deren lustbetonter Zurschaustellung des Körpers angezogen. Sie behaupten jedoch, Marilyn und Frauen wie sie seien eigentlich schrecklich, absonderliche Wesen mit wahrscheinlich jeder Menge psychologischer Probleme, arme Dinger, deren Ende unerfreulich sein werde. Wie kommt es zu diesem Widerspruch?

Wir freuen uns an Bildern von Frauen, die sich zur Schau stellen. Exhibitionismus gilt aber in unserer reproduktionsorientierten Gesellschaft als abweichendes Verhalten, dem Narzißmus vergleichbar. Und doch sehen wir Frauenkörper gern, auch wenn wir davor zurückschrecken, unsere Gefühle beim Namen zu nennen oder gar zu akzeptieren. Unsere Bewunderung für Marilyn, Naomi oder Claudia wurzelt in den verleugneten Seiten unseres Ichs, die wir durch sie ausleben können.

Die Zurschaustellung des Körpers ist eine alte Ausdrucksform von und kein automatisches Vorspiel zum Sex. Sie ist ein Aspekt des Lebens, der zum physischen Wohlbehagen beiträgt. Überreste davon sind in dem Brauch enthalten, daß Frauen zusammen einkaufen gehen, einander beim Kleidernähen helfen oder sich für besondere Ereignisse hübsch machen. Das sind sinnliche Tätigkeiten, die zu den wenigen Situationen gehören, in denen Frauen den Körper einer anderen Frau ansehen und darüber reden dürfen. Einer der Gründe, warum sie gern in Frauenzeitschriften blättern ...

Aber Sinnlichkeit unter Frauen ist etwas Positives. Unsere Körper sind schön, es ist nichts Unrechtes dabei, sie anzusehen. Es ist gut, Freude am eigenen Körper zu haben. Doch wie häufig leugnen wir im täglichen Zusammensein unsere Lustgefühle und die sexuelle Anziehung durch andere Frauen! Wir reagieren in der Regel mit Aggression, fast als würden wir angegriffen.

Die Leugnung der Tatsache, daß wir Frauen anziehend finden können, überschattet unsere Freundschaften. Ich will damit keineswegs sagen, daß Frauen, die solches empfinden, sexuell aktiv werden müßten. Zwischen Frauen gibt es keine standardisierte Form des sexuellen Erlebens. Ich will nur sagen, daß wir lockerer miteinander umgehen, mehr aufeinander eingehen und uns unserer Gefühle bewußt werden müssen, damit sie uns nicht blockieren und all die Dinge, die wir miteinander unternehmen könnten, verhindern.

Kurz, ich bin der Auffassung, daß eines der größten Hindernisse auf dem Weg zu weiblicher Solidarität am Arbeitsplatz, zwischen Freundinnen und in der Familie die unterschwellige Angst vor dem weiblichen Körper ist.

Bevor Sie diese Theorie als übertrieben abtun, folgen Sie mir ein wenig weiter.

Ich behaupte nicht, daß Frauen geschlechtliche Beziehungen miteinander haben müssen, obwohl das hilfreich sein könnte. Ich meine aber, daß wir unsere abnormale Angst vor der Berührung oder Betrachtung eines Frauenkörpers überwinden sollten. Diese Angst wurde uns von unserer Kultur eingepflanzt – dabei existiert diese Körperfeindlichkeit des Westens erst seit 2000 Jahren! Selbst wenn wir eine Frau ansehen, nehmen wir sie nicht wirklich wahr. Unsere Köpfe sind so voll von dem Unsinn des »Das-schickt-sich-und-das-schickt-sich-nicht«, daß wir weder einander noch unser Potential, unsere Stärke und unsere Macht wahrnehmen.

Könnte es sein, daß wir Frauen uns nie von den dreihundert Jahren Hexenverbrennungen erholt haben? Hat der Mord an dreißig Millionen unschuldiger Frauen und Kinder uns Angst vor unserer Weiblichkeit eingeflößt? Fürchten wir uns also davor, uns zu den Frauen zu bekennen statt zu Gott, dem Vater? Ist es sicherer, sich mit einem Mann zu verbinden als mit einer Frau? Vielleicht ist diese Angst einer der Gründe dafür, daß wir noch immer Schwierigkeiten haben, politische Parteien zu gründen und Frauen zu wählen. Wir beweisen der herrschenden Gesellschaftsordnung durch unsere sexuelle Orientierung die Treue. Frauen dürfen zusammen arbeiten, dürfen Freundinnen oder sogar lesbisch sein, solange dies ein Randphänomen und die Beziehung zu der anderen Frau unsichtbar bleibt. Ja kein öffentliches Händchenhalten!

Frauen sollen ihren Körper zum Kinderkriegen einsetzen, was der Gesellschaft nützt, und nicht zum eigenen Lustgewinn.

Die Unterdrückung der Frau erfolgt letztendlich über ihren Körper, in Form von religiösen und gesellschaftlichen Vorschriften und durch die Gesetzgebung, die in unterschiedlichen Gesellschaftsordnungen verschieden ist. Das geht deutlich aus der Charta der Vereinten Nationen über die Rechte der Frau hervor, die 1995 in Beijing verabschiedet wurde und in der es fast ausschließlich um Fragen der sexuellen Selbstbestimmung der Frau geht.

Bleibt die Welt nicht in zwei Lager geteilt, solange die Frauen sich sexuell ausschließlich auf Männer einstellen sollen, aus dem einfachen Grund, weil Männer Männer sind, und die Männer nur auf Frauen, weil Frauen eben Frauen sind? Frauen sollten ihr Potential erkennen! Auch sie können einander körperliche Zuwendung geben – und unterschwellig vielleicht auch sexuelle Gefühle.

WANN SOLL EINE FRAU IHRE EROTISCHEN GEFÜHLE FÜR EINE FRAU ZUM AUSDRUCK BRINGEN? ZWIESPALT DER GEFÜHLE

Mehr Frauen denn je werden von den Titelbildern der Journale, durch die Beliebtheit bisexueller Stars wie Madonna und Prince, durch die Mode, Schwulen- und Lesben-Parolen, die Aids-Märsche sowie meine umfassenden Studien dazu angeregt, über die Möglichkeit einer intimen Beziehung zu einer anderen Frau nachzudenken.

Was hält sie davon ab? Die Frauen sagen zwar, daß sie daran Interesse hätten, Sex mit einer anderen Frau zu haben, doch warum setzen sie ihren Wunsch nicht in die Tat um?

»Manchmal fühle ich die Wärme, die meine Freundin mir entgegenbringt, geradezu sexuell und begehre sie fast. Ich habe ihr aber nie gesagt, daß ich dergleichen empfinde, weil ich befürchte, sie könnte Angst vor mir bekommen.«

»Ich fühle mich sehr zu einer Frau hingezogen, und ich glaube, ihr geht es genauso, aber ich habe Angst, den ersten Schritt zu tun. Ich weiß nicht, wie man körperlich mit einer anderen Frau umgeht, ich hatte bisher noch nie Gelegenheit dazu.«

186

»Ich habe noch nie Geschlechtsverkehr mit einer anderen Frau gehabt, hätte aber große Lust dazu. Ich weiß allerdings nicht, ob bis zum Orgasmus.

Der Gedanke an Cunnilingus macht mich allerdings nicht gerade an.«

»Ich kann sehr wohl nachempfinden, warum eine Frau eine andere Frau begehrt, obwohl ich keine Lesben kenne. Ich habe eine gute Freundin, die geschieden ist. Wir haben kurz über das Thema gesprochen, aber wir scheinen beide heterosexuell zu sein. Mir fällt jedoch auf, daß wir uns nie berühren. Haben wir Angst davor, doch lesbisch zu sein und nicht damit umgehen zu können? Manchmal würde ich es gern ausprobieren. Aber ich bin eigentlich auch ziemlich glücklich mit dem Ist-Zustand.«

Hier schildert eine Frau, was sie gern täte, wenn sie es sich getraute:

»Ich würde gern eine Frau, die ich mag und von der ich angezogen werde, massieren, sie allmählich sexuell erregen und sie dann langsam lieben, eine Pause machen, reden, dann wieder lieben, dann mit ihr schlafen. Ich würde mich gern mit ihrer Hilfe besser kennenlernen. Aber ich getraue mich einfach nicht.«

Antilesbische Propaganda ist eine alte Sache, aber in gewisser Weise auch die prolesbische.

»Ich wurde so erzogen, daß ich Frauen als attraktiver und schöner erachtete, und ich fange an, es zu glauben.«

Der Gedanke, lesbisch zu sein, löst zunächst Selbstzweifel aus und drängt die Frau ins Abseits.

»Ich liebe es, mit einem Mann zu schlafen, bin aber sehr neugierig, was Frauen anbelangt. Es klingt, als wäre es kein so großes Problem, und doch nervt es mich. Ich habe es meinem Verlobten gegenüber angesprochen, Andeutungen gemacht, aber wir haben noch nicht richtig darüber geredet. Das ist merkwürdig, denn wir sind beide sehr liberal in sexuellen Dingen. Diesen Teil meines Ich kann ich mit niemandem teilen, solange ich selbst noch nicht mit mir im reinen bin. Und das bin ich wohl noch nicht. Es geht nicht darum, daß mein Freund diesen Teil in mir nicht akzeptieren würde. Ich selbst akzeptiere oder verstehe ihn nicht richtig.«

»Ich mag die Frau, mit der ich meine Wohnung teile. Eine Zeitlang glaubte ich, ich sei in sie verliebt. Ich sprach mit ihr darüber, und sie sagte, solche Gefühle seien normal. Wir haben es mit der lesbischen Liebe versucht, es war aber nicht das richtige für uns. Jetzt treffen wir uns immer mit anderen Freundinnen. Es ist gut, wenn man mit mehreren Leuten zusammen ist. Ich bin so erzogen, mein Vater hatte einen so großen Einfluß auf mich, daß ich meine Zuneigung nicht zeigen oder die Gefühle anderer Leute an die erste Stelle setzen kann. Ich bin sehr widersprüchlich. Ich empfinde das eine und tue das andere.«

Oft sagen Frauen, sie hätten nichts gegen die lesbische Liebe, wenn sich die Gelegenheit ergäbe. Was soll das heißen?

»Ich glaube, ich habe nur deshalb kein Verhältnis mit einer Frau, weil ich es gewöhnt bin, daß mein Gegenüber die Initiative ergreift. Wir Frauen sind daran nicht gewöhnt und deshalb tut es keine! Diese Konditionierung ist schwer zu überwinden.«

188

»Ich habe bisher mit einer anderen Frau nur verbalen Sex gehabt. Ich glaube, Frauen können sich lieben, indem sie auf bestimmte Weise miteinander reden, zumindest ich kann das.«

Wollen diese Frauen wirklich einander lieben, oder suchen sie nach einer Methode, Liebe, Begehren oder Neugierde auszudrücken, die weder platonisch noch sexuell ist? Anders ausgedrückt, wollen sie einander zu einem Orgasmus verhelfen oder wollen sie sich nur küssen und liebkosen, das heißt, die neue Art Intimität erleben, die in der ersten Hälfte dieses Kapitels erörtert wurde?

Das Thema lesbische Liebe löst bei einigen Frauen Unbehagen aus.

»Ich habe einige lesbische Freundinnen. Ich dachte, ich hätte weder zu der heterosexuellen noch zu der lesbischen Liebe eine besonders ausgeprägte Meinung. Wenn sie sich jedoch über ihre Beziehungen unterhalten, fühle ich mich ziemlich in die Defensive gedrängt. Ich habe offenbar doch ziemlich komplizierte Gefühle, positive wie negative.«

»In der Schule merkte ich, daß Frauen mich anziehen. Ich verdrängte meine Gefühle jedoch. Jeder hat sie, sagte ich mir. Solange man sie nicht auslebt, ist alles in Ordnung. Mir kam nie der Gedanke, daß ich lesbisch sein könnte, denn Lesbierinnen hielt ich für krank und abnormal, und ich war weder das eine noch das andere. Ich habe mit niemandem über meine Gefühle gesprochen.«

DARF MAN EINE FRAU ZU EXPERIMENTELLEN ZWECKEN LIEBEN?

Man sollte sich viele Dinge durch den Kopf gehen lassen, bevor man eine sexuelle Beziehung zu einer Frau beginnt. Man sollte sich fragen, ob man von den Männern enttäuscht ist. Ob man sich mit einer Frau einläßt, die nicht in der Lage ist, die Schuldgefühle, die mit abweichendem Verhalten einhergehen, zu verkraften. Man soll sich auch fragen, ob man sie ausnutzt, wie man selbst von den Männern ausgenutzt wurde.

»Ich hätte Angst, sie auszunutzen, wenn ich nur mit ihr herumexperimentierte. Und wenn sie oder ich die lesbische Liebe nicht mögen, wäre es mit unserer Freundschaft aus.«

Es ist in der Tat kein guter Gedanke, sich einer Frau einfach nur so aus Spaß zu nähern – es sei denn, sie kennt die Spielregeln. Verhalten Sie sich Frauen gegenüber nicht unfair, behandeln Sie sie nicht so, als zählten sie nicht, als seien sie Menschen zweiter Klasse!

Wenn man seine Motive von vornherein klarmacht, muß es einen Weg geben, mit einer Frau Sex zu haben, ohne sie zu verletzen. Schließlich ist man nicht sein ganzes Leben lang gebunden, nur weil man mit einer Frau eine Liebesbeziehung hatte. Man bleibt schließlich nicht für immer lesbisch oder der Frauensache verpflichtet. Man ist ja auch nicht gebrandmarkt, wenn man eine Liebesaffäre mit einem Mann beendet.

Eine junge Frau schreibt, daß sie ihre beste Freundin und ihren Freund liebt. Sie fragt sich, mit wem sie leben soll, wem gegenüber sie loyal sein soll:

»Ich weiß nicht, warum ich fast jeden Abend zu ihm gehe, um bei ihm zu sein. Begehre ich ihn, nur weil er ein Mann ist? Ich weiß, daß er mich nicht so glücklich macht wie Ella. Ich kann mir jedoch nicht vorstellen, dauernd mit ihr zusammenzuleben. Ich will ein Haus, ich will ein Kind – dabei nehme ich die Pille, damit ich nicht von meinem Freund schwanger werde. Ich bin verwirrt, nicht sicher, was ich tun soll. Ich würde viel lieber bei ihr leben, ich liebe sie mehr als sonst jemanden auf Erden, das weiß ich. Ich bewundere sie. Sie ist schöner als Alex. Aber er ist besser als alle anderen Männer, die ich bisher kennengelernt habe. Warum bin ich mit ihm und nicht mit ihr zusammen?«

LADEN LIPPEN, ZUNGE UND GENITALIEN EINER FRAU EIN ODER SCHRECKEN SIE AB?

Viele Frauen stellen erstaunt fest, daß sie davor zurückschrecken, eine Frau zu küssen. Sie sind überrascht, weil sie heutzutage dauernd hören, es gebe keine weiblichen Körpertabus mehr. Bei heterosexuellen Frauen regen sich Zweifel, ob sie intimen physischen Kontakt mit der Freundin wirklich verkraften können.

»Ich liebe Claire, ich liebe alles an ihr. Aber würde ich wirklich ihre Vulva berühren wollen? Sie ist wahrscheinlich feucht und klebrig, warum sollte ich sie berühren? Und wie stelle ich mir den Geruch vor? Ich denke nicht bewußt an dergleichen, doch ich vermeide es, ihren Unterkörper anzusehen. Es wäre mir peinlich, dort hinzuschauen. Ich weiß nicht, was ich denke. Selbst jetzt muß ich mich zwingen, es mir vorzustellen, mich zwingen, meine eigenen Gedanken zu analysieren. Es geht nicht darum, daß ich eine Affäre mit ihr haben will. Ich will in ihr die Lebenspartnerin sehen.«

Die Mehrzahl der Frauen spricht jedoch äußerst positiv über ihren Verkehr mit anderen Frauen, wenn sie ihn erst einmal ausprobiert haben. Sie sagen, es sei nicht schwer zu wissen, was man zu tun habe.

»Sich körperlich auf eine andere Frau einzustellen, ist die natürlichste Sache der Welt. Man hat einen großen Vorteil, weil man weiß, wie man einer Frau Lust verschafft. Das Schlüsselwort ist Sanftheit. An diese goldene Regel muß man sich halten. Was die emotionale Seite anbelangt, bringt die Tatsache, daß man befreundet ist, einen Vertrauensvorschuß, der für eine befriedigende körperliche Intimität wesentlich ist. Ich habe immer nur mit Frauen Sex gehabt, mit denen ich zuvor befreundet war, was bei Männern nie der Fall war.«

Natürlich brauchen Sie diese Überlegungen nicht alle in die Tat umsetzen. Sie müssen nicht lesbisch werden oder große Experimente machen. Es ist jedoch legitim, daß Frauen gleichgeschlechtliche Beziehungen knüpfen, wenn sie keine funktionierenden Beziehungen zu Männern aufbauen können. Ist es nicht logisch, mit dem Menschen zu leben, mit dem man sich am besten versteht?

Wenn eine Frau nicht den richtigen Mann findet, sollte sie sich dann nicht überlegen, ob sie ihre Freundschaften zu Frauen verbessert oder eine neue Art der Beziehung mit einer Frau eingeht, die auch physische Zärtlichkeit miteinbezieht? Anders gesagt, sollte sie nicht den Mann durch eine Frau ersetzen?

Ich will damit nicht sagen, daß alle Frauen eigentlich lesbisch sind, sondern darauf hinweisen, daß die Frauen sich noch einmal überlegen sollten, was unter einem langfristig frauenorientierten Lebensstil zu verstehen ist und ob man darin Geborgenheit und Glück finden kann.

DAS GLÜCK WEIBLICHER PAARE

Die Medien verherrlichen die heterosexuelle Liebe und Ehe. Die Kirche verherrlicht die Heilige Familie. Lesbische und nichtlesbische weibliche Paare sehen keine Zukunft für ihre Beziehung, kein wahres Ziel.

Wenn wir nicht die Wahl haben, auch mit einer Frau zusammenleben zu können, sei es in einer sexuellen oder in einer platonischen Beziehung, wie können wir dann die so dringend benötigte Gleichheit der Geschlechter auf emotionalem Gebiet erringen? Wenn wir sagen, nur ein Mann kann mein Geliebter sein, sagen wir dann nicht, Frauen sind mir nicht gut genug? Wird damit nicht der Wert der Frau in Frage gestellt?

Ich wiederhole: Sie brauchen diese Überlegungen nicht in die Tat umzusetzen. Sie müssen keine Lesbierin werden, nur weil Sie sich in einer Frauenbeziehung wohl fühlen. Doch Sie werden wahrscheinlich wissen wollen, was andere Frauen über die lesbische Liebe zu sagen haben und was sie tun, nicht wahr?

Die Thesen dieses Kapitels sollen Ihnen helfen, Ihren eigenen Lebensstil zu finden.

VII

SEX UND LEIDENSCHAFT ZWISCHEN FRAUEN: LESBISCHE BEZIEHUNGEN

Enge Liebesbeziehungen zwischen Frauen gibt es in vielen Formen. Modejournale und Musik-Videos rücken zur Zeit gern lesbische Frauen in den Mittelpunkt. Doch wie sieht die Realität hinter diesen – manchmal durchaus ansprechenden – Klischees aus?

In diesem Kapitel möchte ich auf die sehr unterschiedlichen Liebesbeziehungen zwischen Frauen aller Altersgruppen eingehen. Sie sind von tiefen Empfindungen geprägt, bei denen aber auch eine Portion Ausgelassenheit, Phantasie, Erotik, Tragik, Romantik und Spaß mitschwingt. Vergessen Sie alle Klischees und lassen Sie sich von wunderbaren Verbindungen erzählen. Auch die Beschreibungen von sado-masochistischen Formen der lesbischen Liebe dürfen hier nicht fehlen.

Ich werde auch auf praktische Fragen des Zusammenlebens eingehen. Wer bezahlt die Hypothek, wenn zwei Frauen gemeinsam ein Haus gekauft haben? Wer geht einkaufen? Wer macht sauber? Wie werden die häuslichen Pflichten aufgeteilt?

Sie werden erfahren, ob Sex zwischen Frauen wirklich so gut ist, wie es immer heißt, und was sich wirklich abspielt.

WENN SIE SELBST NICHT LESBISCH SIND.

Wir befassen uns hier mit einem brisanten Thema. Lesbische Beziehungen sind nach wie vor – auch wenn sie zur Zeit »in« sind – tabu. Und das in so hohem Maß, daß bereits ein positiver Bericht (wie es die Darstellung meiner Untersuchungsergebnisse ist) zu Verwirrung führen könnte. Das Thema ist emotional so aufgeladen, daß meinen Aussagen Bedeutungen beigemessen werden könnten, die nicht beabsichtigt sind. So könnte das vorliegende Kapitel beispielsweise dahingehend mißverstanden werden, daß nur eine Lesbierin wahrhaft solidarisch sein könne. Ich will hingegen nichts weiter, als die lesbische Lebensform unvoreingenommen darstellen. Wenn Sie sich dafür interessieren, wie es ist, lesbisch zu sein; wenn Sie wissen wollen, was sich in lesbischen Beziehungen abspielt, wie es mit Sex und Intimität aussieht, lesen Sie weiter.

Fühlen Sie sich nicht unter Druck gesetzt. Sie müssen nicht lesbisch werden, um eine großartige Frau zu sein und einen positiven Einfluß auf die Welt zu haben. Erinnern Sie sich an die Abschnitte über herkömmliche Frauenfreundschaften, Frauen im Beruf und die neuen Möglichkeiten für Beziehungen zwischen Frauen? Sie können Ihren eigenen Weg finden, um die Solidarität zwischen den Frauen zu vergrößeren. Alle Methoden sind wertvoll, alle bringen uns zum Ziel. Gerade unsere Verschiedenheit macht uns stark – wir sind wie ein Symphonieorchester.

Natürlich haben Sie das Recht, eine Liebesbeziehung mit einer anderen Frau auszuprobieren. Sexuelle Beziehungen zwischen Frauen sind interessant und angeblich sehr befriedigend, besser als Beziehungen zu Männern. Sie seien enger und wärmer sowohl im emotionalen wie im sexuellen Bereich. Doch sind sie etwas »Normales«?

Sind Lesbierinnen nicht »anders«? Können sie Kinder großziehen und sich ein gemeinsames Leben aufbauen, oder sind lesbische Beziehungen nur ein schöner Zeitvertreib, solange man jung ist? Stehen lesbische Frauen nicht irgendwann allein da, und niemand will etwas von ihnen wissen? Die Antwort lautet nein. Die Befragten meinen, man sei sogar weniger einsam im Alter, wenn man sein Leben auf Frauen ausrichte. Es sei ein großartiges Leben, das bestmögliche Leben. Lesen Sie selbst und fällen Sie Ihr eigenes Urteil!

WAS IST LIEBE?

Es ist eine Lust zu hören, wie Frauen ihre Bewunderung und Liebe für eine andere Frau zum Ausdruck bringen.

»Sie war die erste Beziehung meines Lebens – wahrscheinlich habe ich sie von allen Frauen bisher am meisten geliebt. Ich liebte sie mit größter Naivität und Hingabe. Sie war intelligent, sensibel, sanft, hilfsbereit und attraktiv – groß, langes braunes Haar und braune Augen, wie meine eigenen, strahlend und sehr ruhig. Inzwischen bin ich vorsichtiger geworden. Ich würde mich nie wieder jemandem so sehr hingeben. Doch jedes Gefühl, das ich später entdeckte, hatte seine Wurzeln in jener ersten Beziehung, die mich ganz und gar verzehrte.«

»Ich habe nie etwas Großartigeres erlebt als diese Liebe. Ich habe damals bereits nicht mehr daran geglaubt, daß es so etwas tatsächlich geben könnte. Doch als ich sie dann kennenlernte, stellte ich fest, daß alles, was ich jemals über Verliebtheit gelesen hatte, tatsächlich zutraf. Mit ihr erlebte ich es. Es ist wichtig, sich erst zu verlieben, wenn man mit

jemandem zusammenlebt, denn die Erfahrung ist so
verrückt und unglaublich. Ist die Beziehung später ge-
reift, ruhiger und von Dauer, kann man sich gemeinsam an
jene erste Zeit erinnern – eine große Hilfe, wenn die
ersten Probleme auftauchen. Besonders wenn sie wirklich
schrecklich werden, wenn der Anpassungsprozeß zu
schwierig und die Opfer zu groß scheinen, kommt es auf
die Liebe an. Unsere Beziehung besteht nun schon seit fast
fünf Jahren.«

WAS IST BESSER: VERLIEBTHEIT ODER LIEBE?

Etwa die Hälfte aller Lesbierinnen in meinen Untersuchungen ist der Meinung, die Verliebtheit sei zu flüchtig,
um eine Beziehung zu tragen. Die andere Hälfte glaubt
jedoch, es sei gut und wünschenswert, sich zu verlieben.
Mehr lesbische als heterosexuelle Frauen sind der Auffassung, das Gefühl der Verliebtheit sei eine gute Basis für
ein Zusammenleben. Die heterosexuellen Frauen ziehen
der leidenschaftlichen Verliebtheit eine fürsorgliche und
etwas vernünftigere Liebe vor.

Was ist eigentlich der Unterschied zwischen Verliebtheit
und Liebe?

»Verliebtheit läßt sich mit einer Droge, mit Euphorie,
einem hypnotischen Zustand vergleichen, in dem man das
Verantwortungsbewußtsein hinter sich läßt und wieder wie
ein Kind handelt. Liebe ist Vertrauen, Fürsorge, Einfühlungsvermögen.«

»Verliebtheit ist ein Hochgefühl, bei dem man einfach
abhebt. Für das Zusammenleben ist es aber wichtiger,
jemanden zu lieben.«

Es wird manchmal behauptet, Verliebtheit sei ein Zeichen mangelnder Reife, kurzlebig, unsicher. Ich bin, im Gegensatz zur herrschenden Meinung, nicht der Auffassung, daß es ein Zeichen der Unreife ist, wenn man aus einem Zustand der leidenschaftlichen Verliebtheit heraus eine feste Bindung eingeht. Vielleicht ist es sogar umgekehrt: Es ermöglicht um tieferer Gefühle willen das Ertragen von höheren Belastungen. Je »erwachsener« man ist, desto besser ist man in der Lage, die Schläge abzufangen und mit dem labilen Zustand umzugehen, den eine leidenschaftliche Partnerschaft zwangsläufig mit sich bringt. Es ist ohne Frage sicherer und einfacher, mit jemandem zu leben, von dem man nicht »umgehauen wird«.

DIE FREUDEN EINER LIEBESBEZIEHUNG ZWISCHEN FRAUEN: INTIME GESPRÄCHE UND UMARMUNGEN

Das Schönste in einer lesbischen Beziehung sei, geben die Frauen in meinen Untersuchungen an, zärtlich zu sein und sich dabei unterhalten zu können.

»Wir lieben uns, umarmen uns, reden, haben Sex, sind zärtlich zueinander, reden wieder – so sieht das tägliche Zusammenleben aus.«

»Ich liebe es, mit meiner Freundin vorm Fernseher zu kuscheln oder ein vertrautes Gespräch zu führen. Einander zu lieben ist phantastisch. Wir sind sehr zärtlich zueinander. Selbst in der Öffentlichkeit lassen wir uns von den Blicken und dem Gegrinse nicht einschüchtern. Wir ignorieren sie einfach. Wir sehen darin einen Weg, die Menschen an die Homosexualität zu gewöhnen.«

Lesbische Frauen sagen häufig, ihre Geliebte sei ihre beste Freundin, und sie hätten viel Spaß zusammen.

»Schon bevor wir ein Liebespaar wurden, machten wir Ausflüge in meinem Kabriolett, trafen uns zu Picknicks, gingen spazieren oder zum Schwimmen. Unsere Freundschaft hat mich schon immer erregt, ich war nervös, wenn ich mich mit meiner Freundin traf. Ihre Liebenswürdigkeit, ihre Schönheit ... Sie war immer für mich da.«

»Was uns gefällt? Gemeinsam zu musizieren, einander laut vorzulesen, zu wandern und Fahrrad zu fahren, einander im Arm zu halten und uns sehr nahe zu sein, ohne daß es jedesmal Sex gibt.«

Was macht nun den besonderen Reiz der Sexualität zwischen Frauen aus? Die Mehrzahl der Frauen sagt, Sex mit einer anderen Frau sei großartig. Frauen haben mit Frauen mehr Orgasmen als die Frauen in einer heterosexuellen Beziehung. Dazu gibt es zahlreiche Untersuchungen. Auch meine Umfragen, die in den Hite-Reports veröffentlicht wurden, bestätigen dies. Doch die Frauen nennen auch andere Gründe, warum sie Sex mit einer Freundin lieben, wie etwa die Gleichberechtigung der Partner, die Wärme und Sensibilität, das Geheimnisvolle einer solchen Beziehung, ihre Leidenschaft und Intensität.

WAS MACHEN FRAUEN SEXUELL MITEINANDER?

»Unser Sexualleben ist großartig! Absolut aufregend! Ich kann sie um alles bitten. Ich komme immer zum Orgasmus. Am besten sind die Erregung und das Gefühl der

Nähe. Ich habe Angst, nie wieder eine Geliebte zu finden, mit der es soviel Spaß im Bett macht. Für mich ist Leidenschaft sehr wichtig. Ich hätte nie eine wichtige Beziehung zu einer Frau ohne große Leidenschaftlichkeit. Ich mag zudem die Art, wie leidenschaftliche Frauen an das Leben herangehen. Leidenschaft ist nicht nur eine sexuelle Eigenschaft, es ist eine Lebenshaltung. Lieben heißt für mich, daß nichts wichtiger ist als das Wohlergehen meiner Geliebten.«

»Ich liebe ihre Brüste, Klitoris, Vulva, Vagina, ihren Anus. Ich liebe oralen Sex – liebe es, sie zu schmecken und zu riechen. Ich glaube, auch meine Geliebte hat Freude daran, mich zu sehen und zu riechen. Sie stimuliert mich hervorragend, auch wenn sie meine Klitoris kaum berührt. Ich muß sie nie führen, habe es allerdings die ersten paarmal getan. Jetzt kann sie mich zum Orgasmus bringen. Ich habe alle möglichen Phantasien – aggressive, brutale, liebevolle, exhibitionistische, sadistische, masochistische, solche, in denen ich vergewaltigt werde, heterosexuelle, bisexuelle, animalische, sodomitische und pädophile. Ich schlüpfe in die Rollen von Mann, Frau, Kind, Tier und was es sonst noch gibt. Meine Geliebte kann alles verkörpern, sie steht für ganze Kategorien von Leuten in allen möglichen Situationen. Ich erzähle ihr meine Phantasien vorher, während oder hinterher. Manchmal sage ich es ihr aber auch nicht. Und häufig gibt es keine Phantasien – nur uns.«

»Ich habe mich mit keinem Menschen je so frei gefühlt. Wir reden, während wir uns lieben. Ich sehe zu, wenn sie sich selbst befriedigt, das hilft mir, sie zum Orgasmus zu bringen. Ich bin am leidenschaftlichsten, wenn ich mich ihr sehr nahe fühle. Es ist, als ob ich wüßte, wohin ich gehe und daß ich mein Ziel erreiche. Ich habe fast immer einen Orgasmus. Ich mag oralen Sex, komme aber lieber manuell. Ich fahre darauf ab, ihr zu Gefallen zu sein und ihre Erregung zu spüren. Ich frage mich manchmal, was mir mehr Spaß macht, selbst einen Orgasmus zu haben oder zu fühlen, daß sie einen hat.«

WARUM BEHAUPTEN FRAUEN, SEX MIT FRAUEN SEI BESSER ALS MIT MÄNNERN?

»Mit Frauen dauert es bei mir immer viel länger als mit einem Mann. Zwanzig Minuten mit einem Mann, mindestens eine Stunde mit einer Frau, meistens aber länger. Frauen sind viel phantasiereicher als Männer. Meine Freundinnen waren außerordentlich zärtlich und dachten auch an meine Bedürfnisse, nicht nur an ihre eigenen. Die Frauen behandelten mich nicht wie eine Maschine, die befriedigt werden muß, und sie schliefen auch nicht sofort danach ein. Keine Frau hat mich je gefragt: ›Bist du gekommen?‹ Eine Frau weiß so etwas.«

»Ich brauche keine Angst zu haben. Erst die Erschöpfung setzt unserem Liebesspiel ein Ende. Ich muß mich nicht bemühen, einen Orgasmus zu haben, damit ich mich nicht um meinen Spaß betrogen fühle, wenn er seinen hat. Ich liebe es, sie zu lieben und geliebt zu werden. Eine Frau ist einfach großartig.

Vor fünf Jahren hätte ich das noch nicht geschrieben. Ich konnte Frauen nicht ausstehen. Ich sah wie eine ziemlich gelungene Nachahmung einer Barbiepuppe aus. Ich habe diese Ken-Typen jedoch immer wieder abgewiesen.«

Soll das heißen, daß Frauen, die den richtigen Mann einfach nicht finden können, in Wirklichkeit gar keinen Mann suchen, sondern eine Frau?

»Ich ziehe Frauen vor. Sie sind zärtlicher und liebevoller.«

»Ich halte Frauen für die besseren Geliebten; sie wissen, was eine Frau braucht. Und vor allem herrscht eine emotionale Nähe, die man mit einem Mann nie erreichen kann. Mehr Zärtlichkeit, Rücksichtnahme und Verständnis für die Gefühle. Die Männer waren meist mehr an ihrem eigenen Vergnügen interessiert als an meinem.«

»Es machte mir Spaß, weil sie eine Frau war und ich mich Frauen leichter hingeben kann; weil ihre Haut so sanft und weich war; weil ich mir keine Gedanken über den Orgasmus zu machen brauchte, es gab kein Programm, und ich brauchte mir keine Gedanken darüber zu machen, wie sie mich moralisch bewerten würde, wo auf der Leiter weiblicher Schwäche ich rangieren würde: Engel oder Hure?«

»Kein Vergleich! Der Sex ist viel weicher, liebevoller. Frauen sind viel fürsorglicher und ehrlicher in Beziehungen als Männer. Viel befriedigender. Wie Alix Dobkin singt: ›Die Konserve ist kein hausgemachtes Essen, reine Luft gibt's nicht im Stau, und in den Armen eines Mannes kriegst du nicht die Liebe einer Frau. Nie und nimmer!‹«

Der Ablauf des Geschlechtsverkehrs zwischen Frauen ist nicht festgelegt. Deshalb können Frauen so phantasievoll in der Gestaltung ihrer Beziehung sein.

Im Hite-Report über die weibliche Sexualität sowie in anderen Studien wird berichtet, daß Frauen in einer lesbischen Beziehung mehr Orgasmen haben als bei heterosexuellem Verkehr. Der Liebesakt dauert meist länger, der gesamte Körper ist mit einbezogen, und ein Orgasmus bedeutet nicht automatisch das Ende der sexuellen Spannung wie in vielen heterosexuellen Beziehungen.

MACHT UND BESITZANSPRUCH IN LESBISCHEN BEZIEHUNGEN (SADOMASOCHISMUS, BEHERRSCHUNG UND UNTERWÜRFIGKEIT)

»Ich habe noch nie ein so gutes Sexualleben gehabt, und das will etwas heißen! Wir stellten rasch fest, daß unsere Phantasien in erstaunlich ähnliche Richtungen gingen. Wir sind beide sehr leidenschaflich und kommen fast immer zum Orgasmus. Wir ficken besonders gern mit den Fingern oder mit Dildos, in jeder Position, die uns gerade einfällt. Wir lieben es beide, uns nicht frei bewegen zu können, und fesseln uns manchmal (natürlich immer nur eine) oder halten die andere fest. Wir mögen es rauh: heftige Umarmungen, Beißen, Haare raufen, gelegentliches Auspeitschen. Ich liebe es, ihre Fotze auszulecken, was sie verrückt macht.«

»Ich stehe auf rauhen, leidenschaftlichen Sex, weil man dabei sein gutes Benehmen vergißt. Man tut sich keinen Zwang an, wie so oft bei politisch korrektem Sex. S&L nennt meine Freundin den herkömmlichen Sex, süß und leicht. Meine gegenwärtige Geliebte und ich haben mit Fesselungen und Sadomaso experimentiert. Das fanden wir sehr aufregend.«

»SM spielt in meinem Sexualleben eine sehr wichtige Rolle. Noch kann ich die Gefühle, die ich dabei rauslassen kann, auf keine andere Weise so gut loswerden. Das Vertrauen zueinander muß sehr groß sein. Wenn es erst einmal vorhanden ist, ist es einfach, sich fallen zu lassen. Die schlechte Presse des Sadomasochismus hat sich bei der Verwirklichung meiner Phantasien ausgewirkt. Mit meiner Geliebten verbindet mich ein Vertrauen, eine Liebe und Offenheit, die alles Vergangene in den Schatten stellen.«

Eine andere Frau bot mir eine tiefgreifende Analyse ihrer Persönlichkeit und ihrer sadomasochistischen Beziehung:

»Nach zwei Jahren Trennung schlafe ich wieder mit meiner ersten Geliebten. Wir haben elf Jahre zusammengelebt, und wir kennen uns seit vierzehn Jahren.

Wir haben uns dreimal getrennt. Jedesmal war es schrecklich. Ich verlor meinen Appetit, meine Periode kam verspätet, ich war wie benebelt. Ich konnte nicht von ihr reden, ohne zu weinen. Nach dem zweiten Mal fühlte ich mich jedoch freier und war es tatsächlich auch. Ich ging enge Freundschaften mit anderen Frauen ein. Ihr erging es ebenso.

Ich bin in einem Zwiespalt, seit ich wieder mit ihr zusammen bin. Ich glaube nicht, daß ich in sie verliebt bin, aber mir ist klar, daß sie mich liebt und immer geliebt hat. Als ich in sie verliebt war, war es sehr wichtig für mich, daß sie mich bestätigte, mir ihre Treue bewies, daß sie sich partnerschaftlich verhielt, alles über mich wußte und akzeptierte. Nun, nachdem ich andere Beziehungen hatte, weiß ich, wie unrealistisch und zerstörerisch das war. Ich bin nicht länger so anspruchsvoll. Heute kann ich erkennen, wie sehr sie mich liebt. Bisher hatte ich das nie wahrgenommen. Ich will nicht mehr, daß sich mein Leben nur um sie dreht, wie früher, aber es verbindet uns noch viel Zuneigung und echte Fürsorglichkeit.

Früher war ich schrecklich eifersüchtig. Inzwischen halte ich nichts mehr von Monogamie. Ich will allerdings keinen unnötigen Schaden anrichten. Seit ich nicht mehr monogam bin, bin ich experimentierfreudiger. Ich gehe gern mit verschiedenen Frauen ins Bett. Ich bin von ihrer Vielfalt fasziniert.

Meine erste Geliebte, mit der ich jetzt wieder zusammen bin, hatte Freude daran, unsere Fesselungsphantasien in die Wirklichkeit umzusetzen. Wir kamen uns übrigens nahe, als sie mir erzählte, wie sie eine andere Frau dazu gebracht hatte, eine Prügelszene mit ihr zu spielen. Ich war geschmeichelt, weil sie so offen war. Als wir Geliebte wurden, spielte ich manchmal Szenen mit ihr, ich weigerte mich aber, sie zu schlagen. Ich sagte ihr, sie würde es nicht so toll finden, wenn sie eine Mutter wie meine gehabt hätte. Dann wüßte sie, wie es ist, wenn jemand auf Menschen und Tiere eindrischt. Doch im Laufe der Zeit wurde mir klar, daß ich ihr ebensoviel Zwang antat wie sie mir, und ich kam mir arrogant vor, wenn ich sie als nicht normal ansah, was immer das heißt.

Also fesselte ich sie, schlug sie mit einem Seil, und dann schliefen wir miteinander. Sie war wie verwandelt. Alle ihre Hemmungen waren verschwunden. Als sie kam, nahm ihr Gesicht den Ausdruck verklärter Schönheit an. Ich weiß nicht, wie ich es beschreiben soll. Danach hatten wir weiterhin SM-Sex. Ich fühlte mich pervers, aber gleichzeitig war ich glücklich, weil sie glücklich war. Als ich aktive Feministin wurde, befand ich mich in einem echten Konflikt und verließ sie schließlich. Unter anderem auch deshalb, weil ich das Gefühl hatte, ein Doppelleben zu führen.

Dann wurde SM ein Thema in der Frauenbewegung.

Als man meine Ansicht hören wollte, war ich ehrlich. Durch meine Erfahrungen in der Szene hatte ich angefangen, die Gefühle meiner Geliebten zu verstehen. Ich glaube, SM-Sex gab ihr Sicherheit. Statt ihre sexuellen Ängste verstecken zu müssen, durfte sie sie ausdrücken. Gewöhnliche sexuelle Begegnungen unterscheiden sich wenig von den üblichen gesellschaftlichen Begegnungen. Es wird erwartet, daß man freundlich und höflich ist und nichts Unerklärliches tut. Es wird auf keinen Fall davon ausgegangen, daß man Wut oder Angst zeigt. Indem meine Geliebte ihre Angst zum Ausdruck bringen durfte, konnte sie sie überwinden.

Wenn ich in späteren Jahren mit anderen Frauen schlief, war die Atmosphäre häufig angstgeladen. Darüber zu reden, war aber gegen die Regeln. Die einzige Art, den Druck zu lindern war, indem man sich plötzlich zurückzog oder sehr kalt und gleichgültig tat. Das tat dem anderen Menschen aber mehr weh, als geschlagen zu werden. Ich habe meine Geliebte nie fest geschlagen, ich brachte es nicht über mich.

Die Mehrzahl meiner feministischen Freundinnen lehnt SM-Sex ab. Auch ich habe ein merkwürdiges Gefühl, wenn ich darüber schreibe. Als ich merkte, daß mein Standpunkt nichts galt, daß meine persönlichen Erfahrungen den Frauen, die ich meine Freundinnen nannte und die ich seit Jahren kannte, egal waren, wurde ich depressiv und dachte an Selbstmord. Ich kam einfach nicht damit klar, daß Feministinnen sich genauso verhielten, wie die herrschende Clique damals in meiner Schule, und daß ich meine Beziehung für eine Sache aufgegeben hatte, die sich als so oberflächlich herausstellte.

Zwei Jahre später schlief ich wieder mit meiner einstigen Freundin. Ich wollte das eigentlich nicht, unter anderem, weil ich mich noch als Feministin fühlte. Aber es war unmöglich, nicht zu sehen, daß sie mich wirklich liebte und mit mir schlafen wollte. Also beschloß ich: Wenn ich schon die berüchtigte Sadomasochistin der Frauenszene war, wollte ich es wenigstens richtig sein! Ich wurde eine sehr kreative Sadistin und spielte die Rolle mit Bravour. Da ich es hasse, jemandem weh zu tun, dachte ich mir Strafen wie Spülen aus.

Ich lernte, daß Spannung alles war. Mit dieser Art der Kreativität kann man mehr geben als mit Geschenken oder extravaganten Liebesschwüren. Diese verbinden zwar, doch Kreativität ist auch für den Gebenden eine Belohnung und bewirkt nicht so ein Gefühl der Verpflichtung. Wie auch immer, meine Geliebte hat sich so sehr geändert, daß ich es für möglich halte, daß sie eines Tages ganz von SM unabhängig sein wird. Inzwischen scheint sie auch auf herkömmlichen Sex so zu reagieren wie früher nur auf SM.

Ich glaube, der rauhe sexuelle Umgang gehört in die Kategorie der Vergewaltigungsphantasien, die ich als Teenager hatte. Ich dachte, daß die Männer jene Frauen vergewaltigen, die sie am faszinierendsten und begehrenswertesten finden, wie in den Schauerromanen. Heute habe ich viele Phantasien und denke mir ständig neue aus – mein Phantasieleben scheint alles miteinzubeziehen, auch wenn die Grundsituation immer identisch ist. Weil ich in eine bestimmte Rolle schlüpfe – eine Königin, die ihrem Sklaven befiehlt, sie zu lieben; die Kunden einer Prostituierten; eine äußerst attraktive Frau oder ein toller Mann –, darf ich mir Sex erlauben, und mein Nachgeben ist in Ordnung. Alle haben ihren Spaß.

In Susan Griffins Buch *Pornography and Silence* las ich von gewalttätiger Pornographie in Snuff-Filmen. Das klingt grauenvoll, und ich kann mir nicht vorstellen, daß sie so anregend wirken können wie meine eigenen Bilder und Geschichten. Die Frauen der kommerziellen Pornographie sind so ausdruckslos, daß sie auf mich wirken, als sollten sie Menschen aus einem anderen Universum stimulieren.

Meistens trage ich die normale lesbische Kleidung, aber ich habe auch lange Kleider und würde auch elisabethanische Frauenkleider tragen, wenn ich könnte – ich bin allerdings sicher, daß sie unbequem sind. Ich weiß nicht, inwieweit meine Liebe zu schöner Kleidung daher rührt, daß ich von der Welt um mich herum, mit Ausnahme der feministischen Welt, sehr viel Rückmeldung bekomme, wenn ich auf mein Äußeres achte.

Ich habe die weibliche Sensibilität und Toleranz und vor allem die Fähigkeit der Frauen, zuzuhören, stets bewundert. Ich hatte immer den Eindruck, die Männer seien unfähig zu echtem Interesse an anderen Menschen und wollen sie nur ausnutzen.

Doch seit ich Feministin geworden bin, habe ich erlebt, daß Frauen genauso unsensibel sein können wie Männer. Sie mögen zwar mehr über Frauen wissen, wenden ihr Wissen jedoch entweder gar nicht oder nicht klüger an als die Männer. Seit ich Feministin bin, bin ich viel pessimistischer, was Frauen anbelangt, aber gleichzeitig auch realistischer.

Tiefe emotionale Beziehungen sind wirklich problematisch, fast unmöglich. Die meisten von uns sind so unerfahren, mit den echten Gefühlen eines anderen Menschen umzugehen, daß wir einfach nicht wissen, was wir bei einem Gefühlsausbruch des anderen tun sollen. Und wenn wir es wüßten, müßten wir eine Technik entwickeln, es in Windeseile zu tun: zwischen der Arbeit, den abendlichen Verabredungen, den im voraus geplanten Einladungen und allen anderen Aktivitäten, die das Leben ausmachen.«

SIND BEZIEHUNGEN ZWISCHEN FRAUEN BESSER?

Ist die Liebe zwischen Frauen anders? Herrscht mehr Gleichberechtigung? Verstehen sich zwei Frauen besser als Mann und Frau? Vielen Beziehungen zwischen Frauen scheint ein Hauch von Abenteuer und Romantik eigen, scheinen die – freudigen oder traurigen – Gefühle von höchster Intensität zu sein. Fast gewinnt man den Eindruck, die Gefühle seien realer, weil sie einer Frau gegenüber zum Ausdruck gebracht werden können, die versteht und reagiert – ob positiv oder negativ ist unwesentlich, denn jede Reaktion befriedigt. Das Schauspiel wird vor engen Freunden aufgeführt, die wissen, worum es geht. Die Freunde fungieren als Chor – wie im antiken Drama. Sie beobachten, wie die Menschen ihr Leben leben, Entscheidungen fällen, und geben manchmal ihren Kommentar ab.

Auch die Frauen in heterosexuellen Beziehungen haben sehr tiefe Gefühle. Die Situation ist jedoch eine andere. Den Frauen gelingt es oft nicht, ihren Partner zu veranlassen, direkt auf ihre Gefühle einzugehen, die Realität und Wahrheit ihrer Gefühle anzuerkennen. In einer solchen Situation kann sich eine Frau schrecklich einsam, nebensächlich und wertlos fühlen. Doch zum Glück kann eine Frau in dieser Lage Nähe in einer Freundschaft mit einer anderen Frau finden, wie das in den Kapiteln über Freundschaften besprochen wird. Liebe muß sich Luft machen können, angehört werden. In lesbischen Beziehungen ist das Gefühl des Gehörtwerdens meist vorhanden, selbst wenn es dafür öfter zu einem fürchterlichen Streit kommt.

Ich will die Unterschiede nicht hochspielen. Sie sind schwer zu beschreiben, schwer faßbar. Wie würden Sie die Unterschiede beschreiben?

Im folgenden einige Aussagen von Frauen, warum sie intime Beziehungen mit Frauen bevorzugen:

»Die Liebe zwischen zwei Frauen ist viel ernster als zwischen einem Mann und einer Frau. Frauen bewegen sich auf einem viel höheren emotionalen Niveau.«

»Sind Frauen bessere Partner? Ich kenne einige Frauen, die wie verwandte Seelen sind. Andere sind wie die meisten Männer – kalt, abweisend und unfähig, sich mitzuteilen. Sie nützen die Menschen aus und treten die Gefühle der anderen mit Füßen. Heißt das, daß sie die männliche Auffassung übernommen haben, nur Macht mache eine Beziehung attraktiv? Ich glaube, daß meine Beziehungen zu Frauen enger und befriedigender waren als die zu Männern, auch wenn sie sehr intensiv waren und wir möglicherweise zuviel herumanalysiert haben. Wir Frauen sind vielleicht noch nicht vollkommen, aber wir sind definitv auf dem richtigen Weg.«

»Die besten Beziehungen sind die zwischen Frauen. Sie sind gleichberechtigte Partner. Hin und wieder kommt es natürlich zu Auseinandersetzungen. Man lernt jedoch, mit dem Streit umzugehen und trotz Meinungsverschiedenheiten ein Team zu bleiben. Frauen haben mehr Teamgeist als Männer. Für mich kommt nur ein Frau als Partnerin in Frage. Besser geht es nicht.«

GEGEN PROBLEME IST NIEMAND GEFEIT.

»Es hieß immer, zwei Frauen würden die vollkommene Liebe erleben, nur die Männer brächten alles durcheinander und hätten keine Ahnung von der Liebe. Doch auch in

210

lesbischen Beziehungen kann es ähnlich zugehen. Die eine Frau ist distanzierter, die andere stellt ihre Unabhängigkeit über alles und so weiter. Die Liebe zwischen zwei Frauen ist nicht einfach der Himmel auf Erden.«

»Auch zwischen Frauen kommt es zu Machtkämpfen. Die eine hat mehr Geld als die andere und gibt dieser das Gefühl, weniger wert zu sein, weil sie finanziell abhängig ist. Auch was die emotionale Abhängigkeit angeht, gibt es ein ständiges Hin und Her: Wenn ich zu abhängig von ihr werde, fühlt sie sich verfolgt! Wenn sie zu sehr von mir abhängt, fühle ich mich verfolgt! Ist sie aber selbständig, drehe ich durch.«

»Wir finden es schwierig, einander Freiraum zu lassen, als Individuen zu handeln und dennoch ein Paar zu sein.«

Die mißbilligende Einstellung der Gesellschaft ist für die Lesbierinnen eine große Belastung.

»Es stört mich, daß wir Lesben in der Öffentlichkeit keine kleinen Zärtlichkeiten austauschen können – daß wir uns beispielsweise nicht küssen können, wenn ich nach Hause komme und wir Besuch von jemandem haben, der nicht lesbisch ist.«

»Die negative Haltung gegenüber Lesben ist das schlimmste. Es ist mühsam, ständig daran zu denken, daß sich alle über einen sehr wichtigen Teil meiner Persönlichkeit täuschen. Es würde mich wahnsinnig freuen, wenn diese Märchen über die lesbische Liebe vom Erdboden verschwinden würden. Ich bin ein normaler, gesunder, attraktiver Mensch, zumindest sagt man mir das. Ich will eine gesunde, liebevolle Beziehung wie jeder andere Mensch –

und ich will den vielen Problemen aus dem Weg gehen, die ich in heterosexuellen Beziehungen sehe, auch in den guten.«

Ist die Liebe zwischen Frauen gefühlsmäßig ausgeglichener? Haben Frauen anderen Frauen gegenüber mehr Selbstvertrauen, weniger Angst? Viele Frauen sagen, sie seien zufrieden mit der Art, wie sie geliebt würden, viele drücken aber auch Gefühle der Unsicherheit und Angst aus.

»Ich frage mich ständig, ob sie mich wirklich liebt oder ob ich sie etwa mehr liebe. Dieses Gefühl stört mich, denn meine paranoide Beschäftigung mit der Zukunft wirkt sich auf die Gegenwart aus.«

»Ich habe das Gefühl, sie mehr zu brauchen als sie mich. Ich bin etwas unsicher. Ich will, daß sie mich mehr braucht.«

»Zum Teil bestand das Problem darin, daß ich das Gefühl hatte, sie mehr zu brauchen als sie mich. Ich projizierte meine Unsicherheit und Wünsche auf meine Partnerin. Ich erwartete von ihr, daß sie für mich Entscheidungen traf. Deshalb mußten wir uns trennen.«

Die liebe Kommunikation! Warum klappt sie so schlecht, wenn man verliebt ist? Sollte man offen ausdrücken, was man empfindet?

»Ich hatte vor, den Samstagabend mit ihr zu verbringen. Sie rief am Nachmittag an und sagte, sie sei müde und fertig und müsse etwas verschnaufen. Ich schloß daraus, daß sie den Abend nicht mit mir verbringen wollte. Sie hatte aber nur gemeint, daß sie erst einmal ein wenig Zeit für sich brauchte, aber nicht den gesamten Abend. Ich war verletzt und wütend, daß sie nicht mit mir zusammensein wollte. Später haben wir uns dann doch getroffen und uns ausgesprochen. Der Abend war sehr nett.«

»Zuerst empfand sie für mich nicht soviel wie ich für sie. Als sie mir das eingestand, haßte ich sie. Ich war wütend. Ich tat so, als liebte ich sie weniger, als es tatsächlich der Fall war, um zu sehen, wie sie reagieren würde. Es funktionierte. Als ich sie links liegen ließ, lief sie mir hinterher. Ich sage ihr nie, wie sehr ich sie brauche und begehre, weil ich nicht will, daß sie sich erdrückt fühlt. Ich hänge sehr an ihr, sie darf das aber nicht wissen.«

Wie steht es eigentlich mit der gefühlsmäßigen Abhängigkeit? Was ist besser, Unabhängigkeit oder Abhängigkeit?

»Ich habe sie in ihrer Abhängigkeit von mir stets bestärkt. Sie wollte jemanden, an den sie sich anlehnen konnte, der Fahrpläne lesen und den Kontostand errechnen konnte. Ich habe ihr nie das Gefühl gegeben, daß sie das auch selbst tun könnte. Mir hat das sehr gutgetan, denn meine Mutter hat mir jahrelang in den Ohren gelegen, wie hilflos, abhängig und kindisch ich sei.«

IST »UNSICHERHEIT« EIN LIEBESBEWEIS?

Es wird viel Aufhebens von den Gefahren der emotionalen Überabhängigkeit gemacht, aber ist das nicht übertrieben? Vielen Frauen macht es Spaß, Bestätigung zu geben, Unsicherheit scheint zwischen Frauen akzeptiert zu werden, und Frauen reagieren darauf mit mehr Unterstützung als die Männer.

Manche Frauen sind der Meinung, es gehöre zu einer guten Beziehung, sich an die Partnerin zu klammern und emotional anspruchsvoll zu sein.

»Ich klammere mich an meine Geliebte und hänge emotional von ihr ab und sie von mir – warum sollte das nicht so sein? Wir sagen einander dutzendmale am Tag, wie sehr wir einander schätzen und lieben. Und doch können wir stark und unabhängig handeln, wenn die Situation es verlangt. Ich brauche ständige Bestätigung und gebe sie meiner Geliebten, die sie ebenfalls braucht. Jede Geliebte, die ich hatte, litt an diesen Ängsten. Ich liebe es, sie aufzubauen und ihr Vertrauen in die Beziehung tagtäglich zu stärken, auch wenn die Beziehung schon länger besteht.«

»Ich wäre glücklich, wenn meine Partnerin emotional von mir abhinge. Wie sehr sie mich auch brauchte – ich wäre für sie da. Ich habe nie das Gefühl gehabt, daß mich meine Partnerin erstickt oder besitzt.«

Wenn eine Frau sich unsicher und ungeliebt fühlt und nach Bestätigung sucht, warum ihre Gefühle mit so scheußlichen Etiketten wie »Unsicherheit« und »emotionale Bedürftigkeit« anprangern? Sind diese Gefühle wirklich so negativ? Sind sie nicht vielmehr ein Weg, eine Brücke zu anderen Menschen zu schlagen?

Frauen fühlen sich für das seelische Gleichgewicht der Partnerin verantwortlich. Sie nehmen ihren Partnerinnen diese Verantwortung nicht übel – im Gegensatz zu Männern.

»Wenn sie wütend auf mich ist, bleibe ich bei ihr, bis sie mir ihre Wut erklärt hat, denn das verletzt mich weniger, als ihr nicht nahe zu sein. Wenn sie mich innerlich ablehnt, sind wir einander nicht nahe.«

»Ich finde es gut, wenn sie mich darauf hinweist, daß ich etwas getan oder gesagt habe, das sie ärgert und unsicher macht – nicht, weil ich sie besorgt machen will, sondern weil mir ihre Ehrlichkeit die Möglichkeit gibt, mein Verhalten zu ändern oder es zu erklären. Ich will, daß sie Vertrauen in meine Liebe hat! Ich bin leider nicht vollkommen, deshalb bin ich sicher, daß ich mich von Zeit zu Zeit – auf ihre Kosten – zu wichtig nehme. Wenn sie mir ihre Verunsicherung nicht zeigen würde, könnte sich in ihr eine Wut aufstauen, mit der wir nie fertig werden würden. Durch ihre Ehrlichkeit können wir das Problem auf der Stelle lösen. Ich bin sehr dankbar, daß sie mich an ihrer Unsicherheit teilhaben läßt.«

Das sind gute Gewohnheiten im Umgang miteinander, die sich positiv auf das gegenseitige emotionale Wohlbefinden auswirken.

SEITENSPRÜNGE

Oft drehen sich die ernsten Auseinandersetzungen zwischen Frauen um andere Freundinnen.

»Sie mag es gar nicht, wenn ich Verbindung mit meiner früheren Geliebten aufnehme.«

»Am vergangenen Wochenende kam es zu einer großen Szene. Nachdem wir zwei Tage lang einander sehr nahe waren – wegen des schlechten Wetters blieben wir zu Hause –, erhielt sie am frühen Abend einen Anruf. Sie beantwortete ihn in meiner Gegenwart, und ich bekam mit, daß die Person am anderen Ende über irgend etwas bestürzt war. Als sie das Gespräch beendet hatte, fragte ich sie, wer das war, schämte mich aber sofort, weil ich in ihre Privatsphäre eingedrungen war. Sie sah mich an, gab aber keine Antwort. Ich dachte, sie würde es mir erzählen, wenn die Fernsehsendung, die wir uns gerade ansahen, vorbei wäre, aber sie sagte nichts. Ich war betroffen und ging früher als gewöhnlich nach Hause.

Am folgenden Abend trafen wir uns auf ihren Wunsch zum Abendessen. Sie wollte wissen, warum ich so kühl und ärgerlich sei. Ich sagte es ihr. Sie antwortete, sie hätte vorgehabt, es mir später zu erzählen. Der Anruf sei von einer jungen Frau gewesen, von der sie vor fünf oder sechs Wochen angemacht worden sei. Sie habe ihr gesagt, sie sei in festen Händen, aber diese Frau habe sie mehrmals angerufen, sie am Arbeitsplatz besucht, von der schlechten Beziehung zu ihrer Freundin erzählt. Sie habe mir nichts davon gesagt, weil sie wußte, daß ich wütend werden würde. Ich finde, sie war unaufrichtig. Sie hat nicht gemerkt, daß diese Frau versucht hat, sie auf anderem Weg zu kriegen.«

Die meisten Frauen sagen jedoch, sie schafften es, über Schwierigkeiten zu reden, bevor sie zu echten Problemen würden. Das sei das Schöne an den langen, ernsthaften Gesprächen.

Doch es gibt auch einige wenige Fälle, bei denen es bei Auseinandersetzungen zu Handgreiflichkeiten kommt.

»Wir hatten einen Riesenkrach über völligen Unsinn. Ich beruhigte mich schließlich. Sie nicht. Sie beschimpfte mich. Ich flehte sie an, aufzuhören. Ich fühlte mich gedemütigt. Sie schlug mich. Ich gab ihr eine Ohrfeige und sagte ihr, daß ich sie hasse. Ich meinte es ehrlich.«

»Sie wurde zweimal handgreiflich. Einmal, als wir noch einander den Hof machten und sie betrunken war – was übrigens selten vorkommt. Und einmal, als wir uns stritten, legte sie mir die Hände um den Hals, weil sie mich zum Schweigen bringen wollte. Ich bin selten jähzornig, doch da packte mich die Wut. Ich habe ihr vergeben. Aber ich werde das nie vergessen. Sie hat es nie wieder getan.«

»Meine erste Geliebte schlug mich, kurz bevor wir auseinandergingen. Sie war wütend. Ich ließ sie gewähren. Eines Tages habe ich sie jedoch gegen die Wand gestoßen, und sie wurde bewußtlos. Danach schwor ich mir, nie wieder handgreiflich zu werden.«

Doch weder die Finanzen noch die Hausarbeit verursachen in einer lesbischen Beziehung den meisten Wirbel. Das ist der Untreue vorbehalten.

Lesbische Frauen wissen ebensowenig wie heterosexuelle Frauen, ob sie von ihren Partnerinnen oder sich selbst Monogamie verlangen sollten.

»Könnte ich nicht-monogam sein? Ich beschäftige mich immer wieder mit diesem Thema. Mit meinem Verstand kann ich damit umgehen, Schwierigkeiten machen mein Herz und mein Stolz. Ich bin zu unsicher, um zu sagen, alles ist in Ordnung, auch wenn sie mit anderen Frauen schläft. Ich wünsche mir wirklich, daß ich in der Lage wäre, mich in einer nicht-monogamen Beziehung gut oder wenigstens okay zu fühlen. Ich glaube, ich wüßte lieber, was los ist. Früher war das umgekehrt, da hätte ich am liebsten nichts wissen wollen. Aber das bedeutet zuviele Lügen, Verschweigen und schließlich ewiges Mißtrauen.«

Die meisten lesbischen Beziehungen sind monogam.

»Ich könnte nicht mit einer anderen Frau schlafen, während ich mit ihr zusammenlebe. Es gibt absolut gar keinen Grund dafür. Ich will, daß auch sie monogam ist, und ich will es von ihr wissen, wenn sie es nicht ist.«

»Man kann seine Freundinnen wunderbar finden, aber warum muß man deshalb gleich mit ihnen schlafen? Es gibt Frauen, zu denen fühle ich mich sehr hingezogen, habe aber keine intimen Beziehungen zu ihnen. Ich habe meine Gefühle in andere Kanäle gelenkt.«

»Ich kann mir einfach nicht vorstellen, warum ich den Wunsch haben sollte, mit einer anderen Frau zu schlafen. Ich liebe meine Partnerin, ich will mit ihr zusammensein, ich will glücklich sein. Ich habe mit anderen Frauen geschlafen, aber warum sollte ich das tun, wenn ich eine feste Beziehung habe?«

Etwa ein Drittel der Frauen in lesbischen Beziehungen schlafen laut meinen Untersuchungen mit anderen Frauen, obwohl sie gebunden sind.

»Ich hatte eine Affäre mit einer anderen Frau, während ich mit meiner gegenwärtigen Geliebten zusammenlebte. Die Affäre wurde zu ernsthaft, und ich verliebte mich in meine neue Geliebte. Ich war aber, und bin es noch immer, sehr in meine gegenwärtige Geliebte verliebt. Ich war sehr durcheinander und hatte Schuldgefühle. Doch meine

Gefühle für die andere Frau wurden immer stärker. Schließlich fand meine Geliebte heraus, was los war, und wir hätten uns fast getrennt. Ich habe noch immer starke Empfindungen für die andere Frau, wir haben aber keine Affäre mehr. Ich glaube, so ist es besser, denn ich habe noch immer die Frau, die ich wirklich liebe.«

»Ich war neun Jahre jünger als meine Partnerin und hatte das Gefühl, ich müßte noch ein paar Erfahrungen machen. Es war nur Sex. Ein paarmal hier und da.«

»Ich wollte sehen, was meiner Geliebten daran so gefiel, und wollte mich vielleicht auch rächen. Ich war entsetzlich wütend, und sie war viel unterwegs. Als ich einmal mit einer Frau in einer anderen Stadt war, habe ich es ausprobiert. Es machte mir Spaß. Da habe ich es wieder getan, hatte ein paar Affären, die nur eine Nacht dauerten. Nun habe ich die dritte Beziehung neben meiner Beziehung. Die beiden anderen waren nichts Ernstes, aber diese könnte es werden.«

Lesbische Frauen haben prozentual weniger Affären als heterosexuelle verheiratete Frauen oder Frauen mit einem festen heterosexuellen Partner. Lesbische Frauen wissen schneller über die Affäre ihrer Partnerin Bescheid als heterosexuelle Frauen, was möglicherweise damit zusammenhängt, daß sie sich emotional sehr nahe stehen und ihre Beziehung auch verbal teilen. Wenn eine Frau entdeckt, daß ihre Geliebte eine Affäre hat, ist sie meist sehr bestürzt.

»Meine letzte Geliebte war zweiundvierzig und hatte zwei Kinder. Wir waren zwei Jahre zusammen. Ich habe die Beziehung sehr ernst genommen und ging davon aus, daß wir eines Tages zusammenleben würden. Ich war ihr völlig ergeben, auf eine Weise, die selbst mich überraschte. Sie mißtraute mir jedoch und begann, mit mir herumzuspielen, um zu sehen, was sie sich erlauben durfte. Ich ließ sie gewähren und erfand Ausreden wie: Sie muß das tun. Es ist wichtig, daß ich ihr erlaube, ihre Bedürfnisse auszuleben. Und das tat sie gründlich. Ich reichte ihr den kleinen Finger, und sie nahm die ganze Hand. Ging mit Halbwüchsigen aus, um mich eifersüchtig zu machen. Ich erfand immer neue Entschuldigungen für sie. Schließlich wurde es ganz schrecklich, und wir trennten uns nach einer riesigen Auseinandersetzung.«

»Ich war furchtbar eifersüchtig, als sie mich betrog. Sie log mich fortwährend wegen anderer Frauen an. Ich las ihr Tagebuch. Manchmal haßte ich sie geradezu. Wir hatten heftige Kämpfe, in denen sie mich schlug und ich zurückschlug. Sie hat mir Dinge angetan, von denen ich nie geglaubt hätte, daß ich sie schlucke, aber ich bin immer wieder zu ihr zurück. Jetzt ist es mir völlig egal. Ich bin sehr unabhängig. Ich habe mit ihr weitergemacht, als ich es nicht hätte tun sollen. Aber eine Trennung ist schrecklich. So schlimm wie eine Scheidung. Ich versuche, darüber hinwegzukommen, indem ich jede Menge Sex und Spaß habe. Ich habe mir den Arsch aufgerissen, um diese Beziehung drei Jahre am Laufen zu halten, aber nun ist Schluß – auch wenn ich den absolut besten Sex meines Lebens mit ihr hatte. Doch eine neue Frau, die ich heimlich sehe, ist im Bett auch nicht übel. So scheint auch die sexuelle Verbindung zu meiner Freundin in die Binsen zu gehen. Die neue Frau und ich, wir haben sehr körperlichen, sehr verbalen Sex. Sie nimmt kein Blatt vor den Mund: Sie sagt mir, wie scharf sie ist und wie ich dabei aussehe. Es ist einfach großartig.«

»Wir waren in der Disco, und ich wurde eifersüchtig, weil so viele Frauen meine Freundin ansprachen. Am nächsten Tag habe ich mich sehr geschämt. Ich wollte es ihr erklären. Doch bevor ich dazu kam, sagte sie: ›Hör zu, ich muß heute abend unter Leute, laß uns ins Kino oder sonstwohin gehen.‹ Ich erklärte mich einverstanden.

Als ich von der Arbeit kam, schminkte sie sich und empfing mich mit den Worten: ›Laß uns in eine Bar gehen.‹ Und ich sagte: ›In eine Bar? Ich habe keine Lust, in eine Bar zu gehen. Ich muß mit dir reden, ich möchte mit dir allein sein.‹ Sie beharrte aber darauf, wenigstens eine Weile in eine Bar zu gehen. Schließlich verlor ich die Nerven, und sie sagte: ›Ich will nur einfach in eine Bar. Ich will nicht immer nur ernsthaft reden. Du willst dich nie amüsieren!‹

Ich war nicht stark genug, um sie alleine losziehen zu lassen.

In der Bar traf ich ein Mädchen, das ich kannte, und wir unterhielten uns. Meine Freundin war glücklich, denn nun konnte sie losziehen und tun, wozu sie Lust hatte. Sie blieb vor der Tür und unterhielt sich. Einmal kam sie zu mir gerannt und sagte: ›Ist das nicht wunderbar? Wir amüsieren uns großartig, du hier, ich dort, und doch sind wir zusammen. Jede von uns kann neue Menschen kennenlernen, und dennoch sind wir zusammen. Wenn das keine reife Beziehung ist.‹

Ich sagte nur: ›Ja, ja‹ und ließ mich mit Rum vollaufen, bis ich total blau war. Jemand verfrachtete mich in ein Taxi, jemand brachte mich zu Bett. Ich weiß nicht mehr, wann ich nach Hause kam.

Am folgenden Morgen wachte ich auf und geriet in Panik, sie war nicht da. Ich stand auf und fand sie nirgendwo im Haus. Ich drehte durch. Da rief sie an, und ich fragte sie: ›Warst du gestern nacht zu Hause? Hast du bei mir geschlafen?‹ Und sie war richtig sauer und sagte: ›Klar habe ich bei dir geschlafen.‹

Sie hatte das Haus morgens um sieben verlassen. Sie konnte nicht schlafen und war völlig aufgelöst, weil ich in meinem Suff nur von Verantwortung und Geld geredet hatte und daß jemand die Wäsche erledigen müsse. Mein ganzer aufgestauter Ärger war herausgekommen. Vier Tage lang war ich völlig daneben. Danach bin ich zu meiner Therapeutin. Ich wollte das nicht noch einmal mitmachen. Ich werde die Sache nun in den Griff kriegen.«

GEHÖREN PARTNERWECHSEL UND DROGEN ZUR SZENE?

Wechseln junge Frauen häufig ihre Partnerin? Werden in der Szene Drogen genommen?

Einige Frauen Anfang Zwanzig behaupten, es käme zu häufig zu einem Partnerwechsel zwischen Freundinnen, die sich kennten. Das liege möglicherweise daran, daß die lesbischen Gruppen in den meisten Orten zu klein seien. Es würden auch viel Drogen genommen, in einigen Discos, in denen sich Frauen treffen, nehme man vor allem Ecstasy:

»Die Gruppen werden richtig inzestuös. Eine Frau schläft mit der Ex-Geliebten einer anderen und dann mit ihr. Jede weiß, was jede tut. Wenn wir Affären mit unbekannten Frauen hätten, wäre wahrscheinlich alles einfacher – aber die Lesbengemeinde hockt so eng aufeinander, und es sind so wenige, da schläft man dann schließlich mit den Geliebten von Ex-Geliebten und gemeinsamen Freundinnen, und manchmal tut das sehr weh. Das geht ständig so, und niemand hat Skrupel. Niemand hat moralische Bedenken.«

222

»Ich fühlte mich sehr unter Druck gesetzt, Kokain zu nehmen, weil es viele der anwesenden Frauen taten. Ich wollte einen erfahrenen Eindruck auf die Frau machen, auf die ich ein Auge geworfen hatte. Sie sollte doch nicht denken, ich hätte Angst davor! Ich wollte auffallen, sie sollte mich gutfinden. Leider wurde mir schlecht. Ich mußte nach Hause gehen.«

Eine andere Stimme meint, die Szene sei zu zynisch. Sie stellt die Frage, ob einige Frauen unbewußt meinen, daß eine Beziehung zu einer Frau unmoralisch und unrecht sei und daß sie sich deshalb auch in anderer Hinsicht »unmoralisch« verhalten könnten.

»Einige Frauen vertreten die Auffassung, wir seien sowieso unmoralisch, weil wir Lesben sind. Als Lesbe habe man eine alternative Lebensform gewählt, warum solle man also nach dem Moralkodex der Gesellschaft leben? Wir haben uns bei der Partnerwahl nicht an die vorgegebenen gesellschaftlichen Normen und Verhaltensweisen gehalten, warum sollten wir monogam sein? Monogamie sei Teil der Gesellschaftsordnung.

So denken viele. Diejenigen, die daraus eine Ideologie gemacht haben, sind allerdings diejenigen, die am meisten plärren, wenn ihre Freundin eine andere vögelt. Zuerst sagen sie, es sei in Ordnung, so sei es nun einmal. Sind sie aber selbst betroffen, sieht die Sache ganz anders aus. Ich habe das bei zwei Freundinnen miterlebt. Erst haben sie mir und meiner Freundin gegenüber behauptet: ›Es ist nichts dabei, eine Affäre zu haben. Ich habe eine, und meine Freundin hat eine. Wir haben das schon im Griff, denn sowas ist einfach unvermeidlich.‹ Als die Sache dann aber schiefging, drehte diejenige, die große Töne gespuckt hatte, völlig durch!«

In einer lesbischen Beziehung die »andere Frau« zu sein, kann eines Tages zur Hölle werden …

»Meine gegenwärtige Freundin hatte eine monogame Beziehung, als wir uns kennenlernten. Erst nach anderthalb Jahren, in denen wir eine stürmische Affäre hatten, brach meine Freundin mit ihrer Freundin. Es war die Hölle. Ich wollte, daß sie sie verläßt. Wir sahen uns manchmal wochen- oder monatelang nicht. Wenn wir es nicht mehr aushalten konnten, trafen wir uns wieder.«

»Meine erste Beziehung hatte ich mit einer verheirateten Frau. Ich war zwanzig und hatte keine Ahnung, worauf ich mich einließ. Ich wollte, daß sie sich scheiden ließ, nicht meinet- sondern ihretwegen. Leider zog sie nicht mit mir zusammen, und es war die schlimmste Hölle (eine der vielen) meines Lebens.«

»WIR SIND FRAU UND FRAU.«

Ein Drittel der lesbischen Frauen in meiner größten Untersuchung betrachtet sich als verheiratet.

»Wir sind Frau und Frau. Es war ursprünglich ihre Idee, daß wir heiraten sollten. Sie hat mich gefragt. Wir haben uns entschlossen zu heiraten, weil wir sehr voneinander angezogen waren. Es war keine schwierige Entscheidung. Ich bin gern verheiratet. Das beste daran ist die beständige Liebe, das schlimmste sind die Kämpfe. Meine Gefühle für sie haben sich nicht verändert.«

»Ich war sehr viele Jahre mit einer Frau verheiratet. Die Ehe bedeutet Sicherheit, und das gefällt mir. Es geschah, als ich mir eingestand, daß ich auch in der Zukunft bei ihr sein wollte. Ich gab die herkömmliche Religion und meine Familie auf, als ich heiratete. Die Entdeckung, wie unecht und unsicher die Ehe ist, war fürchterlich. Ich hatte erwartet, daß alles so sein würde, wie man es mir erzählt hatte, aber es war völlig anders.«

KANN EINE LESBISCHE BEZIEHUNG VON DAUER SEIN? KANN MAN EIN LEBEN DARAUF AUFBAUEN?

Die Mehrzahl der Frauen sieht die größte Schwierigkeit darin, eine dauerhafte Beziehung aufzubauen – davon abgesehen, daß sie diese Beziehung verstecken müssen. Einige sehen die Ursache dafür darin, daß die Ehe zwischen Frauen nicht institutionalisiert ist.

»Ich frage mich manchmal, ob nicht viele der Probleme bei lesbischen Beziehungen ihre Ursache darin haben, daß wir Betroffenen sie wie heterosexuelle Beziehungen aufzuziehen versuchen, daß wir uns bemühen, sie so zu gestalten, wie wir als junge Menschen gesehen haben, daß Beziehungen funktionieren. Ein Zusammenleben gegen die Konventionen ist viel schwieriger zu bewerkstelligen. Die herkömmliche Ehe ist eine recht gute Sache, wenn die traditionellen Rollen zufällig zwei Individuen liegen. Jeder weiß, wo es längsgeht und was von ihm erwartet wird. Das gibt wahrscheinlich Sicherheit.

Für die meisten von uns, die wir in lesbischen Beziehungen oder Ehen leben, gibt es keine Regeln. Man muß sich seine eigenen Vorschriften geben, und zwar während man in der Beziehung lebt. Als in den Sechzigern alle die herkömmliche Ehe abschaffen wollten, weil Monogamie spießig sei, führte das dazu, daß niemand das Recht zu haben glaubte, gegen bestimmte Verhaltensweisen zu protestieren. Das funktionierte natürlich auch nicht.«

Viele lesbische Frauen haben Angst davor, daß sie in ihrem Leben von einer Beziehung zur nächsten eilen. Selbst eine zehnjährige Beziehung scheint ihnen nicht gefestigt.

»Zur Zeit bin ich glücklich, aber ich frage mich, wie lange unsere Beziehung dauern wird. Ich traue ihr und weiß, daß ich auf sie bauen kann. Ich fühle, daß sie mich und meinen Körper liebt – doch was wird geschehen, wenn die Liebe stirbt?«

»Ich frage mich, was geschieht, wenn man älter wird. Ist es normal, daß die Leidenschaft nach einer Weile vergeht? Was macht man dann? Bleibt man zusammen, weil man sich dazu verpflichtet fühlt, und langweilt sich ein Leben lang? Oder treibt man von einer Partnerin zur nächsten, alle paar Jahre, je nachdem, wie man sich verliebt?

Ich bin manchmal ganz schön deprimiert. Ich habe das Gefühl, daß keine Beziehung länger als drei Jahre halten wird. Werde ich mein ganzes Leben lang versuchen, mit verschiedenen Frauen zusammenzuleben? So habe ich mir mein Leben nicht vorgestellt. Ich meine, die Bindungen sollten mehr von Dauer sein. Vielleicht kommen und gehen die Beziehungen, egal wie intensiv sie am Anfang sind. Ich werde zynisch in meinem Alter! Wenn ich verliebt bin, habe ich sehr viel Energie und bin sehr weltoffen!«

DIE DAUER VON LESBISCHEN BEZIEHUNGEN IM VERGLEICH ZU HETEROSEXUELLEN EHEN

Die Frauen haben zwar das Gefühl, daß lesbische Beziehungen weniger solide oder dauerhaft als heterosexuelle Bindungen seien, das entspricht jedoch nicht den Tatsachen. Statistisch gesehen sind sie genauso dauerhaft. Die durchschnittliche lesbische Beziehung von Frauen über neunundzwanzig ist nicht sehr verschieden von der durchschnittlichen Länge der Beziehungen von heterosexuellen Frauen dieser Altersklasse.

Die Scheidungsrate in den westlichen Ländern ist inzwischen sehr hoch (um die 50 Prozent). Die Durchschnittsehe dauert statistisch gesehen nur noch sieben Jahre. Die durchschnittliche lesbische Beziehung hingegen dauert zehn Jahre, wenn man die Erfahrungen von Frauen mitzählt, die heute über vierzig sind. Es gibt keine »lesbischen« Scheidungsstatistiken, weil es keine Scheidung gibt.

Können Frauen einander die dauerhafte Geborgenheit geben, die bei heterosexuellen Verbindungen erwartet wird?

Laut meinen Untersuchungen lebten über ein Drittel der Frauen über dreißig in Beziehungen, die über zehn Jahre alt waren; 46 Prozent der Frauen über vierzig hatten ähnliche Langzeitbeziehungen. Je älter die Frauen sind und je mehr Zeit und Erfahrung sie hatten, eine Beziehung aufzubauen, desto länger halten diese.

Über die Hälfte aller wichtigen lesbischen Partnerschaften verwandelt sich nach Beendigung der sexuellen Beziehung in eine lebenslange Freundschaft.

Man kann also durchaus sagen, daß diese Beziehungen von Dauer sind. Die Mehrzahl der lesbischen Frauen bleibt lebenslang eng mit derjenigen Ex-Geliebten befreundet, die einmal eine wichtige Rolle in ihrem Leben spielte.

»Wir waren früher ein Paar und leben seit zehn Jahren zusammen, seit die sexuelle Beziehung beendet ist. Wir sind sozusagen Familie füreinander.«

»Ich habe neun Jahre lang mit einer Frau zusammengelebt. Das war die wichtigste Beziehung meines Lebens. Wir betrachteten uns als verheiratet. Jetzt sind wir Freunde. Sie ist begabt, intelligent, kreativ und sehr sensibel. Wir lassen nie länger als eine Woche verstreichen, ohne Kontakt aufzunehmen. Einen Teil meiner Persönlichkeit verdanke ich dieser Beziehung. Ich liebe diese Frau.«

»Die Frau, die drei Jahre lang meine Geliebte war, ist jetzt meine Geschäftspartnerin und meine beste Freundin. Sie ist fast jeden Tag bei mir, verbringt oft die Nacht bei mir. Wir haben uns wegen der Unterschiede im sexuellen Verlangen, der physischen Voraussetzungen und einiger kleiner Differenzen im Persönlichkeitsbereich getrennt. Der Wunsch bestand gegenseitig, und es war nicht schwierig. Die Trennung kam mehr einer Umbewertung unserer Beziehung und einem Eintreten in ein neues Stadium gleich. Nun liebe ich sie mehr – wir sind ausgezeichnete Freundinnen. Wir haben getrauert, als unsere Zeit als Paar vorbei war, und dennoch fühlen wir uns nun viel freier.«

Eine lesbische Beziehung hat vielleicht nicht die gleiche gesellschaftliche Stellung wie eine heterosexuelle Beziehung – besonders nicht im Vergleich mit einer Familie, die nicht glücklich zu sein braucht, um Status zu gewährleisten –, doch die Frauen in meinen Untersuchungen geben einander hohe emotionale und sogar finanzielle Sicherheit. Ein Vorbild für eine lebenslange Beziehung ist wohl die von Gertrude Stein und Alice Toklas.

Viele Frauen sind es leid, nach dem richtigen Sexualpartner zu suchen. Denn das ist gar nicht das, was sie sich wirklich wünschen; sexuell gute, dauerhafte Beziehungen mögen wunderbar sein, reichen aber nicht. Viele Frauen sehnen sich nach der großen Liebe, die ein ganzes Leben hält.

Natürlich fragen sich Lesbierinnen, ob sie je die Frau ihrer Träume finden, je die ersehnte dauerhafte Beziehung zu einer Frau haben werden.

»Ich erhoffe mir von einer Beziehung, daß sie wie eine Ehe ist. Wenn ich mir die lesbischen Beziehungen in meiner Umgebung ansehe, halte ich die Verwirklichung meines Wunsches kaum für möglich. Sie wissen schon, was ich meine, zuerst sucht man sich ein Häuschen, etc. etc.

Manchmal habe ich es satt, mich dauernd abzumühen, meine Beziehungen zum Funktionieren zu bringen. Die Frage ist doch, komme ich irgendwann mal ans Ziel? Es ist doch nicht auszuschließen, daß sie mich für eine jüngere, intelligentere oder ältere Frau – oder einen Mann! – verläßt.

Vielleicht würde die Beziehung mit einer Frau, die Kinder hat und an Verantwortung gewöhnt ist, mehr Sicherheit bieten. Vielleicht sollte ich eine feste Beziehung mit einer Frau haben, die älter ist als ich – eine, die weiß, was es heißt, Verantwortung zu tragen. Ich habe jahrelang für mich und die anderen Familienmitglieder sorgen müssen, obwohl ich noch keine dreißig bin. Den Frauen, die ich in der Lesbenszene kennenlerne, fehlt es an Verantwortungsbewußtsein.«

Hier die Angst und Frustration einer anderen Frau:

»Feste Beziehungen sind schwer zu finden. Selbst meine Freundinnen mit festen Bindungen haben außereheliche Affären, auch wenn es nicht zum Bruch kommt. Was soll man also anstreben? Sucht man die Sicherheit von Liebe und Fürsorge oder ist man ständig auf der Jagd nach der Leidenschaft? Und wenn diese abkühlt, macht man sich dann vom Acker und sucht sich eine neue Partnerin? Ich weiß es nicht. Wenn ich jedoch alles, was ich habe, in eine Beziehung stecke, weil ich mein Leben darauf gründen will, muß es eine feste Beziehung mit jemandem sein, der die Verantwortung mit mir teilt, jemand, der mitmacht und ebenfalls die Absicht hat, ein Leben aufzubauen.«

Eine weitere Angst: Ist man am Ende alt und allein?

Eine ältere Frau beurteilt den Wandel der Beziehungen im Verlauf eines Lebens positiv:

»Fast niemand bleibt ein ganzes Leben lang zusammen. Ich bin seit dreißig Jahren lesbisch. Ich habe lange Beziehungen gehabt, meine Freundinnen auch. Früher haben wir uns deswegen Gedanken gemacht. Wir dachten, heterosexuelle Paare blieben viel länger zusammen als lesbische, und das läge natürlich daran, daß wir viel weniger Probleme hätten, uns zu trennen, weil wir weder eine Scheidung brauchten noch den ganzen anderen juristischen Kram. Zudem hatten die meisten von uns keine Kinder. Im Gegensatz zu heute hatten sehr wenige von uns genug Geld, um gemeinsames Eigentum zu erwerben. Alles war einfacher für Lesben. Verheiratete Frauen haben ihren Mann oft nicht verlassen, weil sie nicht arbeiteten und es sich finanziell nicht leisten konnten. Es gab eine Menge wirtschaftlicher Zwänge, die es bei den Lesben nicht gab.

Schwule Männer bleiben über Jahre zusammen, das war schon immer so, weil Monogamie für sie nicht wichtig ist. Sie bleiben zusammen, wenn sie gut miteinander auskommen. Sie lassen sich die Freiheit, mit anderen zu vögeln. Sie haben in diesem Punkt keine Probleme. Die Beziehungen werden von dem Gefühl zusammengehalten, nach Hause zu gehen, zu dem guten alten Kumpel, an den man gewöhnt ist und mit dem man zusammenlebt. Die meisten Frauen bringen das emotional nicht fertig. Frauen sind psychologisch völlig anders.«

Sind Trennungen für lesbische Frauen besonders schwer? Angesichts der Tatsache, daß eine lesbische Beziehung keine offiziell anerkannte Lebensform ist, stellt sich die Frage, ob die Trennung für lesbische Frauen ein größeres Trauma darstellt. In der Regel muß der Trennungsschmerz vor der Umwelt versteckt und somit allein durchgestanden werden.

Die Trennung von der ersten Geliebten kann zur Folge haben, daß eine Frau sich wieder ganz von neuem entscheiden muß, ob sie lesbisch ist und ob sie es bleiben will.

»Meine erste große Liebe erlebte ich mit achtzehn. Als wir uns trennten, war ich sehr verwirrt. Ich fragte mich, ob ich tatsächlich lesbisch war oder ob sie die einzige Frau war, die ich je lieben würde. Ich fühlte mich wirklich sehr allein und einsam. Da ich kein gutes Verhältnis zu meinen Eltern hatte, konnte ich ihnen nicht sagen, was los war. Ich war im Studium, und es war ein Wunder, daß ich die Prüfungen bestanden habe. Vielen meiner lesbischen Freundinnen erging es wie mir. Die erste Trennung war vernichtend, denn sie warf die ganzen Fragen wieder auf. Man mußte sich entscheiden: War es eine Wahl fürs Leben, oder war es nur diese eine Frau? Es war wirklich schmerzhaft, aber entscheidend für mein eigenes Coming out. Ich habe heftiger geweint als je in meinem Leben.«

»Die Frau, mit der ich zusammenlebte und noch viele Jahre zusammenbleiben wollte, ist nun meine engste Freundin. Unser Verhältnis endete vor einigen Jahren. Ich bin noch immer etwas in sie verliebt. Ich war glücklich in der mittleren Periode unserer Beziehung. Ich war zwar nicht mehr verliebt, hatte aber begriffen, daß ich geliebt wurde und fürchtete noch nicht, ihre Liebe zu verlieren. Als ich sie verlor, litt ich sehr. Ich weinte mich in den Schlaf, weil ich sie nicht dazu bringen konnte, mich zu lieben und zu begehren. Ich war damals so einsam wie noch nie in meinem Leben.«

»Es war entsetzlich, als meine erste lange Beziehung in die Brüche ging – auch wenn ich wußte, daß sie mir das, was ich brauchte, nicht geben konnte. Der Schmerz war ungeheuerlich. Es dauerte lange, bis ich wieder schlafen konnte, ohne daß der Fernseher lief – ich weinte pausenlos, der Schmerz schien endlos. Ich war nie verheiratet oder geschieden, aber Schmerz ist Schmerz. Ich hatte keine juristischen Probleme, mit denen ich mich auseinandersetzen mußte, was die Sache vielleicht noch schlimmer gemacht hätte. Bei vielen lesbischen Paaren ist das der Fall, denn sie besitzen vielleicht ein Haus zusammen.«

»Als ich sie verließ, dachte ich, mein Leben sei vorüber. Das liegt nun zwei Jahre zurück, tut aber noch immer weh. Selbst heute ist noch nicht alles zwischen uns geregelt. Wir sind ziemlich gute Freundinnen, sehen uns zwei oder dreimal im Monat, aber wir vermeiden es, über uns und unsere Vergangenheit zu reden. Wenn sie finanzielle oder moralische Unterstützung braucht, scheine ich die erste zu sein, an die sie sich wendet. Als ich sie verließ, habe ich verstärkt gearbeitet, mir selbst gegenüber unverantwortlich gehandelt und eine Menge getrunken. Ich hatte das Gefühl, nichts sei fest oder von Dauer im Leben, und so sehe ich die Dinge noch heute.«

Mit Sicherheit sind nicht alle Trennungen so schmerzlich. Irgendwann wird vielen Frauen klar, daß ein Bruch nicht bedeutet, daß man im Leben versagt hat.

»›Es kam zum Bruch‹ ist eine schreckliche Wendung. Sie sollte verboten werden. Wenn man wirklich liebt, baut man etwas auf, das unzerbrechlich ist. Es hat mich mit höchster Freude erfüllt, als ich feststellte, daß die drei Menschen (zwei Frauen und ein Mann), die ich wirklich geliebt habe, mir noch immer sehr nahe stehen. Ich habe das Gefühl, daß sie meine wahren Freunde sind. Eine der Frauen würde alles für mich tun. Und auch die Romantik ist noch immer da. Es ist wunderschön. Es geht nicht darum, das Leben miteinander zu verbringen. Es geht um große Zuneigung und Respekt. Ich bin reicher und stärker, weil ich sie gekannt habe, und umgekehrt.«

WIE SCHAFFT MAN ES, DASS EINE BEZIEHUNG FUNKTIONIERT?

Eine Frau, die viele Jahre in einer festen Beziehung verbracht hat, sagt: »Ich glaube, es gibt nur eine Methode, wie eine Beziehung funktionieren kann, und das ist, daß beide sich voll engagieren und bereit sind, an den Problemen zu arbeiten. Wir versuchen, kleine Mottos im Sinn zu behalten wie ›Ist das wirklich wichtig für mich?‹ und auch nicht zu vergessen, daß wir auf der Seite unserer Partnerin stehen wollen, was immer geschieht. Diese Dinge fehlten in meiner einunddreißig Jahre währenden Ehe mit einem Mann. Nun habe ich das Gefühl, mit meiner Freundin verheiratet zu sein. Wir haben eine wirklich wunderbare Therapeutin. Bei schwierigen Problemen haben wir gemeinsame Sitzungen mit ihr. Es scheint zu klappen.«

Da es keine institutionalisierte lesbische Ehe gibt, die den Rahmen für Langzeitbeziehungen zwischen Frauen vorgibt, können lesbische Beziehungen völlig individuell gestaltet werden.

Die Tatsache, daß das Zusammenleben von Lesbierinnen nicht institutionalisiert ist, hat eben auch ihre positiven Seiten. Werfen wir einen Blick auf die praktische Seite von funktionierenden Beziehungen.

DIE ORGANISATION DES HAUSHALTS

Klagen über die Hausarbeit sind selten bei Lebensgemeinschaften von Lesben. Es heißt sogar häufig, es mache Spaß, sie gemeinsam zu erledigen! Hier einige Stimmen zu diesem Thema:

»Ich spüle, koche manchmal und mache alles, was so anfällt – wir haben beide Putzhilfen –, wenn wir zusammen sind, unabhängig davon, in wessen Haus wir uns aufhalten. Wir schlafen im selben Bett, haben getrennte Arbeitszimmer, ebenfalls in beiden Häusern. Es macht uns Spaß, die Hausarbeit gemeinsam zu erledigen, wenn wir zusammen sind. Wir gehen völlig verschieden an die Dinge heran, deshalb sind wir meist sehr vorsichtig, wenn es darum geht, Hausreparaturen oder ähnliches gemeinsam durchführen zu lassen.«

»Wir kochen beide gern, machen die Betten, erledigen die Wäsche und waschen das Auto, pflanzen Blumen, malen und reparieren. Ich habe die bessere Vorstellungsgabe, sie ist besser in der praktischen Umsetzung. Wir schlafen, baden und duschen zusammen.«

»Nach einem langen Tag am Schreibtisch liebe ich es, nach Hause zu kommen und in der Küche zu werkeln oder das Wohnzimmer abzustauben, das Bett mache ich nicht so gern. Das gibt mir das Gefühl, etwas Sinnvolles zu tun, während ich mich entspanne und abschalte. Sie kocht gern, deshalb bereitet sie das Essen, während ich sauber-mache, dann essen wir beide gemeinsam zu Abend. Ich finde es wunderbar, so zu leben.«

»Wer zuletzt aufsteht, macht das Bett. Sie kümmert sich um den Garten, ich mache das Haus sauber. Wir waschen zusammen ab, kümmern uns um den Müll und erledigen schwere Putzarbeiten gemeinsam. Wer die meiste Wäsche hat, fängt an zu waschen. Wir haben getrennte Giro- und Sparkonten und heben Quittungen für gemeinsame Kosten auf. Es funktioniert seit fünf Jahren wie geschmiert.«

»Ich wohne gern mit ihr zusammen. Ich mag es allerdings nicht, wenn sie sich meine Kleider ausleiht. Ich bin viel ordentlicher als sie. Ich will ihre nicht ausleihen. Sie sagt, sie fühle sich sexy und mir nahe, wenn sie meine Kleider trägt. Das mag zutreffen, aber ich will nun mal meine Kleider für mich haben. Davon abgesehen kann ich mich aber nicht beklagen. Wir machen fast alle Arbeit in der Wohnung gemeinsam, sie macht wundervolle Blumen-arrangements, hat neue Handtücher im Badezimmer und neues Silber für die Küche beigesteuert. Alles in allem ist unser Leben sehr schön.«

DIE ROLLE VON GELD IN BEZIEHUNGEN
ZWISCHEN FRAUEN

Wie organisieren lesbische Paare die finanzielle Seite ihres Zusammenlebens? Wie teilen sie die Kosten auf? Haben sie gemeinsame Bankkonten, Hypotheken?

Überraschenderweise stellen die Finanzen kein großes Problem dar – obwohl in der Regel die eine Frau mehr verdient als die andere. Laut meiner größten Untersuchung unterstützen sogar 21 Prozent der Frauen ihre Partnerin.

Einige Beispiele für typische Verfahrensweisen:

»Jede von uns kümmert sich um ihre eigenen Finanzen, ich bin für gemeinsame Aktionen verantwortlich. Wir führen ein einfaches Ausgabenbuch, das in der Regel ausgeglichen ist, es sei denn, ich wohne länger bei ihr oder sie bei mir. Wir haben festgestellt, daß es einfacher ist, wenn diejenige bezahlt, in deren Haus wir sind, und irgendwann später rechnen wir ab. Vielleicht ändern wir dieses System, wenn wir wirklich einmal zusammenleben. Ich glaube schon, daß wir das hinbekommen.«

»Ich habe mehr Geld, gebe ihr aber soviel sie will, was nicht sehr viel ist. Wir verfolgen ein gemeinsames Ziel, was Geld anbelangt. Ich bin bereit, hart zu arbeiten, um uns unser Auskommen langfristig zu sichern. Wir würden gern in Bereichen, die sich nicht auszahlen, beispielsweise in der Politik – in der ehrlichen Sorte – oder in der Kunst tätig werden.«

»Wir haben keine finanziellen Absprachen. Wir arbeiten beide, und jede kommt für ihre Verpflichtungen auf. Ich verdiene mehr als sie, deshalb biete ich ihr meistens an, die Kosten für unsere Freizeitaktivitäten zu übernehmen.«

»Sie bezahlt einen gewissen Beitrag zu den monatlichen Betriebskosten. Ich bezahle die Hypothek. Wir teilen die Kosten fürs Einkaufen. Für mich ist es am wichtigsten, daß die Kommunikation zwischen uns funktioniert und wir einander verständnisvoll begegnen.«

»In der Regel teilen wir die Kosten, ich habe meine Freundin jedoch ein Jahr lang unterstützt und alle Rechnungen bezahlt. Sobald sie wieder verdiente, hat sie ihren Anteil zurückgezahlt.«

»Ich bin für die Geldangelegenheiten zuständig. Ich zahle die Miete und kaufe die Lebensmittel ein. Ich muß für eine gewisse Zeit die größere Verantwortung tragen, bis sie ihren Universitätsabschluß hat. Sie studiert noch und hat wenig Geld.«

»Wir legen unser Geld nicht zusammen. Sie hilft mir, wenn ich knapp bei Kasse bin, oder berät mich, damit ich besser damit umgehe.«

»Wir teilen uns die Lebenshaltungskosten. Alle Ausgaben werden halbiert. Jede von uns zahlt einen festen Betrag auf unser gemeinsames Konto. Miete, Lebensmittel, Sport, Essengehen, Kino, Benzin und Telefon werden davon beglichen. Wir arbeiten beide. Ich habe im vergangenen Jahr mehr verdient. Nächstes Jahr werden wir etwa gleichviel verdienen. Sie kümmert sich um die Abwicklung. Ich weiß nicht immer genau, was wir haben. In meinen beiden letzten Beziehungen hatten wir die gleiche Regelung. Ich finde, so klappt das gut.«

Natürlich kann es problematisch werden, wenn eine Partnerin völlig abhängig ist.

»Sie bezahlt die Miete, und ich kaufe die Lebensmittel. Dagegen ist nichts einzuwenden. Nur wenn die Dinge auf der Gefühlsebene nicht klappen, wird es schwierig. Geld wirkt sich ohne Zweifel auf eine Beziehung aus. Auf mich hat es eine einschüchternde Wirkung.«

Eine Frau, deren Geliebte finanziell von ihr abhängig war, fragt sich, warum sie sich auf diese Beziehung eingelassen hat:

»Warum habe ich mich für sie entschieden, wo ich doch wußte, daß es eine unsichere Beziehung sein würde? Damals brauchte ich eine Freundin, die von mir abhängig war, die dankbar für das wäre, was ich für sie tun konnte, und die deshalb bei mir bleiben würde. Ich wollte jemanden, der mich liebte, brauchte und begehrte. Besonders sexuell. Deshalb habe ich mich darauf eingelassen.

Ich habe damals aber immer Bemerkungen gemacht, sie müsse Geld verdienen! Und sie hat sich tatsächlich auf die Socken gemacht und hat eine großartige Stelle gefunden. Ich hatte nicht erwartet, daß sie so schnell auf eigenen Füßen stehen würde. Es macht mich fertig. Wir könnten die beste Beziehung der Welt haben. Wie ich es nicht mögen würde, wenn jemand mich in der Hand hat, wollte sie nicht, daß ich sie in der Hand habe. Ich habe wirklich Achtung vor ihr. Sie sagte: ›Ich suche mir eine Stelle und ernähre mich selbst.‹ Sie hat es aber nicht nur gesagt, sondern auch getan. Sie hat seither ununterbrochen gearbeitet und verdient gut. Ich muß das respektieren, auch wenn es bedeutet, daß sie sich von mir löst.«

Haben lesbische Frauen Geld oder sind sie meist arm?

Die Vorstellung, lesbische Frauen seien arm, unangepaßt oder merkwürdige Typen, ist völlig falsch. Meistens sind beide Partnerinnen berufstätig und verfügen daher über eine recht beträchtliche Kaufkraft. Eine Frau beschreibt ihren lesbischen Bekanntenkreis:

»Die lesbische Gemeinschaft des Ortes, an dem ich lebe, hat ihren inoffiziellen Treffpunkt in einem nahegelegenen Badeort. Viele von uns haben dort große Häuser, die alle nahe beieinander liegen. Sie sollten sie sehen. Meine Nachbarin hat sich ein rundes Bett gekauft, weil ihre neue Geliebte nicht entscheiden konnte, auf welcher Seite sie schlafen wollte ... Meine andere Nachbarin mußte die Garage vergrößern lassen, weil sie eine Sammlung alter Autos hat, einen Rolls Royce aus den fünfziger Jahren, zwei Cadillacs, einer davon ein Kabrio. Viele Frauen haben ein Schwimmbad im Garten und Wohnzimmer auf zwei Ebenen.

Die Häuser sind von exquisit gestalteten Gärten umgeben. Es ist wunderbar, dort zu leben. Wir geben Parties, gewöhnlich jeden Abend, so daß man seine Freundinnen immer sehen kann. Es ist viel Geld vorhanden, das Essen ist entsprechend üppig. Schön.«

Eine andere meint:

»Das Fernsehen verbreitet das Klischee, Homosexuelle und Lesben hätten kein Geld. Man zeigt sie einfach gekleidet mit Protestplakaten am Straßenrand. Viele Lesben und Schwule sind aber ziemlich wohlhabend. Die schwulen Männer gehören zur reichsten Bevölkerungsgruppe. Die Lesben folgen meiner Meinung nach in geringem Abstand.«

239

KÖNNEN FRAUEN, DIE ZUSAMMENLEBEN, FAMILIEN GRÜNDEN?

Wie alle Frauen haben sich die Lesbierinnen in den vergangenen Jahren sehr um ihr Selbstverständnis bemüht und haben auch der Gesellschaft gegenüber eine offensive Haltung eingenommen. Ihnen gebührt ein herzlicher Glückwunsch!

Manche Frauen wollen gar keine Kinder, aber andere wollen ihre Liebe ausdrücken, indem sie gemeinsam mit der Partnerin ein Kind aufziehen, die Freude am Zusammenleben mit einem Kind teilen.

Kinder sind zwar eine Bereicherung, können aber auch eine Beziehung belasten. Lesbische Frauen sind noch mit zusätzlichen Problemen konfrontiert. Sollten Mütter ihren Kindern beispielsweise sagen, daß sie lesbisch sind? Den Kindern die Wahrheit einzugestehen, kann schwieriger sein, als sich den eigenen Eltern zu offenbaren.

»Ich wünschte mir, ich könnte meiner Tochter gegenüber offener sein, was meine Sexualität anbelangt. Meine zwanzigjährige Tochter versteht mich in gewisser Hinsicht und unterstützt mich, aber meine siebzehnjährige weigert sich, mich anzuhören. Ich kann mit den beiden nur über ihre Empfindungen und Vorbehalte gegenüber heterosexuellem Sex reden. Darüber reden sie mit mir, aber nicht über mein gegenwärtiges Leben. Sehr schade.«

EINE FRAU HAT SICH AUS EIFERSUCHT VON IHRER GELIEBTEN GETRENNT.

»Ich wollte meine Geliebte nicht mit ihrer Tochter teilen. Die meisten Frauen würden das nicht zugeben, aber genau

240

das ist der Grund für unsere Trennung. Die Beziehung hat sieben Jahre gehalten, aber ich habe sie schließlich wegen des Kindes verlassen. Ehrlich gesagt, ich kam mit der Konkurrenzsituation nicht klar. Ich teile nicht gern. Das ist wahrscheinlich der Grund dafür, daß ich nur in monogamen Beziehungen lebe. Es gab keinen Ausweg. Eine Tochter ist immer eine Tochter. Man kann sie nicht loswerden, sie überlebt uns!

Die Tochter wußte nicht, daß ihre Mutter lesbisch war. Das war ein schrecklicher Druck, dem ich nicht mehr gewachsen war. Ich hätte mich anders gefühlt, wenn die Tochter es gewußt hätte. In den Ferien, wenn wir alle zusammen waren, war alles so unecht. Aber ich habe nie von ihr verlangt, daß sie es ihrer Tochter sagt. So etwas kann man nicht verlangen. Die Tochter war zu jung. Ich glaube nicht, daß Kinder damit fertig werden. Ich habe mit ihr gelebt, als ihre Tochter sieben bis vierzehn war.

Kinder in diesem Alter sind stark an Gleichaltrigen orientiert. Sie wollen einfach nur wie alle anderen sein. Sie können eine lesbische Mutter nicht verkraften. Das ist zu ungewöhnlich. Wenn sie ein wenig älter sind und es ertragen können, ein wenig anders als die anderen zu sein, dann geht es, aber nicht zwischen sieben und vierzehn. Sie müssen mindestens siebzehn sein. Davor müssen sie mit ihren Schulkameraden im Gleichschritt gehen.

Natürlich gibt es lesbische Mütter, die das ganz anders sehen. Ich kenne welche, die ihren Kindern gesagt haben, sie würden ihr lesbisches Leben nicht aufgeben. Ein anderes Argument ist, man würde die Kinder in einer Scheinwelt aufziehen, und eines Tages würden sie erleben, daß die Wirklichkeit ganz anders aussieht. Eine glückliche Familie sei immer eine glückliche Familie, auch wenn man die Wahrheit kennen würde und anders als die anderen sei.

Vielleicht wird es eines Tages leichter für die Kinder. Laut Statistik wächst etwa die Hälfte aller Kinder mit nur einem Elternteil auf, gewöhnlich mit der Mutter. Deshalb gibt es sowieso fast keine Normfamilie mehr.

Meine Geliebte hat ihrer Tochter nie gestanden, daß sie lesbisch ist. Sie hat nie mit der Tochter über ihre sexuelle Orientierung gesprochen, obwohl ihre Tochter heute, da sie älter ist, genau weiß, was los ist. Sie ist sehr intelligent. Doch sie sprechen nie offen darüber. Anscheinend fühlen sich beide wohler so. Ja, ihre Tochter ist heterosexuell, sie ist jetzt vierundzwanzig und geht mit Männern aus.«

Natürlich rührt die Eifersucht auch daher, daß das Kind kein gemeinsames Kind ist. Die Konstellation ist bei gemeinsamen Kindern natürlich eine andere. Über diese Möglichkeiten wurde im sechsten Kapitel berichtet.

BEZIEHUNGEN VON FRAUEN ÜBER VIERZIG.

Wieviele Frauen sind älter als vierzig, wenn sie zum erstenmal eine Frau lieben? Erstaunlich viele! In meinen Untersuchungen zeigte sich ein neuer Trend: Viele geschiedene Frauen zwischen vierzig und fünfzig nehmen zum erstenmal intime Beziehungen zu anderen Frauen auf.

Wird das Verlangen nach Geschlechtsverkehr mit einer anderen Frau »tief im Inneren« geboren oder handelt es sich um eine Entscheidung, die man jederzeit treffen kann? Für diese Frauen scheint es sich um eine bewußte Wahl zu handeln.

Die Statistiken zeigen, daß lesbische Beziehungen in der Regel begonnen werden, wenn die Frauen entweder zwischen zwanzig und dreißig oder über vierzig sind.

Eine Frau, die früher verheiratet war und Kinder hat, beschreibt, wie sich ihr Leben änderte:

»Ich war nie auf den Gedanken gekommen, daß ich eine Frau sexuell lieben könnte. Mein ganzes Leben lang waren meine Freundinnen starke, mutige, schöne Frauen gewesen, deren Freundschaft mir mehr als alles andere bedeutete. Ich habe meine Freundinnen umarmt und geküßt, wir haben zusammen geweint und gelacht, uns durch die Ehe und Scheidung gekämpft, haben zusammen gearbeitet. Es kam mir jedoch nie in den Sinn, daß mich eine Frau sexuell ansprechen könnte, daß ich fähig wäre, eine Frau zu lieben. Ich habe in Gesprächen die Theorie vertreten, daß Menschen bisexuell wären, wenn es nicht die gesellschaftlichen Beschränkungen gebe, aber das war rein intellektuelles Geplänkel.

Nun hat sich eine neue Welt für mich aufgetan. Ich habe soviel Freude und Lust erlebt, daß ich ganz betäubt bin. Ich verstehe nicht, warum ich das nicht schon früher entdeckt habe. Ich habe lange völlig enthaltsam gelebt. Vor einigen Jahren zog ich um, weil ich eine neue Stelle angenommen hatte. Meine Arbeit war sehr zeitintensiv, und ich stand unter großem Druck, so daß ich kaum Zeit für mich hatte. Abends brauchten mich meine Töchter. Nach den vielen abendlichen Besprechungen im Büro war ich lieber bei ihnen, als auf Männerjagd zu gehen. Ich befriedigte mich manchmal selbst, aber auch das verlor seinen Reiz. Die Verantwortung für meine Arbeit und die Kinder kostete mich jedes Gramm Energie, das ich zur Verfügung hatte. Über meine eigenen Bedürfnisse machte ich mir keine Gedanken.

Dann, eines Abends vor etwa einem Jahr, lag ich im Bett und masturbierte. Kaum hatte ich den Orgasmus erreicht, brach ich vor lauter Verlassenheit und Einsamkeit in entsetzliches Schluchzen aus. Ich hatte das Gefühl, in einem Meer von Sehnsucht zu ertrinken – ich wollte gestreichelt, in den Arm genommen und geküßt werden. Ich wollte jemanden, der mich liebt.

Etwa zu jener Zeit lernte ich durch ein paar lesbische Freundinnen eine ganz besondere Frau kennen. Anfangs empfand ich nur Freundschaft für sie. Wir hatten gemeinsame Interessen, liehen uns Schallplatten aus. Daraus ist die bisher schönste Beziehung meines Lebens geworden. Sie hat mich buchstäblich ins Leben zurückgeholt. Hat mir die Rückkehr in die Welt der Menschen ermöglicht, in die Welt des Glücks, der Intimität und der Liebe. Meine Töchter glauben, wir seien nur Freundinnen – mehr möchte ich im Augenblick nicht. Ich verstehe mich noch immer als alleinstehende Frau. Die schönste Zeit in meinem erwachsenen Leben waren die Jahre, in denen ich allein war. Meine Geliebte will, daß wir zusammenleben und uns auf Dauer verpflichten, aber ich bin nicht daran interessiert, meine Freiheit aufzugeben. Ich bezweifle, daß ich das je tun werde.

Sex mit meiner Geliebten macht soviel Freude – manchmal warm und fürsorglich, manchmal leidenschaftlich und überwältigend, manchmal spaßig und verspielt. Ich genieße das enorm. Ich habe fast immer einen Orgasmus durch klitorale Stimulierung. Bei meinem Mann hat es mal geklappt, mal nicht. Ich wußte nicht immer, warum nicht. Manchmal habe ich es einfach nicht geschafft. Mit meiner Freundin gelingt es mir immer, wie beim Masturbieren. Meine Orgasmen sind verschieden intensiv, ich habe keinen Einfluß darauf, welchen oder welche ich bekomme. Gelegentlich habe ich Orgasmen, ohne daß ich mich darum bemüht habe.

Nachdem ich zwanzig Jahre meines Lebens nur mit Männern geschlafen habe, weil ich nichts anderes kannte, kann ich nun nach sechs Monaten mit einer Frau sagen, daß der Sex mit ihr allem vorzuziehen ist, was ich mit Männern erlebt habe. Ihre Bedürfnisse zu berühren, zu umarmen, zu küssen und zu streicheln entsprechen den meinen. Sie weiß, was mir Freude macht. Bei ihr kann ich auch sehr viel leichter ihre Lust nachempfinden, weil ich weiß, wie sie sich fühlt. Ich werde von ihrer Klitoris und Vagina viel schärfer als von einem Penis und Hoden. Ich empfinde ihren Orgasmus stärker, er ist wie eine ›gleichgeschaltete Vibration‹.

Es erregt mich, wo immer sie mich berührt. Am empfindlichsten sind die Brüste und Brustwarzen, und sie kann mich damit an den Rand des Orgasmus bringen. Die Klitoris ist jedoch unübertrefflich. Ich bin in Versuchung zu sagen, die Orgasmen seien das Beste an unserem Sex. Ich hatte Orgasmen mit meinem Mann, aber es war nicht so wunderbar mit ihm wie mit meiner Freundin. Es sind die Zahl und die Art des Gehaltenwerdens und der zärtlichen Berührung, die alles so anders, so wundervoll machen.«

Eine zweiundvierzigjährige Frau beschreibt den Zauber ihres neuen Lebens mit einer anderen Frau, ihr Erstaunen, es gefunden zu haben und die Freude, die sie mit der Frau, die sie liebt, empfindet.

»Ich bin eine relativ normale, glückliche, gesunde, liebevolle Frau mittleren Alters, die wahrscheinlich zum erstenmal in ihrem Leben zutiefst verliebt ist – in eine zweiundvierzigjährige Frau.

Verliebtsein bringt ein Leuchten, einen Zauber in das Leben und alles macht mehr Freude. Vielleicht braucht nicht jeder Mensch dieses Gefühl, ich möchte es aber nicht missen. Wir passen in allem zueinander – körperlich, emotional und geistig, und das war das Entscheidende. In der

Vergangenheit, als ich meinen Mann und zwei andere Männer liebte, waren wir uns nur auf ein oder zwei Gebieten nahe.

Meine Geliebte und ich wohnen seit zwei Jahren zusammen, und wir kennen uns seit vier Jahren von der Arbeit. Wir sind an einem Wochenende zum Camping gefahren und haben uns verliebt. Mein Sohn (zweiundzwanzig, lebt mit seiner Freundin in einer anderen Stadt) und die restliche Familie wissen nicht, wie eng unsere Beziehung ist. Sie denken, wir hätten nur eine Wohngemeinschaft. In unserer Beziehung herrscht Kameradschaft und völlige Vertrautheit, wir haben herrlichen Sex, und Geldangelegenheiten werden gemeinsam erledigt. Wir haben gespart und größere Dinge gemeinsam angeschafft, wir wohnen in dem einen Haus und vermieten das andere. Wir verbringen alle Ferien gemeinsam und machen zusammen Besuche bei Freunden und Verwandten.

Zum erstenmal habe ich das Gefühl, daß beide Partner gleichermaßen lieben. Früher hatte ich immer das Gefühl, mehr zu geben, als ich bekam. Jetzt fühle ich mich rundum geliebt und geborgen, und ihr ergeht es genauso. Wir genießen alles gemeinsam – das Kochen, das Spülen und das Wegbringen des Mülls. Alles ist einfach, nichts strengt an – der Machtkampf meiner Ehejahre ist vorbei. Abends gemeinsam ins Bett gehen, nachmittags ein Nickerchen halten, das finden wir am schönsten. Wir kuscheln uns zusammen, halten uns im Arm und führen liebevolle Gespräche. Unsere körperliche Nähe und Leidenschaft sind zärtlicher, sanfter und langsamer, dabei aber tiefer und mächtiger, als ich sie je erlebt habe. Wir schlafen jeden Abend ineinander verschlungen ein.

Am vergangenen Wochenende haben wir einen besonders schönen Tag verbracht. Wir sind spät aufgestanden – (was wir selten tun) haben uns geliebt, was wir am liebsten morgens tun, haben ein wundervolles Mittagessen gekocht, und uns dann richtig schön für die Hochzeit einer Freundin angezogen. Der Gottesdienst war wunderbar. Es war, als würden wir heiraten – oder unser Eheversprechen wiederholen. Dann gingen wir barfuß bei Sonnenuntergang am Strand spazieren.

Ich brauche wohl nicht darauf hinzuweisen, daß sich mein sexuelles Erleben in den vergangenen Jahren drastisch verändert hat. Ich kam aus einer relativ monogam geführten Ehe, bin nach meiner Scheidung mit verschiedenen Männern ausgegangen und lebe jetzt in einer engagierten Partnerschaft mit einer Frau. Ich habe viel mehr Freude am Experimentieren und Spielen. Meine leichtesten Wege zum Orgasmus sind durch oralen Sex, mit Hilfe des Vibrators und klitoraler Stimulation durch die Hand meiner Partnerin. Nach vier oder fünf Jahren Ehe hatte ich im Alter von 28 Jahren meinen ersten Orgasmus. Ich war verschiedentlich kurz davor gewesen und schaffte es schließlich mit Hilfe von manueller Stimulation. Ich hatte bereits früher von Masturbation gelesen und wußte schließlich, wie es sich anfühlen sollte. Als Teenager hatte ich eine vage Ahnung von Homosexualität, fühlte mich von Frauen oder Mädchen jedoch nie angezogen.

Nach meiner Scheidung ging ich mit mehreren Männern aus. Einige waren ausgezeichnete Liebhaber, aber nicht bereit, sich auf eine feste Beziehung einzulassen. Als ich mit meiner Freundin auf unserer Campingtour im März schlief, veränderte sich alles radikal.

Sie hatte bereits eine Beziehung zu einer Frau gehabt und war viel besser vorbereitet als ich. Am besten gefällt mir, daß die zartesten Berührungen sehr intensive Gefühle auslösen – unsere Körper passen zusammen. Wir wissen genau, was die andere will oder braucht, um endlose Orgasmen auszulösen.

In meiner Ehe wurde der Sex zur Routine, langweilig und vorhersehbar. Oraler Sex war ein seltenes (ein oder zweimal im Jahr) Vergnügen. Als ich später mit anderen Männern ausging, schienen alle oralen Sex zwar gern zu empfangen, aber nicht gern zu geben. Mit meiner Freundin ist es eine natürliche Form des Liebens, die Penetration geht mir überhaupt nicht ab.

Die Leidenschaft scheint mit der Stabilität zu wachsen. In dem Maß, wie unser Engagement intensiver wird, können wir unsere Leidenschaft freier zum Ausdruck bringen. Ich liebe oralen Sex. Wenn man mit einer Frau schläft, hat man die unglaubliche Chance, mit sich selbst zu schlafen. Ich habe den Moschusduft sexueller Erregtheit bei einer oder einem frisch geduschten Partner oder Partnerin immer gemocht und gehofft, daß ihnen mein Geruch gefiel.

Ich mag weder SM noch andere Formen von Sex, bei denen man sich wehtut. Sie sind für mich Ausdruck großer Unreife. Die Pornografie schränkt die Macht und Verfügungsgewalt der Frauen über ihren eigenen Körper ein. Jemand, mit dem ich ausging, zeigte mir ein paar Zeitschriften, und ich war schockiert und abgestoßen.

Ich mag anale Stimulation – mit einem Finger oder einem kleinen Penis. Als meine Vagina nach der Entbindung sehr geweitet war, bevor meine Eileiter abgebunden und meine Vagina wieder verengt waren, war anale Stimulation sehr erregend.

Ich habe 1961 geheiratet, weil ich das Ausgehen mit Männern haßte und nicht zu Hause oder in einem Studentenwohnheim leben wollte. Ich lernte einen lieben, gebildeten Mann kennen und hielt es für richtig zu heiraten. Wir haben uns zwar später scheiden lassen, es war aber dennoch die richtige Wahl. Ich bin nie wieder einem

Mann mit seinen Qualitäten begegnet. Später war meine Ehe sehr unbefriedigend, und ich weinte mich oft in den Schlaf. Für mich war Scheidung keine Lösung, denn ich nahm das Eheversprechen todernst.

Während der meisten Zeit meiner Ehe war ich die Hauptverdienerin. Das war ein Problem für meinen Mann. Wir fällten zwar gemeinsam Entscheidungen, verdienten das Geld aber nicht gemeinsam, und ich zögerte, mich seinen Wünschen entgegenzustellen, weil ich ihn nicht mit Geld entmannen wollte. Wir lebten immer am Rand des finanziellen Ruins – wir gaben zuviel Geld aus und sparten nichts.

Sieben Jahre vor unserer Scheidung trennten wir uns auf seinen Wunsch hin für einen Monat. Ich wußte nicht, daß er mit seiner Sekretärin befreundet war und sie heiraten wollte. Damals reichte er die Scheidung ein. Wenige Stunden bevor sie endgültig durch war, beschlossen wir, nach Kalifornien zu ziehen und es noch einmal zu versuchen. Es war für uns beide sehr schmerzlich. Wir weinten viel.

Während meiner zwanzigjährigen Ehe hatte ich zwei Affären. Einmal mit dem Mann einer Freundin – sie hatte sich gerade von ihm getrennt. Er war jedoch im Bett nicht besser als mein Mann und zu Intimität genauso unfähig.

Nach sieben weiteren Jahren des Versuchens, in denen ich auch eine Therapie gemacht hatte, beschloß ich, der Sache ein Ende zu setzen, denn die Probleme waren noch immer nicht gelöst. Es war nicht einfach. Er war wütend, hatte aber keine Lust, allein oder gemeinsam zur Therapie zu gehen. Ich hatte eine Liste mit den notwendigen Veränderungen aufgesetzt und ihm ein Ultimatum von sechs Monaten gestellt. Als nach vier Monaten noch immer keine Besserungen abzusehen waren, nannte ich ihm den

Termin, zu dem er ausziehen sollte, und er entschloß sich zu gehen. Ich half ihm bei der Wohnungssuche, ein Freund lieh ihm seinen Lastwagen, und ich half ihm beim Umzug. Ich fühlte mich wahrhaft erleichtert. Ich wußte, es war wirklich geschafft, ich konnte mit einem neuen Leben beginnen. Meine zahlreichen Freunde halfen mir durch die schweren Zeiten, und ich habe mehr Zeit und Energie als zuvor in die Arbeit gesteckt.

Ich bin üppig, habe promoviert, bin über vierzig. Nur wenige Männer fühlten sich von mir angezogen. Noch schwieriger war es für mich, einen zu finden, vor dem ich Achtung habe. Ich war Männern gegenüber immer offen und direkt – oder habe versucht, es zu sein. Nun mußte ich feststellen, daß die meisten Männer Frauen vorziehen, die die Weibchenrolle spielen. Damit verstehen sie umzugehen. Wenn eine Frau sachlich redet, fühlen sie sich nicht wohl. Ich verfolge schon lange feministische Ideale und Ziele und habe im Privatleben und im Beruf häufig mit Männern zu tun. Die meisten reagieren auf Frauenfragen mit Unbehagen.

Ich bewundere das Durchhaltevermögen von Frauen – ihre Fähigkeit, harte Zeiten zu überstehen und trotz des Klimas, das die Männer im politischen wie im privaten Bereich schaffen, für sich und ihre Kinder das Leben erfreulich zu gestalten. Meine Vorbilder sind Eleanor Roosevelt und Margaret Mead. Von den jüngeren Frauen bewundere vor allem ich Shirley McLaine und Gloria Steinem. In zehn Jahren wäre ich gern wie sie. Alle vier haben einen wahren Beitrag zur Veränderung der Welt geleistet.

Ich war nie glücklicher in meinem Leben oder habe mich einem Menschen näher gefühlt als mit meiner jetzigen Partnerin. Es ist fast zu schön, um wahr zu sein – besser als alle Träume oder Phantasien, die ich je von der

Ehe mit einem Mann hatte. Es ist die erste Beziehung, an der nicht gearbeitet werden muß – seit zwei Jahren geht alles mühelos. Diese Erfahrung sowie mehrere intensive und dauerhafte Freundschaften veranlassen mich, den Frauen vor Männern den Vorzug zu geben.«

WIE NORMAL IST DAS ALLES?

Diese Frauen klingen sehr glücklich, ihr Leben klingt normal und stabil. Aber kann solch ein Leben wirklich normal und akzeptabel sein? Kann diese sexuelle Orientierung für eine größere Anzahl von Frauen oder gar für die Mehrheit zur Norm werden? Es wird behauptet, daß die Zahl der lesbischen Freundschaften zunehme – warum? Weil die Gesellschaft zusammenbricht und die Werte untergehen oder weil sich die Gesellschaft zum Besseren entwickelt und die Menschen neue Wege der Liebe einschlagen können? Kehrt die Gesellschaft zu ihren vorchristlichen Ursprüngen zurück?

Die Gesellschaft verändert sich allmählich, es gibt aber auch eine Reaktion auf die neue Entwicklung, und es ist bisher noch nicht auszumachen, in welche Richtung sie uns führen wird.

WIEVIELE LESBIERINNEN GIBT ES AUF DER WELT?

Diese Frage kann natürlich nicht genau beantwortet werden.

Als ich 1972-76 meine ersten Untersuchungen durchführte, sagten 8 Prozent der Frauen von den 3000, die ich befragte, daß sie lieber mit Frauen geschlechtlich verkehrten. 9 Prozent waren bisexuell, so daß insgesamt 17 Prozent Erfahrungen mit Frauen hatten.

1948 hatte Kinsey geschätzt, daß in den USA 12 bis 13 Prozent der Frauen irgendwann als Erwachsene gleichgeschlechtliche Beziehungen gehabt hätten, die zu einem Orgasmus führten. In anderen Ländern wurden solche Untersuchungen damals noch nicht durchgeführt.

1900 gab es wahrscheinlich, laut der Untersuchungen von Lillian Faderman, mehr Frauen, die körperlich intim waren, vielleicht jedoch nicht bis zum Orgasmus. Das ist jedoch reine Spekulation. Sie könnten durchaus zum Orgasmus gelangt sein oder wenigstens zu starker Erregung, wie Briefen zu entnehmen ist. Wir wissen einfach nicht, wieviele Frauen damals fähig waren, bis zum Orgasmus zu masturbieren. Wahrscheinlich wußten die meisten Frauen, wie man es macht, mögen sich jedoch aus moralischen Gründen gebremst haben.

In den Achtzigern ergaben meine Untersuchungen an einem Sample von weiteren 3000 Frauen in den USA 10 bis 15 Prozent Bisexuelle bzw., wenn man Kinseys Kriterium anlegt (jede Frau, die auch nur ein einziges Mal mit einer Frau verkehrt hat), etwa 20 Prozent. Untersuchungen in anderen Ländern ergaben in etwa ähnliche Zahlen, auch nach Altersgruppen.

In den Neunzigern könnte sich die Zahl der lesbischen Frauen unter sechzig auf etwa 24 bis 27 Prozent belaufen. Die Zahlen beziehen sich auf die sogenannte westliche Industriegesellschaft. Es gibt keine weltweiten Statistiken, da in vielen Ländern die Angst vor Diskriminierung aufrichtige Angaben zu diesem Thema verhindert. In diesem Zusammenhang ist das auch nicht so wichtig. Es geht hier nicht um Zahlenspielereien oder die Schubladisierung von Menschen, sondern um das Entwickeln und Aufzeigen von neuen Formen der Lebensplanung, der Lebensgestaltung.

Hier die vorhandene Statistik:

1900	(eine höhere Zahl, aber eine andere Art von Sex)
1940	12 bis 13 Prozent
1976	17 Prozent
1987	20 Prozent
1997	24 bis 27 Prozent

Diese Zahlen schwanken natürlich. Lesbisch, homosexuell und heterosexuell sollten als Adjektive und nicht als Substantive verwendet werden. Man beschreibt die Menschen nicht richtig, wenn man sie als Homosexuelle, Lesbierinnen oder Heterosexuelle einstuft. Vielmehr sollte man ihre jeweilige sexuelle Betätigung als homosexuell, lesbisch oder heterosexuell einstufen. Anders ausgedrückt, man kann nur sagen, wieviel Prozent Menschen zu einer bestimmten Zeit eine bestimmte Art von Beziehung hatten, und so sollte man diese Zahlen sehen.

Es kennt niemand die wahre Zahl der Lesbierinnen auf der Welt. Die Furcht vor Verfolgung hält Lesbierinnen und Bisexuelle davon ab, ehrlich zu sein. Dr. Richard Green, einst am Kinsey Institute der Indiana University tätig, wies darauf hin, daß es heute »teilweise aus politischen Gründen« zu einem Anwachsen der lesbischen Beziehungen komme. Homoerotische Beziehungen böten den Frauen die Möglichkeit, sich aus der »außerordentlichen Abhängigkeit von den Männern zu lösen, in der sie soviele Jahre lebten.«

BIN ICH NORMAL?

Lesbische Beziehungen sind nicht »abnormal«. Im 19. und 20. Jahrhundert galt es als abnormal, wenn Frauen sich »zu sehr« liebten. Auf diesem Standpunkt stehen arabische und westliche Fundamentalisten noch heute.

Doch ein objektiver Blick auf die Geschichte zeigt, daß die lesbische Liebe nicht abnormal ist. Man denke nur an die griechische Antike (siehe Foucault), das 18. und 19. Jahrhundert (siehe Faderman), die Prähistorie (siehe M. Gimbutas) und die umfassende Literatur der vergangenen zwanzig Jahre, in der Frauen stolz ihr Leben mit anderen Frauen darstellen. Als Beispiele seien *Rubyfruit Jungle* von Rita Mae Brown, *The Colour Purple* von Alice Walker und die Hite-Reports genannt.

Die Verteufelung der gleichgeschlechtlichen Liebe in unserer Gesellschaft hat eine lange Geschichte. Der Sexualforscher Alfred Kinsey schrieb in den fünfziger Jahren dieses Jahrhunderts:

»Die allgemeine Verurteilung der Homosexualität in unserem Kulturkreis läßt sich offenbar auf eine Reihe historischer Umstände zurückführen, die mit dem Schutz des einzelnen oder der Erhaltung der Gesellschaftsordnung ursprünglich wenig zu tun hatten. In den Gesetzbüchern der Hetiter, Chaldäer und der alten Juden gab es keine durchgängige Verurteilung einer derartigen Betätigung, obgleich es Strafen für Homosexualität gab, wenn sie zwischen Personen einer bestimmten gesellschaftlichen Stellung oder Blutsverwandten oder unter bestimmten Umständen vorkam, vor allem, wenn Gewalt im Spiele war. Die weitergehende Verurteilung aller homosexuellen Beziehungen entstand in der jüdischen Geschichte, etwa im 7. Jahrhundert vor Christus, nach der Rückkehr aus der babylonischen Gefangenschaft. Vorher gehörten oral-genitale Berührungen und homosexuelle Betätigungen zur jüdischen Religionsausübung, wie dies in den Kulturen vieler Völker dieses Teils von Asien und in vielen anderen Kulturen der Fall gewesen war. Während der natio-

254

nalistischen Strömung, die sich damals im jüdischen Volk entwickelte, suchten die Juden sich dadurch von ihren Nachbarn zu unterscheiden, daß sie viele ehemals mit diesen gemeinsam praktizierte Bräuche aufgaben. Viele talmudische Verbote beruhten darauf, daß derartige Betätigungsweisen kanaanitische, chaldäische und heidnische Bräuche darstellten, die ursprünglich als eine Form von Götzendienst, nicht aber als sexuelles Delikt verurteilt wurden. Während des Mittelalters galt die Homosexualität als Ketzerei. Die Reform der Bräuche (Sitten) wurde jedoch bald eine moralische Angelegenheit und schließlich eine Sache des Strafrechts.«

Kinsey, der von Haus aus Biologe war, berichtet, daß sich auch andere Säugetiere regelmäßig gleichgeschlechtlich betätigen:

»Die Annahme, daß die dem Menschen nachgeordneten Säugetiere sich mehr oder weniger auf heterosexuelle Betätigungen beschränken, ist eine Entstellung der Tatsachen, die mehr aus einer Weltanschauung als aus spezifischen Beobachtungen des Verhaltens der Säugetiere entstanden ist. Biologen und Psychologen, die den Grundsatz vertraten, daß die einzige natürliche Funktion der Sexualität die Fortpflanzung ist, haben die Existenz sexueller Betätigung, die nicht der Fortpflanzung dient, einfach übersehen. Sie haben angenommen, daß die heterosexuellen Reaktionen ein Teil der dem Tier angeborenen ›instinktiven‹ Fähigkeiten sind, und daß alle anderen Formen sexueller Betätigung ›Perversionen‹ der ›normalen‹ Instinkte darstellen. Derartige Deutungen dienen jedoch einer Mystifizierung. Sie stammen nicht aus unseren Erkenntnissen der Physiologie sexueller Reaktionen und können nur aufrechterhalten werden, wenn man annimmt, daß die Sexualfunktion auf irgendeine Weise von den physiologischen Prozessen abgetrennt ist, die die übrigen

Funktionen des Organismus lenken. Es mag richtig sein, daß die heterosexuellen Kontakte bei den meisten Säugetierarten bei weitem zahlreicher sind als die homosexuellen, aber es wäre schwer nachzuweisen, daß dies von der ›Normalität‹ der heterosexuellen und der ›Abnormität‹ der homosexuellen Reaktionen abhängt.«

Kinsey geht darauf ein, daß bei so unterschiedlichen Tieren wie Ratten, Mäusen, Hamstern, Meerschweinchen, Kaninchen, Stachelschweinen, Mardern, Rindern, Antilopen, Ziegen, Pferden, Schweinen, Löwen, Schafen, Affen und Schimpansen lesbische Verhaltensweisen beobachtet wurden. Und er fügt hinzu: »Jeder Bauer, der Viehzucht betreibt, weiß …, daß Kühe mit ziemlicher Regelmäßigkeit andere Kühe besteigen.«

Die Gleichgeschlechtlichkeit oder das Verlangen, gelegentlich oder ein Leben lang mit einem Menschen des gleichen Geschlechts körperlich intim zu sein, muß also als ein natürliches und normales Verhalten gesehen werden. Sie wird nur dann abnormal, wenn man Sex ausschließlich in seiner Fortpflanzungsfunktion gelten läßt. Diskussionen darüber, warum man heterosexuell wird, würden zu den gleichen nichtschlüssigen Ergebnissen führen. Die Sichtweise, jeglicher nicht auf Fortpflanzung gerichteter Sexualverkehr sei ein »Irrtum der Natur«, ist zu einseitig.

Eine Frau in meinen Untersuchungen drückte es folgendermaßen aus: »Weder Mann noch Frau sind durch ihre Genitalien auf ein Geschlecht festgelegt. Es war einer der größten PR-Siege, uns davon zu überzeugen, daß das der Fall sei. Gerade weil die gleichgeschlechtliche Liebe so normal ist, wehrt sich die Gesellschaft mit so strengen Vorschriften dagegen. Es ist barbarisch, daß unsere Gesellschaftsordnung auf dem Unterschied der Geschlechter und ihrer Fortpflanzungsfunktion gründet. Es sollte durch ein

256

System ersetzt werden, in welchem dem Individuum eine höhere Bedeutung zukommt und das alles Leben auf der Erde fördert.«

MÜSSEN SICH SCHWULE UND LESBEN NOCH IMMER VERSTECKEN?

Die Hälfte der Frauen in meinen Untersuchungen von 1982 bis 1987 waren heimlich lesbisch. Eine Frau beschrieb ihre Situation folgendermaßen:

»Ich hatte wirklich niemanden, mit dem ich reden konnte. Ich war sechsunddreißig, aber meine Eltern hatten keine Ahnung. Sie wären entsetzt gewesen, es lohnte sich einfach nicht, sie einzuweihen. Ich schöpfe immer wieder Mut aus den persönlichen Erfahrungen von Frauen, die ich kenne und die in einer langjährigen lesbischen Beziehung leben.«

Heute, fünfzehn Jahre später, verschweigen nur 25 Prozent der Frauen in meiner Untersuchung ihre Gleichgeschlechtlichkeit, 15 Prozent davon in ihrem persönlichen Leben, 30 Prozent im Beruf und 38 Prozent gegenüber ihren Familien.

EINMAL LESBISCH, IMMER LESBISCH?

Ist die Gleichgeschlechtlichkeit biologisch bedingt, eine persönliche Wahl oder gar eine politische Entscheidung? Frauen, die nur ein oder zweimal mit der lesbischen Liebe experimentieren, nehmen sie in der Regel nicht allzu ernst.

Wie bereits Alfred Kinsey darlegte, gibt es keine fest-
stehenden homosexuellen und heterosexuellen Gruppen.
Die sexuelle Orientierung kann sich in einem Leben
immer wieder ändern.

Den Äußerungen einiger Frauen ist zu entnehmen, daß
sie deshalb Lesben sind, weil sie mit allen Kräften die
Frauen unterstützen wollen.

»Feminismus? Jede Frau definiert ihn anders. Für mich
bedeutet er letztendlich, daß die grundsätzlichen zwischenmenschlichen Beziehungen nicht funktionieren. Sie
schaden den Menschen und machen sie unglücklich. Sie
müssen verändert werden. Ich möchte durch meine Experimente mit meinem eigenen Lebensstil zur Veränderung
beitragen.«

Wenn man sich hingegen aus persönlichen Gründen dafür
entscheidet, eine Frau zu lieben, muß man dann auch die
»Lesbenuniform« tragen? Zur Lesbenszene gehören? Gibt
es so etwas wie lesbische politische Korrektheit?

Unglücklicherweise schließen einige lesbische Gruppen
Frauen aus, die sich nicht ihrem Kleiderdiktat unterwerfen
oder eine eigene politische Meinung haben. Es besteht
jedoch keine Notwendigkeit, sich wegen einer lesbischen
Beziehung einer solchen Gruppe anzuschließen. Viele
Frauen, die in meinen Untersuchungen zu Wort kommen,
sind nicht sehr politisch. Dennoch sind einige der Meinung, es sei wichtig, zum Gesellschaftssystem Stellung zu
nehmen und es zu verändern, indem man sich »unweib-
lich« kleidet. Das Argument hat etwas für sich, doch heutzutage gibt es viele unterschiedliche Formen der lesbischen
Liebe. Frauen sollten in der Lage sein, mit allen möglichen
Ausprägungen zu experimentieren. Ein rigider lesbischer

Konformismus wäre kein erstrebenswerter Ersatz für rigide Heterosexualität. Die Schwulen- und Lesbenszene wandelt sich, sie ist vielfältiger als noch vor zehn Jahren. Viele Frauen leben nach ihren eigenen Vorstellungen:

»Als ich anfing, mit Frauen auszugehen, achtete ich darauf, nicht klassisch weiblich auszusehen. Ich vermißte aber das Make-up und die Art, mich zu kleiden, als ich noch heterosexuell war. Inzwischen ziehe ich mich immer mehr wie eine heterosexuelle Frau an, auch wenn ich den Abend mit einer Frau verbringen will.«

»Ich liebe sinnliche Stoffe, also sehe ich wahrscheinlich sehr weiblich aus. Ich finde, lesbische Frauen vernachlässigen die Körperästhetik. Was ist gegen langes Haar und Parfum einzuwenden?«

Heutzutage machen sich viele Lesben schick und tragen sogar Lippenstift. Doch auch anti-konsumorientierte Schönheitsideale haben ihren Verdienst:

»Ich färbe mein Haar nicht, auch wenn es anfängt, grau zu werden. Ich will den Lesben signalisieren, daß ich eine reife Frau bin und daß man auf meine Erfahrung zählen kann. Ich mache das Beste aus meinem Alter.«

LESBISCHE LIEBE ALS GESINNUNGSTEST?

Vielleicht geht es ja in Wahrheit um die Frage, ob die lesbische Liebe nicht die höchste Form der Loyalität ist und die schnellste Methode, die Welt zu verändern. Vielleicht stellt man den Frauen auf diese Weise seine ganze Energie zur Verfügung.

Müssen Frauen lesbisch sein, um wahrhaft solidarisch zu sein? Warum ist die Solidarität so wichtig? Ist es nicht naiv, davon auszugehen, man könne die Welt oder die Politik durch Solidarität und konzertiertes Wahlverhalten ändern? Die Antwort ist, daß man es versuchen könnte. Viele Wege führen zum Ziel, man braucht nicht unbedingt gleich lesbisch zu sein, doch man sollte versuchen, die Sache der Frauen auf irgendeine Weise zu unterstützen. Vielleicht indem man sein Verhältnis zu Frauen einmal überdenkt?

Es gibt noch eine andere Perspektive, aus der heraus lesbische Liebe politisch ist.

»Ich frage mich, ob eine Frau ihren Geschlechtsgenossinnen gegenüber jemals vorurteilsfrei sein kann, oder ihre eigenen Vorurteile wahrnehmen kann, wenn sie sich nicht wenigstens einmal in eine andere Frau verliebt. Denn erst, wenn man mit einer Frau zusammen ist, erkennt man die eigenen Ängste und Vorurteile.«

Sollte die lesbische Liebe doch politisch sein – und wie? Auf diese Fragen gibt es kaum eine Antwort. Man kann mit Sicherheit davon ausgehen, daß sich die Stellung der Frau bessern würde, wenn Frauen verstärkt Frauen und nicht Männern den Vorzug geben würden.

Wenn Sie der Meinung sind, daß die Welt verändert werden kann, wenn alle Frauen ihre Kraft in Frauen investieren, dann sollten Sie sich dem anschließen. Andererseits sollte jeder Mensch das Recht haben, sich persönlich zu entscheiden. Das ist der wichtigste Punkt überhaupt: Das Recht der freien Wahl.

ES IST WUNDERBAR, WÄHLEN ZU KÖNNEN.

Es ist großartig, daß Frauen heute andere Frauen lieben dürfen. Die Entscheidung für eine Frau bedeutet aber nicht, daß man für immer und ewig mit Frauen zusammen sein muß. Es sollte immer von Ihren Gefühlen abhängen, für wen Sie sich entscheiden.

Der Feminismus hat den Frauen Wahlmöglichkeiten erkämpft: Frauen können Mütter sein, zu Hause bleiben oder zur Arbeit gehen, verheiratet sein oder alleine leben, heterosexuell oder lesbisch sein, eine Schwangerschaft abbrechen oder Empfängnisverhütung praktizieren.

Sie können für die Gesellschaft etwas Gutes tun, indem sie eine Frau lieben. Je größer der Pluralismus, desto besser für die Gesellschaft. Sie erstarrt, wenn Verhaltensweisen erzwungen werden. Folgen Sie Ihrem Herzen und Ihren Moralvorstellungen. Bauen Sie Ihr Leben auf der Liebe auf, dann werden Sie die richtigen Entscheidungen treffen. Sie können die Gesellschaft durch ihr Verhalten bereichern!

VIII

FRAUENPOWER: WIE WIR DIE ZUKUNFT VERÄNDERN KÖNNEN

»Das Patriarchat besteht weiter fort, weil es die Rivalität zwischen den Frauen schürt. Die Uneinigkeit der Frauen hält die Männer an der Macht. Was würde geschehen, wenn die Frauen ihre Freundschaften ernst nähmen?«

Frage: Wenn Sie die Welt verändern könnten, würden Sie lieber den Frauen mehr Einfluß zugestehen oder lieber die Einstellung der Männer verändern?

Antwort der Frau: Den Frauen mehr Einfluß zugestehen!

Frage: Welche Art von Einfluß?

Antwort der Frau: Die Frauen sollen mehr Gelegenheit bekommen ihre Sache darzustellen. Dann könnten sie ihre Visionen selbst durchsetzen, statt immerzu abzuwarten, bis ihnen jemand den Weg weist.«

EIN GESELLSCHAFTLICHES EXPERIMENT?

Es liegt an Ihnen, ob Sie sich dafür entscheiden, einen der neuen Lebensentwürfe zu verwirklichen, die in diesem Buch vorgestellt wurden oder Ihre eigenen zu entwickeln.

Sie können ins Auge fassen, besonders liebevoll mit Ihrer Freundin zusammenzuleben, die Beziehung zu Ihrer Tochter oder Mutter zu verändern oder in Zukunft im richtigen Moment etwas zickiger zu sein – in einem Punkt sind wir uns wohl alle einig: wir wollen den Fortschritt in unserem Privatleben und in der Welt voranbringen. Wie können Frauen das bewerkstelligen? Wie können sie mehr Glück und mehr Macht erreichen? Nur Mut, so schwierig ist das gar nicht.

Frauen könnten ein großes gesellschaftliches Experiment durchführen, das auf der folgenden Theorie – einer Art Lysistrate-Strategie – basiert, der Zusammenfassung dessen, was wir bisher in diesem Buch gehört haben.

1. Das Problem: Was brauchen wir? Was fehlt uns?

Frauen lieben Männer, sagen aber gleichzeitig, daß ihr Zusammenleben mit Männern belastend ist.

Frauen fühlen sich noch immer weder in der Familie noch am Arbeitsplatz gleichberechtigt. Ihre Gehälter zeigen, daß sie es trotz der positiven Entwicklung der vergangenen zwanzig Jahre auch tatsächlich nicht sind. Die Männer oder das System stehen den Frauen auf merkwürdige Weise im Weg. Die persönlichen Beziehungen zu Männern sind frustrierend, wenn der Mann beispielsweise nicht seinen Anteil an der Hausarbeit übernimmt oder sich um seinen emotionalen Einsatz drückt. Auch im beruflichen Bereich und in der Politik wird die Verbesserung der Stellung der Frau blockiert oder zumindest schwer gemacht.

Immer mehr Männer wünschen sich partnerschaftliche Beziehungen, wollen die Liebe als Freude und nicht als Bedrohung erleben und nehmen sie ebenso wichtig wie ihren Beruf. Bei uns Frauen herrscht aber noch immer ein großes Defizit. Ich nenne nur einen ganz eklatanten Punkt: Wo sind die Bundeskanzlerinnen? Wo die 40 oder 50 Prozent Frauen im Parlament?

Natürlich müssen wir alle arbeiten, um unser Geld zu verdienen. Für die Männer hat die Arbeit jedoch noch eine zusätzliche symbolische Bedeutung. Arbeit verhilft ihnen zu Anerkennung durch andere Männer. Überstunden unterstreichen die eigene Bedeutung, erzeugen ein Solidaritätsgefühl wie auf dem Fußballplatz. Einige Männer durchschauen diesen Schwindel und wüßten gern, wie man die Gesellschaftsordnung verändern könnte. Diese Männer würden gern mit den Frauen zusammenarbeiten.

2. Welches sind nun unsere Anliegen? Wie können wir sie durchsetzen?

Es heißt, eine Verbesserung der Lage der Frauen könne durch mehr Solidarität erreicht werden. Wir sind bereits solidarischer als in der Vergangenheit, setzen unsere Solidarität jedoch noch nicht effizient ein. Frauen müssen sich spöttisch fragen lassen, warum sie denn keine Politikerinnen in höhere Ämter wählten, die ihre Interessen verträten? Ob sie Angst vor der Macht hätten?

Wenn es denn stimmt, daß Frauen Probleme mit der weiblichen Solidarität haben, wenn es zutrifft, daß unsere Beziehungen zueinander so empfindlich sind, stellt sich die Frage nach dem Grund hierfür. Warum können Männer funktionierende Solidaritätssysteme schaffen, politische Parteien, Sportmannschaften, Verbände, und die Frauen nicht? Haben wir Angst, gegen die Gesellschaftsordnung zu verstoßen? Warum? Das große und noch wenig untersuchte Problem ist, daß unsere Gesellschaftsordnung den Zusammenschluß von Frauen untersagt. Dieses Tabu sitzt so tief, daß darüber noch nicht einmal diskutiert wird. Meine Untersuchungen haben bisher ergeben, daß das Tabu »Lesbische Liebe« das viel größere Tabu der Frauensolidarität verdecken soll.

Es ist jedoch gar nicht nötig, daß sich die Frauen alle lieben, sie dürfen nur nicht automatisch die Männer als wichtiger einstufen. Das ist unter weiblicher Solidarität zu verstehen. Können wir das erreichen? Es wird nicht leicht sein, weil die Gesellschaft das Bild vom Mann, dem es zustehe, Macht auszuüben, durch Bilder von Männern an der Macht unterstreicht. Und obendrein heißt es, das sei naturgegeben und deshalb zweifellos richtig. Männer und Frauen lernen, daß Frauen Menschen zweiter Klasse sind, daß sie weniger wert sind als die Männer. Vertritt man eine andere Auffassung, ist man undankbar, aggressiv und überspannt.

Es stellt sich die Frage, ob wir diesen Teufelskreis je durchbrechen können und wenn ja, wann? Vielleicht lauert hinter unserer (realistischen, nicht feigen) Entschuldigung, eine Gehirnwäsche durchgemacht und Angst vor den Männern zu haben, ein weiterer Grund.

Wir können unserer Angst mehrere Namen geben: mangelndes Selbstwertgefühl; Angst vor der Macht der Männer; Angst, Frauen gegenüber loyal zu sein; blindes Vertrauen in das Gesellschaftssystem oder sogar Angst voreinander. Das mag alles zutreffen. Wir haben die Regeln unserer Gesellschaftsordnung gründlich verinnerlicht. Wie leicht nehmen wir unsere Beziehungen zu anderen Frauen, als wären sie gemessen an denen zu Männern nicht wichtig! Wir bilden uns ein, daß Frauen immer selbstverständlich für uns dasein werden. Das hat auch ein paar ganz konkrete Gründe.

Warum lohnt es sich, mit der Gesellschaftsordnung konform zu gehen, was gewinnen wir dadurch? Erstens sind Frauen körperlich nicht zärtlich zu uns, sie können unsere erotischen Bedürfnisse nicht erfüllen. Jeder Mensch wird gern berührt und umarmt, gleichgültig, wie sehr wir über diesen grundsätzlichen Dingen zu stehen meinen. Um der Romantik und des Sexes willen nehmen wir Beziehungen mit Männern in Kauf, auch wenn sie uns nicht die vollkommene Erfüllung bieten. Diese Abhängigkeit hindert uns, auf Veränderungen wirklich zu bestehen, bekräftigt die altmodischen Vorstellungen der Männer von sich und dem, was Frauen mögen.

Zweitens haben Frauen einen konkreten Grund, davon auszugehen, daß man auf Frauen weniger bauen kann als auf Männer, denn Frauen haben in der Regel weniger Geld. Also bleiben die Frauen bei den Männern. Daß Frauen ärmer sind als Männer stimmt für jüngere Frauen heutzutage nicht mehr unbedingt, es wird hier nur der Vollständigkeit halber aufgeführt.

Drittens haben Frauen Angst vor einer Beziehung zu einer Frau. Sie befürchten, eines Tages wegen eines Mannes im Stich gelassen zu werden, wenn sie sich gegen die herrschende Gesellschaftsordnung entscheiden und sich auf eine Beziehung mit einer anderen Frau einlassen. Voll Selbstzweifel fragen sich die Frauen, ob eine Frau wirklich lieber mit ihnen leben, ihnen privat und beruflich den ersten Platz in ihrem Leben einräumen würde, so daß sie vor den Männern rangieren? Frauen fehlt das Selbstvertrauen zu glauben, daß eine Frau das freiwillig und langfristig tun würde. Frauen fürchten, eher von der Freundin als vom Mann sitzengelassen zu werden. (Siehe auch den dritten Hite-Report, *Frauen und Liebe*).

Anders ausgedrückt, Frauen erkennen Frauen zwar aus einer ganzen Reihe von Gründen nicht als dem Mann ebenbürtig an, den Ausschlag gibt jedoch die alles durchdringende Furcht, eines Tages im Stich gelassen zu werden; die Furcht, eine Frau könnte ihr Versprechen nicht halten, sondern die Partnerin verlassen, sobald sie von einem Mann ein besseres Angebot bekommt. Sie säße da, einsam, verlassen – und lächerlich.

Warum fürchten wir das so sehr? Haben wir so wenig Selbstbewußtsein? Oder ist das grundsätzliche Verbot der weiblichen Solidarität noch so tief in uns verwurzelt, obwohl wir uns das nicht eingestehen wollen?

Das Verbot besagt, Frauen müssen einem Mann den wichtigsten Platz in ihrem Leben einräumen oder einen hohen Preis bezahlen. Den meisten Frauen fällt gar nicht auf, mit welch strengen Tabus weibliche Partnerschaften, nicht nur lesbische Beziehungen, belegt sind. Die Tabus sind Teil der Gesellschaftsordnung und werden nicht hinterfragt. Weibliche Solidarität könnte »männlichen Stolz« verletzen.

Das Verbot weiblicher Beziehungen wird auch deshalb nicht wahrgenommen, weil die Frauen wegen ihrer Rivalitäten getadelt werden. In Wahrheit liegt der Grund für die Spannungen zwischen Frauen in der Befürchtung, daß Frauen, die den unausgesprochenen Regeln der Gesellschaftsordnung – privat wie im Berufsleben – den Gehorsam versagen, bestraft werden. Auch Männer sind kleinlich oder aufeinander eifersüchtig, auch sie führen Machtkämpfe. Sie sind noch angepaßter als die Frauen. Die Gesellschaftsordnung verbietet im Grunde, daß Frauen Bindungen eingehen, die die Männer ausschließen. Für Männer gilt das Gegenteil: Die Gesellschaft ermutigt Zusammenschlüsse von Männern, auch wenn dadurch ihre Bindungen zu Frauen an die zweite Stelle rücken müssen, so steht beispielsweise die Pflicht gegenüber Gott und Vaterland vor der Pflicht gegenüber Frau und Familie.

Nicht nur die lesbische Liebe ist tabu, sondern auch all das, wofür sie steht, nämlich daß eine Frau Frauen wichtiger nimmt als Männer. Niemand hat zwar etwas dagegen, wenn Frauen gelegentlich sexuell miteinander spielen, doch nur unter der Voraussetzung, daß sie eines Tages einen Partner finden, also ihre biologische Funktion nicht verweigern. Jede Beziehung, die so fest ist, daß ein Mann automatisch weniger wichtig ist, fällt unter dieses Tabu. Die lebenslange Liebe zwischen Frauen ist nicht erlaubt. Sie trägt das Etikett: »Oh, die ist lesbisch – da ist nichts weiter zu sagen.« Der neue Trend zur Bisexualität ist in dieser Hinsicht interessant. Viele Frauen versuchen, Männer und Frauen heute als gleichberechtigt zu sehen, sie nehmen beide Geschlechter emotional und physisch ernst.

Fatima Mernissi vertritt in ihrem Buch *Geschlecht, Ideologie, Islam* die Meinung, das Hauptproblem des Islam sei nicht das Verhältnis zwischen den Geschlechtern, sondern zwischen den Männern und Allah. Das heißt, in der islamischen Religion darf die Liebe zu einer Frau nicht mit der heiligen Pflicht des Mannes gegenüber Allah konkurrieren. Deshalb darf ein Mann die Liebe zu einer Frau nicht zu wichtig nehmen, er darf in der Liebe nicht zu leidenschaftlich sein. In *Frauen und Liebe* kam ich ebenfalls zu diesem Ergebnis.

Frauen fürchten die lesbische Liebe vielleicht nicht so sehr aus Angst vor der Berührung einer Frau, sondern weil die lesbische Liebe zu einer Konfrontation mit der Gesellschaftsordnung führt. Das Verbot, eine andere Frau zu lieben, wirft seinen Schatten über jede Beziehung zwischen Frauen. Sie wollen nichts tun, was als lesbisch interpretiert werden könnte. Auf diese Weise wird das Konkurrenzdenken geschürt, das in Wirklichkeit Angst ist und die Macht der Frauen schwächt.

Auf der unbewußten Ebene wehren sich die Frauen dagegen, eine andere Frau nicht berühren zu dürfen. Menschen bekunden einander Vertrauen und Zuwendung, indem sie sich umarmen. Eine Umarmung beschwichtigt

Ängste und schenkt Hoffnung. Natürlich möchten sich die Frauen nicht ausschließlich an Männern orientieren, doch zwei Dinge machen es ihnen leichter: die Gesellschaft belohnt die Frau, wenn sie sich auf den Traum eines Lebens mit einem Mann einläßt, indem sie heiratet und glücklich bis an ihr seliges Ende mit ihm lebt. Die Frau erhält von ihrem Partner körperliche Nähe und sexuelle Befriedigung, sie darf sich daran freuen, daß ihr Körper begehrt wird.

Warum ist diese Art der Intimität für Frauen nicht gestattet, ja noch nicht einmal längeres Umarmen? Es muß ja nicht gleich Geschlechtsverkehr sein, wir könnten uns jedoch küssen, umarmen und Zuneigung und Zärtlichkeit schenken!

Mein Vorschlag lautet: Frauen sollen einander mehr zärtliche Zuneigung zeigen. Das steigert ihr Wohlbefinden und macht sie stark.

3. Welche Lösungsmöglichkeiten bieten sich an?

Weibliches Selbstbewußtsein, innovatives Denken und Phantasie können von einem Tag auf den anderen wirken!

Die Frauen könnten eine neue Lebensform ausprobieren, einander eine größere Zahl Bedürfnisse erfüllen und glücklich miteinander sein. Sie könnten mehr körperliche Zärtlichkeit teilen, auf wirtschaftlichem Gebiet zusammenarbeiten und Familien bilden. Frauen könnten verstärkt ihre Unternehmen mit den Unternehmen anderer Frauen zusammenschließen, nationale und internationale unternehmerische Netzwerke schaffen und sogar internationale politische Bündnisse eingehen.

Die große Frage ist, ob oder wann eine Frau heutzutage die Frauen so ernst nehmen darf wie einen Mann. Das ist die wahrhaft entscheidende Frage, die große Herausforderung für die Frau von heute. Schaffen die Frauen das? Ich meine nicht, schlicht zusammenzukommen, einander zu lieben, alle Kämpfe und Meinungsverschiedenheiten unter den Teppich zu kehren, sondern die Fähigkeit, an einem Strang zu ziehen, wenn es darauf ankommt, und langfristig angelegte Pläne und Ziele im Auge zu behalten. Schaffen die Frauen es, sich nicht aus der Fassung bringen zu lassen, weil irgendwelche Idioten sie mit Klischees bombardieren?

Das bedeutet natürlich auch Veränderungen in unserem Privatleben – und neue Lebensformen können schwierig sein. Wie schnell entwickeln wir neue Gewohnheiten?

Zuwendung und liebevolle Aufmerksamkeit bedeutet nicht Geschlechtsverkehr. Früher ordnete man körperliche Berührungen ausschließlich der reproduktiven Sexualität zu. Sie können jedoch sehr vielfältig sein: Die lange, innige Umarmung, das Aneinanderdrücken der Körper oder das Zusammenliegen sind höchst wohltuend. Schaffen Sie es, eine gute Freundin dreißig Minuten schweigend im Arm zu halten, ohne sich unbehaglich zu fühlen? Versuchen Sie es! Nähe, Intimität sollte neu definiert werden, sollte ein Wort werden, das jeder Mensch mit seiner eigenen Bedeutung füllen kann, je nachdem wie er seine Gefühle anderen gegenüber zum Ausdruck bringen will.

Wenn in unseren Freundschaften auch der Körper zu seinem Recht käme und wir unsere Ängste abbauen könnten, bekäme die Bindung der Frauen eine neue Qualität. Unsere politische Macht und unser gesellschaftlicher Einfluß würden ungeheuer ausgeweitet. Versuchen wir es! Was haben wir zu verlieren? Nichts! Wir haben jedoch alles zu gewinnen.

Wenn 1, 2 und 3 zutreffen, wenn das die Gründe für unsere Blockade sind, müssen wir uns fragen, wie wir die Lage verbessern können, sowohl für uns persönlich wie auch für die Welt im allgemeinen. Die Frauen sollten ihr Leben jetzt in die Hand nehmen. Es ist die beste Chance seit zweitausend Jahren.

Die globalen Kommunikationsmöglichkeiten verbinden uns mit anderen Frauen. Unsere wirtschaftliche Bedeutung ist größer denn je, und wir wissen klarer, was wir eigentlich wollen. Unsere Chancen – zumindest, was die westliche Industriegesellschaft betrifft –, persönlich glücklich und frei zu sein, sind so groß wie nie zuvor. Jetzt ist der rechte Zeitpunkt für die Frauen gekommen, ihre Beziehungen zu konsolidieren, ihre Chancen zu nutzen, das Beste aus ihrer neuen Situation zu machen.

Bedauerlicherweise hat der Fortschritt in der gesellschaftlichen Stellung der Frau weltweit eine fundamentalistische Reaktion ausgelöst. Frauen werden in einigen Ländern mit Terrormaßnahmen zum Tragen des Schleiers gezwungen und wieder zu Hause eingesperrt. Gewalttätige Extremisten lassen sich durch nichts abschrecken, ihre Ziele durchzusetzen. Sie morden das Personal von US-amerikanischen Abtreibungskliniken, bringen in Algerien zahllose Frauen um, weil sie sich unislamisch kleideten, halten im einst liberalen Afghanistan Frauen in ihren Häusern gefangen.

In der Regel operieren diese Bewegungen unter dem Deckmäntelchen der Religion, so daß keine Regierung das Recht zur Intervention zu haben glaubt. Auf diese Weise gelingt es einer Minderheit, demokratische Systeme, die auf der Herrschaft der Mehrheit beruhen, zu unterwandern.

Religiosität ist eine der wichtigsten Dimensionen des menschlichen Daseins. Diese organisierten »religiösen« Gruppen sind jedoch aggressiv und intolerant, vor allem gegenüber Frauen. Sie wollen die Frauen beherrschen und verkennen die Vorteile, die partnerschaftliche Beziehungen ihnen bringen würden. Was ist »Religion«? Die Menschen haben Jahrtausende ohne institutionalisierte Religionen gelebt und waren nicht unmoralischer oder moralischer als wir heute.

Das Judentum, das Christentum und der Islam sind monotheistische Religionen, und ihr Gott ist männlich. Die Auswirkungen auf unsere Gesellschaftsordnung und unsere Psyche sind schrecklich, gefährlich für die Stellung der Frau und für die Entwicklung alternativer Gesellschaftsordnungen, Religionen oder Lebensstile.

Die neue Freiheit der Frauen, ihre finanzielle Selbständigkeit, die es ihnen ermöglicht, über die Liebe nachdenken zu können und zu entscheiden, wen sie lieben wollen, verändert die Gesellschaftsordnung. Die individuellen Fragen über das Wesen der Liebe wirken sich positiv auf die Gesellschaftsordnung aus. Die Gesellschaft braucht neue Ideale, neue Träume, eine neue Definition ihrer Ziele. Die Frauen, die ihr persönliches Leben überdenken und seine Bedeutung zu verstehen suchen, durchlaufen eine Revolution, und sie werden die Kultur mitreißen. Wir befinden uns vielleicht auf dem Weg vom Patriarchat zu einer neuen Ordnung. Doch der Widerstand derer, die sich auf Religion und kulturelle Wurzeln berufen, wächst zur gleichen Zeit. Sie bezeichnen sich als gottesfürchtig, sind aber Wölfe im Schafspelz: das Patriarchat, das sich geballt gegen die Veränderung stemmt.

Wie muß der nächste Schritt der Frauen aussehen, damit sie ihre Rechte wahren und erweitern? Als Individuen und als Frauen dieser Welt? Im Westen müssen wir uns vielleicht um einen eigenen, klareren Standpunkt in Sachen weiblicher Körper bemühen, auch wenn das auf den ersten Blick unerheblich erscheinen mag.

DIE VERBESSERUNG DER FREUNDSCHAFT ZU FRAUEN

Vor allem sollten sich Frauen aneinander freuen. Unternehmen Sie mehr mit Ihrer Freundin!

Zweitens sagen Sie Ihrer Freundin, Sie wollten sich von ihr ein neues Bild machen, Sie wollten sie ganz neu kennenlernen. Stellen Sie ihr tausend Fragen, experimentieren Sie! Fordern Sie sie auf, ebenfalls Vorschläge zu machen. Sie hat vielleicht eine Überraschung für Sie auf Lager!

Die Konzentration auf Frauen bringt viele Vorteile. Da Frauen in der Regel in ihren Beziehungen mit Frauen glücklich sind, wird eine Ausweitung dieser Beziehungen das allgemeine Wohlbefinden vergrößern. Ein Fokuswechsel wird das Staatsschiff, das zur Zeit krengt, weil die Macht zu sehr bei den Männern liegt, wieder aufrichten.

Dieser Fokuswechsel wird der Diskriminierung der Frauen ein Ende setzen, die Gesellschaft stabilisieren. Diskriminierung innerhalb einer Gesellschaft wirkt wie ein langsames Gift. Wenn eine Demokratie blühen soll, muß sie ihr Versprechen halten und die Frauen mit allen ihren Fähigkeiten sowohl in die Regierungsgeschäfte als auch in die Wirtschaft einbinden.

DAS BEISPIEL DER LYSISTRATE

Auf politischer Ebene könnten wir eine Idee des Aristophanes aufgreifen, der in einer seiner Komödien einen Boykott der Frauen von Athen darstellt. Diese waren des peloponnesischen Krieges müde, den ihre Männer führten. Deshalb erklärten sie, daß sie den Staatsschatz beschlagnahmen und sich ihren Männern verweigern würden, bis diese den Krieg beendet hätten. Ihre Strategie war erfolgreich, der Krieg wurde beendet.

Wären wir besser organisiert, könnten wir mit einer weiblichen Privatarmee nach Ruanda oder Afghanistan fliegen und die Frauen per Luftbrücke retten. Wir müssen aufhören, auf Männer fixiert zu sein, aufhören, uns zu verhalten, als seien nur Männer befähigt, die Geschicke der Welt zu leiten. Wir können die Männer weiterhin lieben, doch der schnellste Weg, sie dahin zu bringen, ihre Werte zu überdenken, wäre, ihnen nicht länger automatisch eine Vorzugsbehandlung zuteil werden zu lassen.

Wenn die Frauen einander genügten (oder fast genügten), einander wirklich unterstützten, würde sich wirtschaftliche und gesellschaftliche Macht der Frauen augenblicklich vergrößern. Das würde einen Wandel zum Guten bewirken.

DIE VERBESSERUNG DER GESELLSCHAFTSORDNUNG

Wie soll eine Verbesserung beginnen?

Man kann damit anfangen, die Gesellschaftsordnung zu verändern, indem man die Frau anlächelt, die einem am nächsten steht. Als nächstes ist man freundlich zu Frauen, die man nicht kennt.

Danach sollten Sie Ihrer besten Freundin dreimal am Tag etwas Nettes sagen – heute und jeden weiteren Tag. Sehen Sie zu, daß Sie jeden Tag mindestens fünfzehn Minuten lang umarmt werden – von jemandem, den Sie lieben, von einem Freund oder einer Freundin. Ein warmes Bad oder ein gemütliches Bett vermitteln auch Wohlbehagen, wenn sie ganz allein sind und keinen Menschen

274

um sich haben wollen. Anders ausgedrückt: Lieben Sie Ihren Körper!

Gehen Sie mindestens an einem Tag der Woche mit jemandem aus – sei es Mann oder Frau. Holen Sie sie oder ihn ab, sagen Sie ihr oder ihm Nettigkeiten, bringen Sie Blumen oder ein kleines Geschenk mit und genießen Sie den Tag oder Abend. Beenden Sie das Treffen, wenn Sie sich nicht amüsieren! Sie müssen sich zu nichts zwingen.

SEIEN SIE STOLZ: FEMALE IS BEAUTIFUL

Es wäre natürlich wunderbar, wenn sich die Gesellschaft nicht so sehr auf das Geschlecht konzentrieren würde, wenn wir uns mit diesem Problem gar nicht erst befassen müßten. Doch in unserer Gesellschaft werden wir von Geburt an auf jedem Formular nach dem Geschlecht unterschieden, sogar in der Form unserer Anrede. Da dies eine Tatsache ist, müssen wir Stellung beziehen, was unser eigenes Geschlecht anbelangt.

Warum sind wir nicht stolz darauf, eine Frau zu sein?

Dieses Buch dokumentiert das Bemühen der zeitgenössischen Frauen, sich von der Zwangsvorstellung zu befreien, daß Männer besser sind. Das heißt nicht, daß Frauen nicht mit einem Mann leben und ihn lieben sollen. Das heißt vielmehr, daß sie ihn dann wegen seiner individuellen Persönlichkeit lieben und ihn nicht für besser oder wichtiger erachten sollen, nur weil er männlich ist. Je mehr Frauen ihre Rivalitäten vergessen und einander als Menschen von Spitzenpower ernst nehmen, desto mehr wird sich die Stellung der Frau verbessern.

Betrachten wir die Art und Weise, wie wir einander die falschen Signale übermitteln. Wir glauben vielleicht, wir hätten Frauen gegenüber keine Vorurteile. Doch die sitzen meist so tief, daß wir es oft nicht einmal merken, wenn wir sie ausdrücken.

DER SÜNDENKATALOG: EINE ZUSAMMENFASSUNG

1. Das Versetzen der Freundin

Immer wieder beschreiben Frauen, wie verletzt sie sind, wenn ihre Freundinnen Verabredungen wegen eines Mannes absagen, der sie in letzter Minute angerufen hat.

»Meine Freundinnen haben keine Hemmungen, eine Verabredung abzusagen, sogar am selben Tag, an dem wir zusammen etwas unternehmen wollten, wenn ein Kerl sie anruft. Ich finde das beschissen. Ich kann es nicht ausstehen, zweite Garnitur zu sein, als selbstverständlich genommen zu werden. Ich würde das keiner Frau zumuten.«

»Ich habe einmal eine Verabredung mit einer Frau abgesagt, weil ich mich wieder entsetzlich mit meinem Freund gestritten und er angerufen hatte und mit mir essen gehen wollte. Sie wurde böse und sagte: ›Es sieht so aus, als würdest du deine Beziehung zu ihm wichtiger nehmen als deine Beziehung zu mir!‹ Das hat mich ziemlich aufgeregt, und ich habe versucht, mich in Gedanken zu rechtfertigen. Schließlich merkte ich, daß sie recht hatte. Meine Haltung ihr gegenüber war beleidigend, und das wollte ich nicht. Jetzt räume ich Männern nicht mehr automatisch Vorrang ein. Meine Freundinnen sind mir sehr wichtig. Verpflichtungen, die ich ihnen gegenüber eingehe, sind genauso wichtig wie Verpflichtungen, die ich gegenüber meinen Freunden eingehe.«

Manchmal merken Frauen noch nicht einmal, wie beleidigend sie zu einer Frau sind:

»Sie denkt, wenn sie einen Kerl hat, ist alles anders. Sie denkt gar nicht daran, daß auch wir noch etwas zusammen unternehmen könnten.«

2. Die ewigen Gespräche über Männer

Ist es eine Beleidigung für Frauen, wenn sie einen solch hohen Prozentsatz der Zeit, die sie zusammen sind, über Männer reden?

Es macht Frauen Spaß, ihren Freundinnen über ihre Beziehungen zu berichten und von ihnen zu erfahren, was sich in deren Beziehungen abspielt, doch manchmal haben Frauen das Gefühl, als Menschen nicht wahrgenommen zu werden, als sei die Basis der Freundschaft nur das Interesse an Männern und nicht das Interesse aneinander.

»Ich habe nie Frauen gemocht, die ständig über ihre Männergeschichten reden. Es störte mich, daß wir nie ausreichend über unsere eigenen Pläne und Probleme reden konnten.«

»Ich hatte das Gefühl, meine Funktion in ihrem Leben war, mit ihr über die Männer zu reden, mit denen sie ausging. In einer Freundschaft sollte sich noch anderes abspielen als nur Gespräche über Kerle und welche Gefühle sie auslösen.«

Ist das Gespräch über Männer eine Art sexuelles Vergnügen?

Gespräche über Männer und erotische Gefühle sind, glaube ich, eine Art erotischer Austausch zwischen Frauen, der leicht zu vollziehen und gesellschaftlich akzeptiert ist. Viele Frauen kaufen gern zusammen ein und unterhalten sich über Männer. Dabei kommen sie gleich zweimal auf ihre Kosten, durch die Nahrung und die Kleidung hat man an der Körperlichkeit der anderen Anteil, während man über Begehren, Haß, Zurückweisung, Liebe und Leidenschaft spricht, sie im Gespräch wiedererlebt und die Zuhörerin an den Gefühlen teilnimmt. Das kann sehr lustvoll sein.

Die meisten Frauen in meinen Untersuchungen haben nichts gegen Unterhaltungen über Männer einzuwenden – Männer, Geliebte und Freunde –, sondern sagen vielmehr, daß diese Gespräche faszinierend seien. Sie seien eine große Hilfe, sich über Gefühle klarzuwerden und das richtige Verhalten zu finden.

In diesen Gesprächen schaffen sich Frauen meiner Meinung nach auch ihr eigenes, alternatives Wertesystem. Diese Gespräche sind nicht albern, sondern philosophische Debatten in alltäglicher Sprache. Man diskutiert über die Handlungen eines Mannes und versucht, seine Absichten in der Liebe aufzudecken. Wie fühlt er wirklich? Warum verhält er sich so, wie er sich verhält? Dadurch gelangen die Frauen zur Klarheit über ihre eigenen Gefühle, sehen die Situation in Perspektive und finden heraus, wie ihre Beziehung ist und ob und wie sie ihre Beziehung anders gestalten könnten oder sollten.

Der Dialog zwischen Freundinnen ist besonders wichtig, weil die Gesellschaft gern leugnet, daß es emotionale und psychologische Aggression gegenüber Frauen gibt.

Frauen neigen dazu zu glauben, daß die Probleme in einer Beziehung der Fehler der Frau sind, daß sie einen Psychiater aufsuchen und sich ändern müsse. Die Hilfe, die Frauen von ihren Freundinnen erhalten, wenn diese psychologische Unterstützung anbieten, ist unschätzbar und äußerst progressiv, ein Beitrag zum Wohlergehen der Welt.

3. Automatische Bevorzugung von Männern.

Frauen sind zutiefst verletzt, wenn sie miterleben, wie Frauen Männer automatisch bevorzugt behandeln und ihnen mit Respekt begegnen:

»Viele Männer werden von Frauen verdorben, weil diese Männer wie Götter behandeln. Ich bin der Meinung, daß Frauen emotional und spirituell viel stärker sind als Männer. Frauen haben mehr Durchhaltevermögen. Ich finde es schrecklich, daß Frauen sich einbilden, sie bräuchten einen Mann, und daß sie dem Mann stets den Vorrang einräumen.«

Sind wir in unserem Herzen denn wirklich der Meinung, daß Frauen den Männern unterlegen sind? Ist es möglich, daß wir wie die Männer eine Haßliebe für die Frauen empfinden – daß wir Frauen Frauen geringschätzen?

Unsere Kultur belohnt Frauen, die für Männer sorgen, aber die modernen Frauen tun das immer weniger. »Eine gute Frau ist heutzutage schwer zu finden«, zitieren einige Männer den Text eines Liedes aus den zwanziger Jahren und begeben sich in armen Ländern wie Kuba, den Philippinen, Indonesien und anderen Teilen Asiens auf die Jagd nach einer »richtigen« Frau, einer, die zu ihnen aufsieht.

4. Das weibliche Verstummen: Selbstzensur in Gegenwart von Männern.

»Meine Freundin hat sehr dezidierte Meinungen, ich finde es toll, wenn sie loslegt. Doch sobald ein Mann auftaucht, nickt sie nur noch zustimmend!«

Die Frauen beklagen, daß ihre Freundinnen sich in Gesellschaft eines Mannes kleinmachen, ihre Gedanken nicht ausdrücken oder bei den ersten Anzeichen männlicher Mißbilligung eine Bemerkung sofort zurückziehen!

Zu unserer Verteidigung muß gesagt werden, daß es für uns schwierig sein kann, gehört zu werden. Die Menschen haben gelernt, Frauen nicht zuzuhören, weil »nur Männer profunde Gedanken haben können«. Es macht keinen Spaß zu reden, wenn man die Menschen erst zwingen muß, zuzuhören! Diese Dynamik wirkt sich zum allgemeinen Nachteil für Frauen aus, auf subtile, ärgerliche Weise.

Frauen werden davon abgehalten, ihre Meinung zu äußern, indem man von ihnen verlangt, die Verhältnisse noch nicht einmal ansatzweise in Frage zu stellen, und sie ständig daran erinnert, wie sehr Männer aggressive Frauen hassen. Sie werden unbewußt zu Frauen, die Männern schmeicheln und ihr Verhalten in Gegenwart von Männern ändern. Sie behalten ihre Meinung für sich und widersprechen den Männern nicht, mit der Folge, daß der Mann als Held dasteht.

Eine Frau beschreibt ihr verändertes Verhalten:

»Ich hatte das Gefühl, immer nett sein zu müssen – peinlich aber wahr –, besonders Männern gegenüber, bis ich eines Tages zufällig auf einer Party im Spiegel sah, wie ergeben ich mich verhielt. Da beschloß ich, in Zukunft ich selbst zu sein, auch wenn das bedeutete, daß ich weniger attraktiv, das heißt bedrohlicher für Männer sein würde. Ich hatte aber keine Wahl mehr, wenn ich vor mir selbst bestehen wollte.«

Was geschieht, wenn Frauen in Gegenwart von Männern verstummen, wenn Freundinnen sich nicht mehr aufeinander verlassen können? Hier die Analyse einer Frau:

»Frauen gehen aufeinander los, wenn sie das Gefühl haben, sich entscheiden zu müssen, ob sie am Hemdzipfel eines Mannes hängen oder ihre Freundinnen oder die Frauen, mit denen sie zusammenarbeiten, fallen lassen wollen. Wir haben Angst vor Männern. Doch warum sollten wir zweierlei Maß anlegen? Wir lassen zu, daß sie uns prügeln, und dann behandeln wir sie nett, von einer Frau würden wir uns das nie gefallen lassen. Es ist normal, vor Macht Angst zu haben, aber wir müssen dagegen ankämpfen. Wir müssen mutig sein. Wir können diese Gesellschaftsordnung überwinden, wenn wir uns dagegen wehren, einander schätzen und loyal zueinander sind. Wir dürfen einander nicht im Stich lassen.«

ÜBERWINDUNG UNSERER SÜNDEN: FRAUEN ALS MACHTZENTREN DER GESELLSCHAFT

Frauenfreundschaften existieren gewissermaßen außerhalb der sozialen Machtstrukturen, unabhängig von Jobs, Familien und der Gesellschaftsordnung. Diese Losgelöstheit verleiht den Freundschaften besondere Stärke und Bedeutung. Sie geben den Frauen einen Ort, an dem sie sie selbst sein und sich entfalten dürfen. Schauen Sie sich Ihre Freundinnen und Kolleginnen an! Sind Sie der Meinung, daß sie so wichtig sind wie Sie, fähig – wie ein

Mann –, einen Posten in der Regierung zu übernehmen?
Oder ein größeres Unternehmen zu leiten? Könnten Sie
ihnen dazu verhelfen?

Unsere Zuneigung füreinander außerhalb der realen
Welt gibt unseren Freundschaften eine große Freiheit.
Doch nun müssen diese Freiheit und Aufrichtigkeit in das
wahre Leben transferiert werden, müssen innerhalb der
Gesellschaftsordnung funktionieren und sie dadurch ver-
ändern.

Können wir unsere Beziehungen zu Frauen ernst genug
nehmen, um sie als Machtbasis zu benutzen? Diese Frage
betrifft unser aller Zukunft und wird die Stellung der Frau
für Generationen bestimmen. Denn wenn wir einander
nicht ernst nehmen, werden wir nicht über ausreichende
Solidarität verfügen, um die Dinge zu ändern. Sobald wir
einander achten, wird sich unser Machtreservoir füllen.

DIE WIRTSCHAFTSKRAFT DER FRAUEN

Sind wir wirtschaftlich stark genug, um männliche Macht-
figuren zu ersetzen? Können wir unserer Macht trauen?
Können wir Mentorinnen und Geschäftspartnerinnen
sein? Frauen zögern, sich bereits jetzt finanziell mit ande-
ren Frauen zusammenzuschließen, und das mag seine
Berechtigung haben. Wirtschaftlich gesehen stehen die
Frauen noch nicht stabil da. Doch das ändert sich rapide.
Frauen können sich beruflich und finanziell auf vielerlei
Weise unterstützen. (Siehe auch das Kapitel über Frauen in
der Arbeitswelt.)

Doch wie Connie Ashton Myers es im Newsletter des
Coordinating Committee for Women in The Historical
Professions formuliert: »Kann eine Frau ernsthaft leugnen,
daß ihre Stellung letztendlich davon abhängt, daß sie auf

die eine oder andere Weise einen Mann oder eine Gruppe Männer, die die Macht in einer gesellschaftlichen Institution innehaben, hofiert, sei es in einem multinationalen Unternehmen oder in der kleinsten Familie?« Da die Männer noch immer die größere wirtschaftliche und politische Macht haben, möchten wir die Verbindungen zu dieser Gesellschaft offenhalten – und wir wollen es vielleicht auch aus anderen Gründen.

Es ist jedoch nicht zu früh, Frauen als finanzielle Partnerinnen privat oder geschäftlich in Erwägung zu ziehen. Die Mehrzahl der Frauen ist berufstätig, und selbst wenn ihr Einkommen statistisch geringer als das der Männer ist, haben sie genug, um über die Runden zu kommen – vor allem, wenn sie zusammenleben.

DER NEUE UMGANGSTIL DER FRAUEN

Eine Frau führt aus:

»Die Frauen meiner Altersgruppe (ich bin Ende zwanzig) haben männliche Verhaltensweisen angenommen. Wir wurden dahingehend erzogen, zu Männern aufzuschauen. Heute versuchen wir, sie zu imitieren, weil wir der Meinung sind, sie seien besser als wir. Ich tue so, als sei ich hart, habe meine Gefühle die meiste Zeit unter Kontrolle, behaupte, ich wolle Single und unabhängig sein – aber entspricht das meinen wahren Gefühlen? Wenn die neue Frau hart ist, bedeutet das wirklich eine Herausforderung an die Gesellschaftsordnung? Oder ist es nicht vielmehr Konformismus?«

Heute wollen Frauen häufig Unterwürfigkeit vermeiden, indem sie traditionelle Verhaltensweisen von Frauen über

Bord werfen. Statt zu lächeln, hilfsbereit, liebenswürdig, zärtlich und weiblich zu sein, sind sie aggressiv, hart, herzlos und lassen sich nichts gefallen. Sie sind letztlich wie Männer. Oberflächlich betrachtet sieht das progressiv aus, aber ist es das wirklich?

Der Unterschied zur traditionellen Art und Weise, mit der sich Frauen vom »Weiblichen« abgrenzen mußten, ist nicht so sehr groß. Den Männern wird noch immer – nonverbal – versichert, daß ihre Werte nicht in Frage gestellt werden. Sie werden nachgeahmt. Dabei fangen die Männer selbst an, ihre eigenen Werte in Frage zu stellen. Es sieht so aus, als seien Frauen bereit, alles zu tun, so verzweifelt versuchen sie, aus der Kategorie »weiblich« herauszukommen.

Wenn man sich wie ein Mann benimmt, setzt man sich nicht unbedingt für die Sache der Frauen ein. Es kann sogar fast das Gegenteil bedeuten. Warum? Wenn die Frauen der männlichen Kultur beitreten wollen – weil die über Prestige verfügt und herrscht –, wird das männliche System aufgewertet.

Wollen wir die Macht oder eine andere Version der herrschenden Verhältnisse? Müssen wir mit dem weiblichen Wertekatalog herrschen, um die Gleichheit zu erzwingen? Das wirft die Frage auf, wie man mit Aggression sanft umgeht, ohne überwältigt zu werden.

Die weniger aggressiven Ansätze der weiblichen Philosophie mögen zunächst nicht geeignet sein, sich gegen die aggressive Ideologie des männlichen Hierarchiesystems zu behaupten. Das ist ein altes Problem für die Frauen wie für jede friedliebende Gesellschaft.

Welcher Prozentsatz Aggressivität ist der richtige? Wollen wir diesen Teil unseres Wertesystems ändern? Frauen, besonders Mütter, gelten als weich. Das ist die negative Sicht der Vermittlerrolle, die die Frauen traditionell einnehmen – die Rolle, die die Frauen oft als den besten Teil ihres Idealismus ansehen, eine Rolle, die ihnen zur Ehre gereicht. Die meisten Frauen in meinen Untersuchungen sprechen sich für die Werte der Frauen aus. Sie sind der Auffassung, daß diese Werte betont werden sollten und eine gute Grundlage für eine Neuorganisation der Gesellschaft abgeben würden.

Die Angst vor der männlichen Macht ist durchaus berechtigt, und dennoch gibt es die wahre Liebe zu dem einzelnen Mann. Können wir das Verständnis für die Männer von der Gesellschaftsordnung trennen? Können wir unsere Integrität, unsere Würde und das Eintreten für unsere Werte inmitten dieser Verwirrung aufrechterhalten?

Wenn Mahatma Gandhi und Martin Luther King gewaltlosen Widerstand leisten und letztlich ihre Visionen Wirklichkeit werden lassen konnten, dann sind auch wir Frauen dazu in der Lage.

BIBLIOGRAPHIE

Alcott, Louisa May: *Little Women*, London 1984. (Dt. *Betty und ihre Schwestern*, Neuaufl. Hamburg 1995).

Ariès, Philippe: *Centuries of Childhood*. New York 1963 (Dt. *Geschichte der Kindheit*, Hamburg 1978).

Ashton Myers, Connie, zitiert in Newsletter of the CCWHP (Coordinating Committee of Women in the Historical Profession), Juni 1992.

Beauvoir, Simone de: *The second sex*. New York 1953. (Dt. *Das andere Geschlecht. Sitte und Sexus der Frau*, Neuaufl., Hamburg 1992).

Chesler, Phyllis: *Mothers on Trial*. New York 1986. (Dt. *Mutter werden. Die Geschichte einer Verwandlung*, Hamburg 1980).

Duelli Klein, Renate: *Rethinking Sisterhood: Unity in Diversity*. New York, o.J.

Elias, Norbert: *The History of Manners*. New York, 1978. (Dt. *Über den Prozeß der Zivilisation*, Frankfurt 1976).

Fadermann, Lillian: *Surpassing the Love of men: Romantic Love and Friendship between Women from the Renaissance to the Present*. New York 1981. (Dt. *Köstlicher als die Liebe des Mannes. Romantische Freundschaft und Liebe zwischen Frauen von der Renaissance bis heute*, hrsg. von Kobold, Bettina, Düsseldorf 1990).

Foucault, Michel: *The History of Sexuality. Volume 2: The Uses of Pleasure*. New York 1985. (Dt. *Sexualität und Wahrheit*. Bd. 2.: Der Gebrauch der Lüste, Frankfurt 1986).

Gimbutas, Marija: *The Goddess and Gods of Old Europe: Myths and Cult Images*. Berkeley und Los Angeles 1974.

Green, Richard: Vortrag am Kinsey Institute, University of Illinois, Bloomington 1988.

Griffin, Susan: *Pornography and Silence: Culture's Revenge against Nature*, New York 1981. (Dt. *Frau und Natur. Das Brüllen in ihr*, Frankfurt 1987).

Hite, Shere: *The Hite Report on Female Sexuality*, 1976. (Dt. *Hite Report. Das sexuelle Leben der Frau*, Neuaufl., München 1994).

Hite, Shere: *The Hite Report on Male Sexuality*, 1981. (Dt. *Hite Report. Das sexuelle Erleben des Mannes*, Neuaufl., Bindlach 1990).

Hite, Shere: *The Hite Report, Women and Love*, 1987. (Dt. *Frauen und Liebe. Der neue Hite-Report*, Neuaufl., München 1991).

Hite, Shere: *The Hite Report on the Family*, 1994. (Dt. *Hite Report. Erotik und Sexualität in der Familie*, München 1994).

Hite, Shere: *Flying with Jupiter: The Divine Comedy of Ariadne and Jupiter*, 1994. (Dt. *Fliegen mit Jupiter*, Neuaufl., Bergisch Gladbach 1995).

Hite, Shere: *The Hite Report on Hite*, 1996. (Dt. *Report in eigener Sache. Mein Leben, Sex und Politik*, Bergisch Gladbach 1996).

Hite, Shere/Kate Colleran: *Keinen Mann um jeden Preis*, Niederhausen 1989.

Kinsey, Alfred, et al.: *Sexual Behavoir in the Human Female, Neuaufl.* New York. 1965. (Dt. *Das sexuelle Verhalten der Frau*).

Kinsey, Alfred, et al.: *Sexual Behavior in the human male.* Neuaufl. Philadelphia 1970. (Dt. *Das sexuelle Verhalten des Mannes*, Frankfurt 1970).

Mead, Margaret, *Male and Female*, 1950. (Dt. *Mann und Weib*, Neuaufl. Berlin 1992).

Mernissi, Fatima: *Beyond the Veil.* London 1991. (Dt. *Geschlecht, Ideologie, Islam*, München 1987).

Raymond, Janice G.: *A Passion for Friends: Toward a Philosophy of Female Affection.* Boston 1986. (Dt. *Frauenfreundschaft, Philosophie der Zuneigung.* München 1987).

Schwartz, Pepper und Philip Blumstein: „Bisexuality: Some Sociological Observations",Vortrag anläßlich der Chicago Conference on Bisexual Behavior, October 6, 1973.

Seyrig, Delphine: Dokumentarfilm, Women in Cinema, Musée d'Art Moderne, Paris 1977.

Smith-Rosenberg, Carroll: *Disorderly Conduct: Visions of Gender in Victorian America*, New York, 1985.

Stein, Gertrude: *The Autobiography of Alice B. Toklas.* (Dt. *Autobiographie von Alice B. Toklas*, München 1993).

Steinem, Gloria: *Outrageous Acts and Everyday Rebellions*, New York 1983. (Dt. *Was heißt schon emanzipiert.* Hamburg 1993).

Tschechow, Anton: *Drei Schwestern.* Schauspiel, Moskau 1901.

Wylie, Philip: *Nation of Vipers.* New York 1942.

288